戴伯韬先生

（1907—1981）

“中国教材研究文库”

第一辑总目

“中国教材研究文库”第一辑选编委员会

中国教材研究文库

戴伯韬论教材

戴伯韬　著

人民教育出版社
·北京·

图书在版编目（CIP）数据

戴伯韬论教材／戴伯韬著．—北京 ：人民教育出版社，2020.11
（中国教材研究文库）
ISBN 978-7-107-34657-6

Ⅰ.①戴… Ⅱ.①戴… Ⅲ.①教材－研究 Ⅳ.①G423.3

中国版本图书馆 CIP 数据核字（2020）第 223805 号

戴伯韬论教材
作　　者／戴伯韬
装帧设计／何安冉

出版发行　人民教育出版社
（北京市海淀区中关村南大街 17 号院 1 号楼　邮编：100081）
网　　址　http：//www.pep.com.cn
经　　销　全国新华书店
印　　刷　山东临沂新华印刷物流集团有限责任公司
版　　次　2020 年 11 月第 1 版
印　　次　2020 年 11 月第 1 次印刷
开　　本　787 毫米×1 092 毫米　1/16
印　　张　21.5
插　　页　1
字　　数　246 千字
印　　数　0 001～1 500 册
定　　价　68.00 元

“中国教材研究文库”总序

郭戈

古人说得好：“以铜为镜，可以正衣冠；以史为镜，可以知兴替；以人为镜，可以明得失。”对于教材工作而言，以史为镜、以人为镜也是至关重要的。我国古代常用的教材主要是“三百千千”“四书五经”。新式教材起步于清末，活跃于民初，先学日本，后仿美国。1897年上海南洋公学外院效法外国，编了国文、算术、历史、舆地、格致等课本，这便是打破老传统，把各门知识较有系统地编为学科教材的开始。随后出现的各种课本和教育著作大都是模拟日本或直接译自日本。清末以来，特别是民国建立后，教材自由编写，实行审定制，民间掀起了一股编撰出版教科书的热潮，一批出版机构如商务印书馆、文明书局、中华书局等，与一批出版家、教育家，为此做出了奠基性、开创性的重要贡献。

五四新文化运动以降，教育理念和课程教材发生了新变革，特别是全国教育会联合会在主要借鉴美国教育的基础上而研制的新学制以及课程标准纲要，影响巨大。一时间，欧美新教育思潮、实用主义教育思想引入中国，教材也从过去主要效仿日本一变而为仿效美国。当时，许多教材在内容编写上都强调以儿童生活经验为中心，甚至一些中学理科教学更直接采用美国的课本。新中国成立之前，民国政府虽然曾几次颁布课程标准，教材的内容和形式却基本上没有大的改观，只不过是更多地借鉴和学习美国的经验罢了。并且，清末及民国历届政府都有统一教科书的意愿和行动，但由于旧中国持续不断的内忧外患和政府的腐败无能，加上课本编写质量不佳等原因，所谓“国定教科书”或“统一教科书”最终都以失败而告终。

新中国的成立开创了中华民族历史的新纪元，也掀开了我国教材事业发展的新篇章。新中国成立伊始的教材，文科主要借鉴了解放区的经验，理科主要选取了国统区的本子，还有一部分选取了编译的苏联教材。接着，便在全面学习苏联教育经验的基础上开始了教材自编或重编的历程，并逐步走出了一条具有中国特色的以统为主、统分结合的教材道路。总的来说，与旧中国相比，新中国成立 70 多年来，全国中小学实施的是统一的教学大纲或课程标准，使用的基本上是由国家统一供应、教育部组织编写、人民教育出版社编辑出版的通用教材或统编教材，并做到了所有地方、每所学校、全部学生都使用上了这样的教材。为此，中央确立了集中统一教材制度的大政方针，制定了统一的教学大纲或课程标准，组建了专门的教材编写和审查机构，配备了强有力、专业化的编审人员，还建立了保证“课前到书，人手一册”的教材出版发行渠道和机制。当前，党中央、国务院高度重视教材工作，把教材建设作为一项战略工程、基础工程，成立了国家教材委员会，教育部组建了教材局，并先后颁布了一系列有关规章制度，在义务教育和高中阶段全面实施政治、语文、历史三科教材统编、统审、统用政策，标志着我国教材建设进入了新时代。

“江山代有才人出，各领风骚数百年。”社会发展史也是个体发展史。历史由人民创造，又有杰出历史人物的巨大作用。讲述历史离不开历史人物，回顾教育不能回避教育家，同样，总结和借鉴教材的历史经验，也不能回避曾经为教材事业创造出重大业绩的历史人物。在我国新式教材 100 多年的发展过程中，不仅编辑出版了不计其数、数以万计的各个学科、多种形式的教材，而且也涌现出了一大批教材编辑家、出版家、研究者，他们都为我国的教材建设事业做出了奠基性、开创性的重要贡献。归纳起来，这些大家在清末及民国时期主要有：张元济、陆费逵、范源廉、蒋维乔、马君武、戴克敦、沈恩孚、高梦旦、王云五、舒新城、徐特立、李廉方、庄俞、沈颐、张相、杜亚泉、吕思勉、陈宝泉、范祥善、金兆梓、周建人、黎锦熙、顾树森、俞子夷、吴研因、叶圣陶、丰子恺、朱经农、朱文叔、刘薰宇、宋云彬、丁晓先（韦息予）、赵欲仁、艾伟、沈百英、吕伯攸、陆殿扬、陈鹤琴、辛安亭等。在新中国成立后的主要代表是：叶圣陶、周建人、胡绳、辛安亭、戴伯韬、朱文叔、刘薰宇、金灿然、吉少甫、朱智贤、陈元晖、叶立群、张志公、吴伯箫、张毕来、蒋仲仁、袁微子、刘国正、张中行、邱汉生、苏寿桐、陈尔寿、方宗熙、雷树人、梁英豪、张玺恩、张孝达、王占春、陈侠、熊承涤等。他们都是对一定历史时期的教材建设，特别是一些学科教材领域做出过重要贡献并产生了广泛影响的人物，并大都在编辑出版教材的过程中发表过论述教材的著述，提出了关于教材问题的看法和认识，内容涉及教材的政策管理、编写审查、出版发行、使用教学或教材本体等诸多领域，其中一些人还形成了较为系统和全面的思想观点。这些思想观点成为我国教材建设和教材学术研究史上的一笔笔宝贵的财富。有鉴于此，在人民教育出版社成立70周年之际，我们启动了“中国教材研究文库”这个大型丛书项目，旨在通过挖掘、收集、辑录、整理百年以来教材领域众多大家的研究成果，分期分批出版，比较系统地展示中国近现代以来教材研究的主要成果，从一个侧面呈现中国近现代以来教材发展的基本脉络，为新时代教材建设和研究事业提供参考和借鉴。这套大型丛书的编辑出版也是我们缅怀和纪念老一辈教材大家的最好方式。

改革开放以来，国内出版了不少教育名家的著作、文集甚至全集，其中涉及一些教材编辑家、出版家的论著，这是我们选编工作的基础。对有的教材大家已出版的文集，我们进行了重新编排、补充和校核，以体现新的特色。对于尚未有文集出版的一些教材大家，其教材文集的收集、整理、选编任务则比较繁重。好在现代信息技术很发达，网络文献查阅很方便，我们将传统方法与现代手段相结合，大大提高了工作效率。本文库入选的人物全都是我国百年以来教材建设，特别是教材研究开发和编辑出版事业的主要参与者、贡献者、引领者。本文库秉持按人设卷、一人一卷的原则，但对于教材史上的一些重要人物，我们也不排斥两人或多人合为一册的情况。我们对每卷文集的篇目都大致进行了分类，并基本按照时间先后顺序或一定专题加以排列，但鉴于作者的经历和作品情况的差异，也为了突出某些重要作品，以满足读者现实需要，每卷目录的编排方式也各具特色。无论哪种编排方式，对每篇文章的出处和时间我们都尽量说明清楚，必要时增加注释。读者阅读之后可以感受到，这些教材文集见证和记录了中国近现代课程教材的成长史、演进史，也是教材大家们辛勤耕耘、笔耕不辍的学术思想的集中体现。可以说，每一卷的文字都曾经为教材建设史的推进铺下过坚实的一砖一瓦，也都曾经拨动过教材人的心弦。我们希望，通过重温教材大家精到的论断、深邃的思考、严密的逻辑、优美的文字，以及字里行间蕴含的学术风范、治学之道和人格魅力，可以为后来者提供学习和传承的典范。

“中国教材研究文库”是一套开放性的丛书，第一辑入选了12位人物，主要是新中国教材建设和研究的奠基者和开拓者。接着，我们还将陆续推出第二辑、第三辑。“众人拾柴火焰高。”热诚欢迎国内教育学者特别是课程教材研究者积极参与到这套文库的编辑出版中来。

“闻道有先后，术业有专攻。”教材建设是个专业，也是门学问，教材工作有其自身的特点和规律。当前，教材问题越来越受到重视，从事教材研究开发和编辑出版工作的人也越来越多，如果说有所谓捷径可循的话，那恐怕就是直接阅读和学习以往这些教材大家的有关论著了。了解教材历史，知晓教材大家，汲取和借鉴以往的智慧和经验，继承和发扬他们的思想和观点，可以使我们明理启智、审时度势、推陈出新，对于做好当下教材改革发展工作、提升教材科学化水平大有裨益，对于教材研究和学术创新更是必不可少。

“中国教材研究文库”作为中国近现代教材成长史、演进史的记录和见证，实为百年中国教材研究的缩影和写照，具有较高的文献史料价值，能为教材建设者和教育学者的编辑出版工作和研究工作提供较为完整的基础性材料。我们相信，本文库的出版对于推动教材事业建设、促进教材理论的创新发展会有一份积极的贡献。我们也希望在新时代，教材事业蒸蒸日上、人才辈出，创作出更多扎根中国大地、师生喜爱的各科教材，不断提升教材研究水平，加快构建中国特色、世界一流的教材建设体系和教材理论体系。

本文库由我忝任总主编。教育学界、课程教材界的专家学者以及社会各界人士对本文库给予了热情关注，我社黄强社长以及有关领导、员工和离退休老同志提出了宝贵意见和建议；丛书责任编辑和各分卷编者及责任编辑也付出了辛勤劳动。谨在此一并致谢！

限于水平，本文库的编辑出版工作或有不妥不足甚至错误之处，敬请读者不吝指正！

2020 年 9 月 10 日

本卷前言

戴伯韬（1907—1981），江苏丹阳人，我国现代著名教育家、出版家、科普作家。曾用名戴邦杰、戴白韬，化名白征东、戴邦，笔名白桃、许宗实。

1907 年 7 月 15 日，戴伯韬出生于江苏丹阳西门外水湖村的一个农民家庭。1918 年，考入丹阳县第二高等小学。1922 年秋考入镇江江苏省立第六中学。1925 年秋，在父亲的劝告下，考入商业专科学校。1927 年考入陶行知创办的晓庄师范学校，为第一期学员。1928 年秋毕业后到江苏省立民众教育学院（无锡）工作，并担任乡村教育指导员。1929 年任无锡县立惠山实验小学校长。1930 年回到晓庄师范学校，参与筹办蟠龙学院（即民众教育学院）。同年 4 月，因晓庄师范学校在中国共产党的领导下参加了反对蒋介石的活动，被迫关闭，戴伯韬化名转移到浙江江山县一所私立的何家山农业学校教国文。

1931 年夏，戴伯韬应陶行知之邀，与董纯才等在上海创办儿童“自然学园”，编写出版“儿童科学丛书”。为进一步开展自然科学的普及工作，他们又创办了“儿童科学通讯学校”，设天文、气象、物理、化学、生理卫生、农业等科。1934 年 2 月起，主持《生活教育》半月刊的编辑出版工作。在此期间，戴伯韬编写、出版了《两雾观察记》《显微镜》《望远镜》等“儿童科学丛书”共 9 种 11 本，在《生活教育》上发表了 60 多篇科普文章。

1937 年 7 月，全民族抗日战争拉开序幕，《生活教育》杂志社由上海迁至武汉。同年 9 月，戴伯韬加入中国共产党。10 月，《生活教育》半月刊改为《战时教育》旬刊，戴伯韬继续主持刊物的编辑出版工作。1938 年到重庆后，在十分困难的条件下，他千方百计地使《战时教育》继续出版发行。该杂志在对人民进行抗日教育、宣传中国共产党的抗日路线和八路军的敌后抗战中发挥了重要作用。1943 年任中共盐阜地委宣传部副部长，指导编辑出版《盐阜报》。1945 年起任苏皖边区政府教育厅副厅长等职。1948 年任山东省人民政府教育厅厅长。他在苏皖边区、山东解放区领导编写、出版了全套中小学各科教材。新中国成立后，任上海市人民委员会委员兼教育局局长、上海市文教委员会副主任等职。

1954 年，戴伯韬调北京，任人民教育出版社第一副社长（主持工作）兼副总编辑。1960 年任总编辑。他和叶圣陶社长一起，领导全社人员编写、出版了一套 12 年制全国通用的中小学各科教材，为社会主义中国的中小学教材初步建立新体系奠定了基础。1956 年年底，他受命负责领导筹建中央教育科学研究所。曾任中央教育科学研究所所长。1962—1966 年任教育部党组成员。“文化大革命”期间，人教社被撤销，编辑干部被遣散下放，教材编写工作被迫中断。为了党的教育事业，戴伯韬写信给周恩来总理（通过时任国务院秘书长周荣鑫转交），力陈教材工作的重要性以及培养编辑出版队伍之不易，请求恢复人教社。在周总理的亲切关怀下，1972 年人教社得以重新筹建，戴伯韬任筹建组组长。

戴伯韬曾任中国人民政治协商会议第一、第五届全国委员会委员，第三届全国人民代表大会代表，中国共产党第八届全国代表大会代表。改革开放以后，戴伯韬先后担任过中国教育学会副会长、全国教育学研究会（中国教育学会教育学分会前身）理事长等职。在他的倡导下，人教社于 1980 年 4 月成立课程教材研究室，又于 6 月成立《课程·教材·教法》杂志编委会（戴伯韬任主任）。1981 年 3 月 6 日因急性心肌梗塞不幸逝世，享年 74 岁。

戴伯韬是在中国现当代教材建设思想史上贡献最大的教育出版家之一。他的教材思想源于其丰富的教育活动特别是教材实践活动，具有很强的现实针对性和理论自觉性。戴伯韬早年撰写过大量科普读物，在向儿童进行科学技术的启蒙教育方面做出了重要的探索。全面抗战爆发后，他积极投身于抗日救亡运动，对抗战教育中的学制改革、学校课程改造及教科书编写等问题做了深入的思考和探索。在上海市工作期间，他为接管和改造学校做了大量的工作，对课程和教材的变革问题，特别是政治课的教学、爱国主义教育等内容发表过许多真知灼见。在人教社工作期间，他围绕中小学教材建设这条主线，深入教学一线调研教材的使用情况；他认真组织教材编写工作，提出要加强对学校课程的研究力度，从而有效地提升了教材建设工作的科学化水平。总的来看，戴伯韬的教材思想强调教材的编写要建立在科学研究的基础之上，并与课程研究形成良性互动，注重吸收国外的先进经验，重视教材编写与教师的教学相结合。这些思想观点和宝贵经验对当前我国教材建设事业仍具有重要指导意义，值得我们进一步学习研究并积极运用于教材建设工作。

在本书选编过程中，我们主要参考了《戴伯韬教育文选》（人民教育出版社 1985 年版）和《戴伯韬科技教育文集》（上海科技教育出版社 1988 年版），还通过查阅有关档案和作者手稿，并利用全国报刊索引等电子资源，增补了部分篇目，以期全面呈现戴伯韬对课程教材的系统思考。需要说明的是，为了突出他在领导新中国教材建设事业中做出的卓越贡献，本书在编排上采用由近及远的方式，将入选的所有篇目，按主题划分为“在人民教育出版社工作时期（1954—1981）”“在解放区和上海市工作时期（1941—1953）”和“在国统区工作时期（1932—1939）”三编。鉴于部分文章发表时间比较久远，编者对这些文章的文字进行了技术性处理。在选编过程中，编者对部分文章进行了摘编，主要选取了其中着重谈论课程教材问题的部分。摘编文章标题为编者所加，均已标注。

本书由郭戈、刘立德、曹周天选编。选编工作得到了社内外领导和专家的关心和支持。戴伯韬先生的孙女戴毅女士提供了戴老的部分手稿和照片，为本书的选编工作提供了诸多便利条件。杨燕博士为本书的编校付出了辛劳。谨此一并致谢！

编者

2020 年 9 月

目 录

上　编

在人民教育出版社工作时期
（1954—1981）

关于人民教育出版社当前任务、编辑方针、组织机构及组织领导的决定*

为执行中央关于提高普通学校教科书质量的指示，并为改进人民教育出版社工作，以适应新的任务，特对当前任务、编辑方针、组织机构及组织领导做出如下决定。

一、目前情况

人民教育出版社三年来除部分中学数学、物理、化学课本及小学算术、自然课本以苏联教科书为蓝本加以改编外，其余的课本或系新编，或根据各地区（包括老解放区出版的和新中国成立前书商出版的两类）所编辑的加以改编、重编，计编印中小学课本三十余种。当新中国成立之初，国民党反动课本必须废除，全国中小学必须有统一的新教材，才

* 载《戴伯韬教育文选》，人民教育出版社 1985 年版。本决定于 1954 年 6 月第 4 次社务会议通过，并经中央教育部批准。原载人民教育出版社内部刊物《编辑工作》第 4 期，1954 年 12 月 1 日。署名人民教育出版社。

能够系统地进行文化知识教育，并初步贯彻政治思想教育，因此，那时候迅速调集一批编辑人员，从事这一工作，是必要的、有成绩的。但已出版的课本，大多数是临时应急匆促编印的，不但在今天已不能适应国家发展的需要，而且包含着很多缺点和错误。其中还有不少旧思想和旧观点，如对劳动教育重视不够，关于劳动教育方面的材料很少，即其中一例。这说明社会主义思想在我社的课本中没有得到应有的反映。又科学性不强，文字也很粗糙。所以我社的课本的质量是不高的。此外，中小学的音乐、体育、美术教材，中学的政治和俄语教材，师范学校及工农速成中学的教材，直到现在，有的还根本没有，有的只是暂用本。总之，已出的课本的种类和质量都远不能适应今天教育建设的需要。

产生这些现象的原因很多。首先是我们缺乏思想领导，对编辑教科书的指导思想或教科书的编辑方针不明确，许多带原则性的思想问题没有得到解决。我们决不能把我们出版社看作一般企业单位，我们应当把它当作负责教育后一代的重要教育机构，因而必须加强思想领导。其次是没有及时地明确规定任务，没有及时地调配得力编辑人员来完成这一任务。最近一年党中央虽抽调一批干部给我社，但仍感人手不够，得力的编辑干部尤为缺乏。此外，我们对编辑教科书的工作缺乏经验，组织工作很弱，既未能组织有经验的专家参加编审，又未能广泛吸取优秀教师的意见；我们对教科书的审查工作也做得不够严肃。上列各点是造成现行教科书种种缺点和错误的主要原因。

二、当前任务

人民教育出版社当前的基本任务：有计划地编辑出版小学、中学、工农速成中学及师范学校的各科教学大纲、教科书，必要的中小学各科教学法或教学参考书，并适当组织社会力量翻译编辑有关教育理论、教育方法、教育政策和其他方面的教师进修读物。

（一）目前的中心任务或重点工作有二。

1. 在编辑各类学校的教科书中，以编辑初高中及四二制小学教科书为重点。争取在三四年内（即约自 1954 年 7 月至 1958 年 6 月）集中主要力量编辑一套比较完备的中小学教科书，具体任务：

（1）第一步，根据中央教育部确定的中小学教学计划修改或编订各科教学大纲，由政府正式公布。

（2）第二步，根据已确定的教学大纲改编、重编或新编全部中小学教科书，共约 38 种，140 余册。

（3）第三步，根据教学大纲和教科书编写教学法或教学参考书。

2. 在编辑中小学各科教科书中，以编辑语文、历史、政治、地理等教科书为重点。

（1）中小学语文教科书均须重编。小学语法与文学合编，中学语法与文学分编。

（2）本国历史教科书与外国历史教科书的一部分须重编。

（3）政治教科书须新编。

（4）地理教科书须大力修改。

中小学其他各科的教科书：数学及自然科学暂以苏联最新版本为蓝本，结合我国情况作适当修改；外国语、音乐、体育、美术则拟编订教学大纲和必要的教材。

新的课本须四五年后才可能出齐。因此，对现行课本必须认真负责地将显著的错误和不适当之处加以修改，不能因编写新课本而忽视这一工作，但也不能投入太多的力量。

（二）逐步解决师范学校、幼儿师范学校及工农速成中学的部分教科书。

1. 目前只能新编或改编普通师范学校的教育学、心理学、各科教学法及幼儿师范的幼儿教育学等教科书。师范学校的语文、历史、地理、政治、数学、物理、化学及其他各科，均暂以中学教科书为代用课本。将来在中学教科书的基础上逐渐加以改编，使之能适应师范学校教学的需要。

2. 工农速成中学的教科书，除尽量使用普通中学的外，为适应教学要求，须编出必要的精简本。

（三）适当组织社会力量编译一般教育书籍。

1. 为提高中小学教师的业务水平，应着重编译中小学各科教学法、教学参考资料及一般教育理论、教育方法、教育政策等方面的书籍。为供中小学教师及师范学校师生学习研究苏联先进经验，决定于最近期内将苏联中小学的教科书及教学法全部编译出版（经我社改编出版了的中学课本不再翻译出版）。各编辑室应根据上列原则选题。

2. 编译一般教育书籍，主要依靠组织社会方面的可靠力量，各编辑室应大力组织外稿，并负责审查修改。

（四）出版部方面的任务是在保证及时供应的基础上，加强企业经营，做到提高质量与减低成本，改进装帧、排式、插图等。

三、编辑方针

（一）为了适应国家过渡时期总任务的要求，为了适应建设社会主义社会的要求，为了适应普通学校教育任务的要求，编辑各科教科书的总方针应为：第一，贯彻社会主义思想，采用系统的基本科学知识，注意吸取先进的科学成果。第二，以马克思列宁主义的立场、观点、方法来解释各种问题，即以辩证唯物论与历史唯物论的观点来阐明自然现象和社会生活规律。第三，贯彻理论与实际结合的原则、教育与生产劳动结合的原则，把科学原理、法则、定律与我国工农业建设、革命斗争结合起来。第四，符合教学原则，适合各科教学目的与学生年龄特征。第五，吸收苏联的先进经验。

（二）至于编辑自然科学和社会科学教科书的具体方针可规定如下。

1. 数学及自然科学教科书应吸取苏联先进成果，以苏联最新出版的教科书为蓝本，结合中国实际情况，予以适当改编。这就是说，对苏联教材的整个思想体系与基本科学内容不作大的变动，只对其中不适合中国实际情况的具体材料加以适当的更改和补充。

2. 语文、历史、地理等教科书必须自编，苏联在这方面的编辑原则、方法和经验，应尽量吸取。但世界自然地理、世界经济地理及世界史等，也可以用苏联课本为蓝本，加以适当改编。

（三）为贯彻编辑方针，各编辑室必须做好下列工作，以便逐渐提高教科书的质量——包括教科书的思想性、科学性和教育性。

1. 根据党中央最近的指示和总的编辑方针修订教学大纲，并有重点地检查现行教科书，指出主要错误观点，提出今后改进意见和改编计划，以提高编辑人员的思想水平和写作能力，切实改正错误。

加强编辑人员的政治、教育、所任学科及语言逻辑方面的学习，特别是学习苏联先进经验，借以不断提高业务。

（1）加强系统的政治理论学习，把目前联共党史与宪法草案的学习和总路线及编辑业务结合起来，以提高社会主义觉悟，克服为编书而编书不问政治的倾向，而能经常以社会主义思想检查自己的工作。

（2）加强教育理论学习。

甲、编辑人员必须研究新中国教育的理论、方针、政策及各级学校的性质与培养目的，批判各种资产阶级的教育思想，建立正确的、全面发展的教育观点。

乙、学习优秀教师的教学经验，把它充分运用到编辑工作中去。

丙、对新中国成立前后所编辑的教材进行分析研究。

（3）加强学科知识的学习。对所任学科的专门的学科知识必须深入钻研。如此，才能把先进的科学知识写成通俗的教科书去教育学生。

（4）学习苏联的先进经验。学习苏联的教育理论、教学大纲、教科书及各科教学法等。

（5）为了正确地表达政治思想与科学知识，编辑人员应加强语言逻辑方面的研究。

2. 加强编辑制度，树立科学的工作方法。

（1）编辑人员必须严格遵照方针、要求，根据教学大纲及编写教科书的原则，进行工作。每种教科书的编写大纲和草稿必须在室主任领导下反复进行讨论研究，由责任编辑负责编写和修改，经室主任仔细审阅，再送上级审查。如在编写和讨论过程中发现重大问题（如关于方针、政策及原则性问题），应向上级请示。

（2）为了在科学知识上不犯错误，并能不断地吸取最先进的科学成果，人民教育出版社必须聘请专家参加教科书编写工作。从起草编写大纲一直到定稿，均须和专家取得密切联系。被聘请的专家应把这一部分工作列为任务之一。将来由出版社开列专家名单，通过有关方面正式通知他们。

（3）为了吸取优秀教师对教科书编写的意见，在教科书编写过程中应采取各种办法和他们取得密切联系。初稿完成后，必要时可在一定学校内试用。

（4）为了避免教材内容不必要的重复，各级学校（即小学与初中，初中与高中）教科书的编辑，一般以直线前进为原则。但一部分教材，由于受学生年龄特征的限制，必要时亦可采取螺旋式上升的办法。

（5）教科书内容方面，各科必须互相联系，各年级必须上下衔接，不重复，不抵触，不脱节。中学、小学、师范、工农速成中学四种学校的各科教科书的编写，横的联系与纵的衔接，应经过一定会议讨论。每种学校的教科书的编辑，应有专人负总的领导。

（四）执行严格的审查制度。每一本教科书在出版之前均须在政治上、科学上、教学原则上、文字上进行审查。

第一步，稿件必须经各编辑室反复进行讨论、审查和修改。经室主任仔细审阅修改后，定名为初稿。

第二步，将初稿交专家作科学上的审查，再予修改，定名为二稿。负责科学审查的专家即作为校订人，除支付一定报酬外，并在书上署名。

第三步，邀请优秀教师及专家对二稿进行讨论，如认为可用，依据讨论结果再加修改，必要时再由专家复审，定名为定稿。

第四步，将定稿分别进行政治、文字及保密方面的审查，然后送交中央教育部批准，定名为批准稿。

除文字及内容应进行审查外，插图、照片及地图也应进行审查。由于各稿须经严格审查，在编辑与出版之间必须留出充分的时间。为完成生产计划起见，稿件的后备制度必须建立。

（五）在出版方面也必须进行严格的技术审查，做到排印正确、形式美观、质量坚实耐用。

四、组织机构及组织领导

（一）为切实贯彻编辑方针，完成前述任务，必须发挥现有干部的积极性与创造性。除依靠他们外，还须调配得力的人员，即有专门知识、写作能力、一定政治修养与教学经验的人员，来充实编辑部。这是能否完成任务的决定环节。

1. 目前需要增加中学、小学、师范、工农速成中学的语文、历史、地理、政治、数学、物理、化学、生物学、教育学、心理学、各科教学法、音乐、体育、美术等科编辑七十余人，其中须有少数专家，为各科稿件的编写骨干。

2. 一部分稿件，俟教学大纲及编写原则确定之后，可委托社外专家编写，但须通过有关部门减轻他们本身的工作。此外并可进行征稿。

（二）调整行政领导机构，节约行政人员，加强统一领导。

1. 在社长统一领导下，设秘书处、计划处、出版部和编辑部。秘书处统一管理社内人事、总务、秘书等对内对外的行政事务工作。计划处统一管理财务计划、编辑计划及出版计划的工作。出版部与编辑部分别管理有关出版与编辑方面的工作。

2. 编辑部目前只设小学语文、中学语文、历史、地理、政治、数学、自然科学、教育八个编辑室。设总编辑办公室，协助总编辑处理有关编辑方面的工作，并管理绘图、外文翻译及资料等工作。

3. 出版社编制应本着精简节约的原则进行调整和精简，以便加强编辑力量。

（三）行政组织为保证执行方针、完成任务的可靠力量，因此须加强组织领导和思想领导。在原有基础上充实和建立下列各种主要制度。

1. 加强集体领导制度，社务会议为出版社行政上的集体领导机构，在会议中确定方针、计划，总结检查工作，讨论编辑和科长以上干部的任免与奖惩等。

2. 加强编辑部与各编辑室的部、室会议，使之成为进行理论思想工作的组织。

3. 定期举行部、处、室的行政联席会议，检查执行政策、制度、计划的情况，统一处理日常行政事务工作。

对事务行政部门须加强管理，在行政干部中建立为全体工作人员服务的观点和事务行政工作的事业思想。

4. 在加强集中统一领导、反对自由分散的同时，又必须建立各级各部门明确分工、逐级负责、个人负责的严格的责任制度。

（四）明确领导关系。除有关出版方面的一定业务受出版总署领导外，有关方针、任务、计划及日常行政工作均受中央教育部直接领导。在行政管理制度及对工作人员的管理与待遇方面均依照中央教育部的规定执行。

关于提高课本质量的探讨*

这次的讨论，是在党中央指出我社出版的课本质量不高，存在着缺乏劳动教育和缺乏以社会主义思想培养新生一代的严重错误，因而不能适应国家进行社会主义革命的需要，要我们彻底肃清封建、买办、法西斯思想残余，彻底批判资产阶级思想，检查和改编现有中小学教材，肃清教材中的错误观点这一指示之下进行的。因此，这次讨论的目的，就是要提高全体编辑干部的社会主义觉悟，找出工作中的错误，并且讨论出改正错误的办法。大家讨论的结果，一致认为我们受资产阶级思想、观点的影响，是课本质量不高的主要原因。兹详细报告如下。

一、我们的收获和已明确了的问题

经过这次讨论，我们的收获是不小的，已经明确了以下一些问题。

---

* 本文是作者 1954 年 9 月在讨论“关于中小学教育的性质和目的”及检查课本的总结大会上的报告。原载人民教育出版社内部刊物《编辑工作》第 4 期，1954 年 12 月 1 日，署名戴白韬。原题为《清除资产阶级思想提高课本质量》，现有标题为编者所加。

（一）社会主义的政治觉悟或阶级觉悟，普遍有了提高

不少同志经过讨论和检查后，这才恍然大悟，第一次认识到编教科书原来也是建设社会主义祖国的重大任务之一，认识到当我们的国家正在进行逐渐消灭剥削和贫困，建立繁荣和幸福的社会主义制度这一历史性的革命斗争中，在学校内对学生进行社会主义思想教育、反对资产阶级思想，是有重大的政治意义的。有了这些认识，同志们一方面感觉兴奋，认为责任重大，工作光荣；另一方面回想过去不问政治，为编书而编书，觉得“编课本是小事”“对编课本工作兴趣并不太大”，甚至不知不觉间在课本中宣传剥削阶级思想，轻视工农和体力劳动等，感到异常惭愧，因而下决心要把工作做好。从这些地方，很明显地看出来同志们的政治觉悟或阶级觉悟普遍地提高了。

（二）明确认识了工作方针、目的，提高了信心

同志们明确认识到中小学教育的性质、任务是“以社会主义思想培养全面发展的社会主义社会的成员”，学生出校后，除一部分升学外，大部分要参加工农业生产劳动。小学在目前已带有义务教育的性质。将来经济不断发展，人民文化生活随之不断提高，中学也将具有义务教育性质，但是在今天还做不到。明确了这些问题，我们也就认清了两点。

（1）中小学教育不是单纯为学生升学做准备，还必须为学生出校后参加工农业生产劳动提高生产技术做一些必要的准备。

（2）必须用社会主义思想去教育学生，不能用任何其他剥削阶级的思想。

认清了这两点，我们对今后编辑教科书的方针的认识就明确了，那

就是：编辑教科书的目的是适应总路线的需要，为了建设社会主义社会的需要；因此我们的编辑方针必须是贯彻社会主义思想，必须给学生以系统的基本科学知识，而这些基本科学知识必须是理论与实际一致的，即科学知识与生产劳动及社会主义革命斗争相结合的，以期对学生出校后参加实际生产劳动能有所帮助。

明确认识了工作的方针、目的以后，大家便纷纷批评了过去工作中的盲目性。有些同志说："有了方向，工作信心也提高了。"

（三）思想认识有了一些提高

这可以从以下几点来看。

（1）大家明确认识到编辑教科书除其他原则外，必须具备两大要素，即思想性与科学性。教科书如果不贯穿社会主义思想，那就失掉了灵魂。教科书好比是引渡学生走向社会主义的船只，如果没有思想，那就像是一只航行于海洋而没有指南针的船，永远达不到目的地。并且，如果教给学生的不是确切不移的和合乎事物发展规律的知识，那就是不科学的。因此，要使教科书编得好，我们首先就要掌握这两大要素。

（2）认识到要把教科书编好，必须掌握辩证唯物主义的世界观和科学的思想方法来分析问题，也就是用马克思列宁主义的立场、观点、方法来处理自然现象与阐明社会生活。地理、数学、历史几个编辑室，检查出自己所编的课本中许多带原则性的错误，检查出有些地方甚至破坏了科学性、系统性和逻辑性。追究其原因，知道这都是由于受资产阶级的思想、观点的影响，如对自然现象和社会关系，用静止的观点、形式主义地和客观主义地来处理所造成的。因而有些编辑室，展开了系统地批评资产阶级学术思想的工作。

（3）明确认识到马克思列宁主义思想体系和资产阶级思想体系是不可调和的，前者是代表劳动人民利益的、无往而不胜的先进科学思想，而后者是代表少数剥削阶级利益的反动思想。过去我们对这两种思想没有划清界限。我们改编苏联数学、物理、化学课本之所以改坏，破坏了它的思想体系和它的完整的科学性，就是由于我们掺杂了不少资产阶级的观点进去。

过去还有一种模糊思想，以为新民主主义文化教育有它自己独立的思想体系，这是完全错误的，毛泽东同志早在十多年以前，就告诉我们新民主主义文化是属于社会主义思想体系的。

由于明白了这些问题，思想认识就大大提高了一步。

（四）找出了产生缺点和错误的主要原因

就是由于我们领导对用社会主义思想体系教育学生这一方针，认识得不明确。同时，编辑干部本身还没有能肃清资产阶级的思想影响、建立马克思列宁主义的思想观点。有位同志说得好，课本中的种种错误思想、观点，归根结底，是由于我们编者本身带着错误的思想和观点。因此对今后改进工作的意见要求，几乎每一位同志都要加强马克思列宁主义的学习，开展批评与自我批评，以进一步改造思想。

二、初步检查出来的错误

（一）影响课本质量最大的一个错误或缺点，是我们工作中的盲目性很大

许多同志都说，过去编教科书的方针不明，目的性不明，中小学教

育的性质和目的究竟是什么，大家也不甚了解，于是各凭自己的主观来进行工作。有的人认为中小学教育的目的就是为使学生升学，教育学生的目的就是为使他们当专家、工程师，这种思想已反映在教学大纲和教科书中。例如，化学组检查出来过去认为编辑教学大纲及课本，是为了培养学生做化学专家和工程师等。物理组过去也有同样的看法，经过这次学习才知道错了。中国地理课本“出版者的话”中，也说学习地理的目的是使学生获得中国自然地理的基本知识，作为升入高级中学或升入技术学校学习的基础。因为编辑方针不明确，带有盲目性，那么用教材来培养社会主义社会里的积极生产劳动者的企图，当然也就达不到了。因此，明确的目的性，是我们一切工作的特点，也是人民教育的特点之一。教育是人类自觉的、有目的的活动，我们不能陷入反动教育家斯宾塞之流否认目的性、以为动物也有教育的谬论里。

每一门功课和每一本课本，都是在总教育目的下，负着一定的任务；因此编任何一本课本，也都有它的目的。但是我们却如物理组的同志所说的“对于课本的目的性，从来就没有当作问题考虑过”，认为“编书就是编书，有什么目的性”。正是由于我们对每门功课以至每一本书的目的性不明确，我们编出来的课本就缺乏社会主义思想，缺乏与生产劳动及社会革命相结合的生动教育，缺乏本门科学基本知识的有系统的讲授，结果把课本变成了材料的堆集或杂凑。最明显的是中小学语文课本。正如小学语文编辑室所说：“因为目的不明确，编写的时候，想到什么就写什么，手边有什么材料就编入什么材料。零零碎碎，不完不备。……比起苏联课本具有那样明显的目的性和严整的系统性，我们差得太远了。”

编者在着手编书之前，不仅要熟悉整个中小学教育的性质、目的，而且对每门功课都必须弄清楚它的目的。例如，编小学中国历史，就应该明确认识："要教给学生初步的历史知识，把他们引导到用马克思列宁主义的观点来了解和概括历史事件，以培养他们热爱向社会主义过渡的祖国的感情。"又如编辑动植物等课本的目的，在于使学生获得关于自然的基本知识，养成唯物主义的世界观，并把科学原理与农业实践结合介绍给学生，使学生获得农业方面的知识。编辑中国地理课本，不仅使学生了解我国的地理形势和物产情况，并且使学生认识到祖国人民为争取美好幸福的生活而在祖国大地上进行着各方面的斗争；培养他们热爱祖国，为建设社会主义祖国而努力。只有我们把每门功课的教学目的性弄透彻了，编起书来才能心中有数，才能充分地、持续地把这个目的性、思想性贯彻下去。

我们工作中的盲目性也表现在一般教育参考书的出版方面。过去出书往往是无方针、无原则，对象重点不明，只要求数量多，拣在篮里就是菜。

（二）影响课本质量的第二个错误或缺点，是思想性薄弱

前面已经说过，思想性是课本的两大要素之一，所谓思想性是指培养学生社会主义的政治方向、辩证唯物主义的世界观和共产主义的道德。但是我们恰恰对这一点忽略了，我们出版社不少人有不问政治的倾向，这表现在以下几个方面。

1. 重科学不重政治思想——这在自然科学部门表现得较为突出。例如，数学编辑室有人错误地认为："科学嘛，就是科学，与政治思想关系不大。"化学组有人错误地认为："自然科学不易贯彻劳动教育。"

他们多少有一点“为科学而科学”的味道，这是受了资产阶级纯科学思想的影响。恩格斯在《反杜林论》中早已批评过，杜林以数学为例，认为数学是脱离现实的纯粹科学，恩格斯指出数学也是从人类实际生活需要中产生的。在数学和自然科教科书本身及其练习中，可以培养辩证唯物主义的世界观、社会主义的政治方向、共产主义道德，并能养成从事社会主义工农业建设的技能。这是现实的，有革命意义的，谁也不能否认的。可是受资产阶级思想毒害的人，他们不但歪曲了科学，而且使科学脱离了政治和现实生活；有的同志编算术练习题不到人民现实生活中去找材料，却从老书上去抄童子分桃、方阵等陈旧的题目，就是一个典型的例子。不同程度的不问政治倾向，对国内外时事政策不关心，对政治学习不感兴趣——总之，政治空气稀薄，这是我们编辑工作中的一大障碍。

除了自然科学，其他语文、历史、地理等科，也有资产阶级的纯科学思想观点。语文课本的编辑，是“无明确目的，无一定标准”的，“只是从主观出发，信手拈来，碰到什么就讲什么”。现在已经好了一些，过去是有不问政治思想只问文学的艺术性的资产阶级的纯艺术观点的。

这些，实际上是传播资产阶级思想的，这是使我们教科书产生严重的原则性错误的根源，使所谓“科学”也失掉了科学性，变成了片面的或被歪曲了的东西。

2. 缺乏社会主义思想——这是由于我们的认识不明确。例如，有人以为：“现在是新民主主义时代，提出社会主义思想是否过早了些?”这足证对于教科书应当对学生进行社会主义思想教育，是非常模糊的。

以培养社会主义的劳动观点为例：中学语文编辑室检查了四册课本72篇选文，其中正面讲劳动的只有10篇，占14%，有关劳动的8篇，两项合起来一共有18篇，占25%，数量还不算少。可是在“提示”中正面提出劳动教育的只有1篇，而且提得有毛病。以小学自然课本中的作业为例，除两个需要学生动手的作业外，再就没有培养学生劳动技能和习惯的作业了。此外，如生物学课本中，对农业生产合作社、集体农庄都没有提，只提了一下拖拉机和播种机。在地理教科书85个练习中，与生产劳动有联系的不到十分之一。讲到上海，只说它是我国轻工业中心，没有谈到它在我国社会主义工业化中的作用。讲到西北大铁道，不谈它在社会主义经济建设中的伟大作用，而对皮筏、木筏却讲得很多。这些都是缺乏社会主义思想的表现。

对于贯彻爱国主义教育也只是在课本里写些口号和教条，写得很枯燥。有的地方只加上祖国伟大呀、美丽呀一类的话，有的地方甚至失之夸大——例如说青海高原每年四月草就发青。编者没有用丰富、真挚的感情描写我们的锦绣山河；没有从我国人民几千年来的爱国斗争中，没有从无数劳动人民勤劳勇敢的创造、发明中，特别是没有从中国人民经过前仆后继，无数次流血斗争、取得革命胜利的具体事实中，选择一些真实的材料进行教育。小学历史课本，连中华民族的伟大发明火药、火器也没有提起。物理学课本中虽然谈到中国的许多发明，也结合了社会主义工农业建设，但那只是为了给学生以知识，而不是有意识地对学生进行爱国主义教育。同志们，在我们的教科书中，必须有强烈的爱国主义教育，使学生在思想和感情上有强烈的保卫祖国和向往于祖国社会主义建设的热情，这就是今天所需要的爱国主义教育。

我们之所以缺乏社会主义思想，对祖国缺乏应有的感情，对目前伟大的社会主义革命缺乏热情，也不是偶然的，这是由于长期脱离劳动，脱离劳动人民，脱离革命实践，一心只想到自己的一门科学，两眼只看到斗室或从窗户中看世界。人民编辑员必须把自己融合到祖国的一切革命事业中，洞察世界，密切联系人民群众的革命斗争，才能编出有价值的书。苏联许多课本的作者得到勋章与奖金，那不是偶然的。

3. 不知不觉间散布了资产阶级思想、观点——由于我们社会主义的政治思想薄弱，没能占领自己的思想阵地，那么资产阶级思想就必然乘虚而入，继续散布它的有毒思想，毒害新生一代，而我们无形中也就做了资产阶级思想的传播者。这类事例，各种课本中或多或少地都有一些。

（1）例如中学生物、化学及小学自然课本中散布轻视体力劳动的反马克思主义思想，如说“他们——指化学家与工程师——帮助劳动人民创造大量的财富”，把化学家和工程师放在劳动人民之上。小学自然课本有许多地方都把劳动人民与牛马并列，如说“采好煤要用人工与牲畜的力量搬运”“要用多少机器代替人工与牛马”等。

（2）散布科学救国论。否认人民革命的重要，否认消灭剥削制度的必要，把苏联社会主义的繁荣说成是由于科学发达。

（3）在历史课本中散布资产阶级的大民族主义思想，如说诸葛亮对外族用兵，把中国各民族说成异族、外族。此外，历史课本还散布资产阶级的实用主义思想：不作阶级分析，不寻求历史发展规律，强调个人作用，只问证据或史料的自然主义。因此，历史课本中充满了朝代兴废、帝王将相的叙述；强调个人作用，如把禁烟运动说成林则徐禁烟等。

(4) 散布资产阶级的发财思想，如算术课本中，以书商攫取利润的事做练习题。有人说这是反映现实；反映现实，也不能宣扬剥削阶级的思想。

(5) 至于散布唯有读书高的升学思想、客观主义思想等，那就更多了，以后我还要讲到。

课本里面散布各种各样错误的甚至反动的思想的地方是很多的。中学语文编辑室检查了72篇选文，其中就有17篇（其中有4篇看法还不一致）的思想观点是有错误的。

用马克思列宁主义的思想观点去评论作品，必须首先考虑文艺作品的“人民性”和“进步性”，不能生硬地拿现代标准去套。否则，我们就犯了反历史主义的错误。譬如高中语文课本里面《汉高祖还乡》那篇元曲，作者站在农民的立场讽刺刘邦，作品是有一定人民性的，可以选读。古典作品，只要不是反动的，具有一定的“人民性”，又有很高的艺术水平，那就可以选——当然，文学作品是培养学生辩证唯物主义人生观与共产主义道德的有力工具，更应该多选有教育意义的现代作品——对作品进行反历史主义观点分析，也表现在提示上，例如高中语文的提示，说《邹忌讽齐王纳谏》“写的是怎样开展批评”，这也是很不妥当的。

（三）影响课本质量的第三个错误或缺点，是科学性差——缺乏阶级分析，缺乏唯物观点，缺乏系统性等

1. 社会科学之所以成为科学，其中一个主要条件，就是用马克思主义的阶级分析法去分析社会现象，把阶级斗争作系统的分析之后，才

可以得出科学性的结论。这种阶级分析是我们在仿佛迷乱混沌状态中找出历史规律来的一个线索。所谓阶级分析法就是要站在劳动人民的立场去看问题和分析问题。把劳动人民当作历史的主人。斯大林在《论辩证唯物主义和历史唯物主义》中说："历史科学要想成为真正的科学，就不能再把社会发展史归结为帝王将相的行为，归结为国家'侵略者'和'征服者'的行动，而首先应当研究物质资料生产者的历史，劳动群众的历史，各国人民的历史。"① 我们的历史课本，在这方面做得太差了，恰恰犯了斯大林所说的错误，我们是把历史当作帝王将相的行动，当作改朝换代"侵略者"和"征服者"的行动来编辑的；我们缺乏阶级分析，并没有写出劳动群众的历史。中学中国历史上讲汉高祖的改革，并未说明这是农民起义的结果。小学历史把太平天国起义以后几十年的历史，用反动头子曾国藩、李鸿章二人为主题来叙述是错误的。只有用太平天国起义第二期为题，才可以代表中国人民的历史。此外，由于不作阶级分析，只看到问题的现象，课本中往往罗列了许多事实，没有接触到问题的本质。例如，小学历史《太平天国》一课中，漏掉了叙述农民关于土地的要求。"天朝田亩制度"可以不讲，但是农民因受地主阶级剥削压迫，所以起来革命，到处反抗地主，烧毁地契，这是应该叙述的。课本不说这些，只说"把没收来的财物分给贫苦民众"，这不会使学生明确认识到农民反封建、争取土地为自己所有的斗争意义，也就看不到新中国成立后土地改革的重要革命意义。由于缺乏阶级分析，就得不出正确结论，或不能作结论。由于缺乏阶级分析，就憎爱不分，是非

① 斯大林著：《列宁主义问题》，人民出版社 1964 年版，第 647 页。

不明。模糊了阶级意识，就不能担负起培养学生历史唯物论的革命人生观的历史科教学任务。中小学历史课本中，这种缺点是不少的。由于不作阶级分析只看现象，因而宣传有害思想的事情，在其他课本中也是很多的。例如，地理课本中“民族大家庭”一节，引用彝族人民“官占坪，汉占坡，把我们彝族赶上山窝窝”的歌谣，把压迫各族人民的国民党反动统治者和汉族人民混为一谈，挑拨了汉族、彝族之间的感情。又如，语文课本中把国联简单解释为国际联盟。由此，我们可以知道，如果编写课本不把劳动群众放在第一位，不作阶级分析，就往往歪曲了历史事实，使课本的科学性大成问题。这是由于我们的客观主义在作怪，不是站在劳动人民的立场，而是站在第三者的立场之所致。

此外，我还想到有些同志在讨论中认为劳动教育太少，应该放一点到历史课本中，但是放不进去。我们总不能在讲汉高祖时忽然来一段劳动生产吧。我们不能机械地、形式主义地对待问题。我以为历史课本要加强学生的劳动观点，就要实行斯大林的遗教“研究物质资料生产者的历史，劳动群众的历史”，用历史事实说明世界是劳动人民用劳动创造出来的，不是帝王将相创造出来的，就可以培养学生敬爱劳动者，尊重劳动，愿献身于祖国的劳动生产工作。

2. 课本的科学性差，还表现在不做系统的、不根据本门学科内在联系、不从历史的发展观点来考察研究问题，因此就得不出必然性的规律知识，就不免是肤浅的、片断的知识。例如，小学历史课本谈到袁世凯窃国、段祺瑞卖国，谈到帝国主义分赃的凡尔赛会议把德国在山东的“租借地”让给日本，可是对第一次世界大战只字未提；叙述抗日战争，一直讲到 1945 年 8 月 15 日日本投降，可是对第二次世界大战也没有提。没有第一次世界帝国主义大战如何能有凡尔赛会议？历史是互相联系、不可分割的。至于有的地方把历史事实颠倒排列，那就更破坏了历史的系统性、逻辑性和历史的发展规律。那就把历史变成偶然事件的堆集。叙述历史事件，必须注意历史的上下联系与发展规律，否则就变成割裂的、片面的、肤浅的片段记载。

这种不从本门科学内部的联系性、不从发展观点来研究和说明事物的错误观点，也表现在其他各种课本中。如数学课本中，原来分数、小数、百分比等是互相联系的，是有它内部的逻辑性的，但我们却在小数与百分比之间插进了比例，这就破坏了这种系统性和科学内部的严密逻辑性。在地理课本中，也往往静止地、孤立地罗列现象，如讲地形和气候等情况，只讲地面的形态和目前情形，不去阐明地面形态的成因、变化等发展情况。在中小学语文课本中，这种事物内部的系统性、逻辑性混乱的现象尤其严重，已经发展到把教材变得像信手拈来的一堆材料，没有体系可言。中学语文课本编得杂乱无章，有的地方似乎是按体裁编的，有的地方又像按历史发展编的。介绍语法知识，更是信手拈来。目前，文学课本按顺序前进和按文学发展史编，汉语课本按语法规律编，这样，才可以谈到体系，才便于按照本门科学内部的逻辑性来进行教学，课本的科学性也就加强了。

3. 科学性差，还表现在不从唯物的观点去阐明自然现象和社会现象。例如，地理课本中，由于过去受资产阶级地理环境决定论的影响，只说华北、西北雨量变化大，是造成灾荒的原因。不把这一事实和多年来反动统治联系起来分析，这是错误的。新中国成立不过几年，由于人民政府大力兴修水利，不是已经减少了很多灾荒吗？另外，由于怕犯环境决定论的错误，因此不反映真实情况，把自然环境看成对人生没有什么影响的因素，这也是不科学的，是反唯物主义的。斯大林在《论辩证唯物主义和历史唯物主义》里说："地理环境是社会物质生活必要的和经常的条件之一。"① 环境对人是有一定影响的，但是人也可以改变环境。例如，南方果木经过米丘林的驯服可以移植到北方；新疆有许多无水的荒地，解放军与当地人民在那里开了许多河渠，引天山的雪水灌溉，就把荒地变成了肥沃的田园；也有把沙漠变成绿洲的事实。小学自然课本，有些地方光讲抽象原理，不叙述人类积极活动的作用。这都是因为缺乏辩证唯物的观点。又如物理课本讲到"力"时，没有说明力离开两个物体互相作用，就不存在。讲到"质量"时，没有明确说明"质量"就是物体含物质的多少，而只说明它的另一意义为表示物体惯性的大小等，也是缺乏唯物的观点。这种错误，在其他课本如语文、历史、数学、化学、生物学中一定也不少，现在不详细说了。

总体来说，造成课本科学性差的所谓缺乏阶级分析，缺乏发展观点，缺乏唯物观点，就是缺乏用马克思列宁主义的立场、观点、方法去看问题，而习惯于用资产阶级的形式主义看问题。违背了马克思列宁主义的思想方法，课本就编不好，也就培养不出具有辩证唯物主义世界观的学生，培养不出真正有文化修养的新生一代。马克思、恩格斯认为必须使新生一代掌握多方面的深刻知识，这类知识要按照一种严格的逻辑顺序来系统传授给他们。我们应该特别注意这一点。

① 斯大林著：《列宁主义问题》，人民出版社 1964 年版，第 643 页。

（四）理论不能联系实际，也是形成课本质量差的一个原因

理论与实际脱节，就使理论变成公式的、枯燥的和贫乏的教条。这种教条主义在我们的课本中也表现得很严重。自然科学的课本更加突出。例如，讲述自然科学，竟与生产劳动脱节，与中国实际脱节。讲杨树的时候，不讲常见的河杨而讲响杨。讲森林灌木的时候，举“醋栗”“太平花”“野蔷薇”为例，而前两种不常见，后一种我国平地也有。又如要学生四月就去看玉蜀黍的花，而实际上很多地方四月里玉蜀黍才开始下种。最严重的是把苏联原来联系工农业生产实际的教材也删去了，改成从空洞、干瘪的定理定义出发。例如，植物学课本“威廉斯学说”一章中，蓝本对于在耕地里应当如何与杂草斗争，对于农具的构造原理，对于施肥以及各种肥料的成分及用法，都有详细的说明，我们却把这些都删掉，或者只简单地提一下。又如苏联课本讲到植物无性生殖时，对插枝、压枝、块茎分殖、用叶生殖等，都联系了农业生产的实际，而我们也都删去，仅仅从科学道理上说明什么叫插枝、压枝。这不是资产阶级为科学而科学的思想在作祟吗？又如在物理学上，苏联课本讲蒸汽机之前，有一段从实际出发引到简单机械的话，以与日常生活联系，我们也把它删掉了。又如苏联是把学校植物园当作理论联系实际、结合自然科学与农业生产劳动的工具的，认为学校植物园的价值和实习工厂、少年技术站一样。苏联学校的植物园，不但是理论与实际相印证的地方，并且要在那里使学生学得更丰富更生动的知识，要在那里培养学生的农业劳动技能和技巧。我们却只把学校植物园看成使学生掌握植物全部生活过程和巩固知识的地方。列宁说：“没有年轻一代的教育和生产劳动的结合，未来社会的理想是不能想象的；无论是脱离生产劳动

的教学和教育，或是没有同时进行教学和教育的生产劳动，都不能达到现代技术水平和科学知识现状所要求的高度。”① 因此，自然科学的教学与我们工农业生产劳动的密切联系是十分必要的。苏联在新的教学计划与教学大纲中已经非常注重这一点。他们在数学教学中也贯彻了这种精神。

理论与实际脱节，也表现在其他课本上。例如，历史课本是概念化、公式化的；编者没有用通过阶级分析叙述出来的那些具体、生动的事实，养成学生热爱劳动人民，憎恨剥削阶级，以与目前的阶级斗争联系起来；也没有把中国劳动人民多年来反抗剥削压迫、反抗帝国主义、终于胜利了的事实，和现在的人民的宪法、向社会主义前进的祖国结合起来，以鼓舞学生热爱祖国，等等。

我们要消灭教科书中“空洞的理论”“为理论而理论”“为科学而科学”“为文艺而文艺”的思想，而用列宁的思想代替它们。列宁号召青年学生学习共产主义时说：这就是把自己的学习、教育、教养的每一个步骤，跟劳动人民反对旧社会剥削者的斗争结合起来，为共产主义事业而斗争。因此，我们所编的一切课本，都要为培养建设社会主义社会的全面发展的成员这一总目标服务。这对于我们还要经过很大斗争才能实现的。不过结合实际也不能乱结合。例如，数学习题中说电影票每张18 100元；说张同志把500万元存入银行，作一年定期存款，一年期满，共得本利506万元：这都是反现实的。小学自然课本讲到水的部分，为了说明有的东西能溶解于水，有的东西不能溶解，就编了一个一

① 《民粹主义空想计划的典型》，《列宁全集》第二卷，人民出版社1959年版，第413页。

头驴驮着盐和一头驴驮着棉花下河洗澡的故事。儿童读了这课，很怀疑有这样的事。如果改成它们中途遇雨，那么也同样可以说明问题，却入情入理。问题在编者脱离实际太厉害了。又如一米有多长？一亩有多大面积？能够精确回答出来的就不多，知道的只是教条、公式；大教条教小教条，真是害人害己。因此，我们应该多多接触实际，真正弄明白了，才能理论与实际一致地去教人。这次生物组为了弄清楚动植物，曾到野外去采集标本，这是很好的。

（五）影响课本质量的第五个缺点或错误，是脱离群众和工作不严肃

同志们，我们编的课本，每天有将近 6 000 万名学生在用心读，熟读，熟记。他们像吃饭似的天天把这些材料吃下去。全国有将近 200 万名教师像妈妈喂饭似的拿课本上的材料喂那些学生。这个饭菜做得好不好，营养成分够不够，教师有权提意见，我们更应该主动地征求他们的意见。可是在这一方面，我们不仅登门请教得太少，甚至人家写了书面意见来，我们有些同志还嫌麻烦呢。对于处理人民来信，不但不从里面吸取意见改进我们的工作，反而认为这是额外负担。有些同志对于本编辑室的讨论都嫌麻烦，只知图方便，图省事，不惜闭门造车，各自为政；不调查研究，不接触群众，不多征求意见。群众需要什么，群众在做些什么，我们不理不问。北京市的学校对语文课本《红领巾》一课闹得热火朝天，我们自己却并不理会。我们和专家、学者、著作家、教育家、优秀教师的广泛联系，也是做得很不够的。这种关门主义，必须去除。上半年开始有了些改进。我们应该知道，只有和广大的群众、专家、学者、优秀教师、著作家取得密切联系与合作，请他们对我们的课

本提意见和审查，我们才可以编出优秀的课本来。不要怕人家批评和提意见，因为批评对我们有益。革命干部一心一意想把工作做好，所以不但不怕批评，而且应该竭诚欢迎人家的批评。

我们工作中的不严肃表现在以下两个方面。一方面是粗枝大叶，其危害之大，足以误人子弟。例如，把长江流域人口占全国13%印成30%，把鄱阳湖“南高北低”印成“北高南低”，把长江“下游”写成“下流”，把沂、沭二河的位置对调了之类。数学课本中搞错一个字，使教师算了三小时算不出来；把答案弄错，使教师无论耗费多少演算时间，永远也得不出相同的结果。中学语文课本中有些错别字，例如，把“竭力”写成“极力”，“游击队”写成“避击队”等。事实也有说错的，如把出席世界工联的刘宁一同志改成刘少奇同志等。这类性质的错误，大半是由于盲目抄书所造成的。使用别人的材料，必须多方印证、分析。自己不苦心钻研，只抄袭人家的，自己的水平提不高，书也编不好。

另一方面是工作缺乏计划性。譬如我们说要把各科的系统的基本知识教给学生；但是究竟大家研究过那些基本知识没有呢？我很怀疑。中学语文编辑室检查语文课本后说：整个编排的体例是混乱的，没有一定原则。这是实在情形。我们有许多同志都是自由主义者，有一些课本是凭自己兴趣来编的，既没有严格规定基本知识范围、学生的年龄特征，更没有规定顺序前进的编写计划，编第一本的时候，并不知道第二、第三本的内容。那当然就不免有的过深，有的过浅；有的地方把不应讲的、不属于基本知识范围之内的、可有可无的材料讲了，而对于应当讲的却遗漏了。这样也就失掉了系统性、科学性与学生接受性（即符合心理学与卫生学原则）等重要的原则。同时，教材分量也可能过多，影响学生的健康。

三、产生错误的原因及改进办法

（一）以前的指导思想是不明确的

自从党中央提出了总路线和今年四月政务院确定了普通中学教育的性质、任务之后，社的领导才明确地提出以社会主义思想教育新生一代。此外，社的领导平时缺乏思想领导，对教学大纲、教材以及编辑工作中许多原则性的问题没有认真进行讨论，及时得出结论，予以明确指示。例如，历史和小学语文中的许多问题，拖延了一二年之久，在党中央直接帮助之下，至今才得到初步解决。另外，是在思想政治上对同志们的帮助很少，我社领导上的水平也不高。因此，没有能够及时在社内对资产阶级的思想观点展开系统的批判。这是产生错误的主要原因。

（二）受资产阶级思想的影响较深

几年来，我们还没有来得及对资产阶级思想进行彻底的批判。往往在不知不觉间把这种错误思想观点渗透到各方面去，因而就产生了阶级意识模糊、缺乏阶级感情、第三者立场即客观主义等错误。这种资产阶级思想，表现在对事物和问题的看法上或思想方法上，就是只看现象、不看本质的形式主义，就是不与实际相结合的教条主义，就是自以为是的老一套的经验主义等。我们必须在编辑过程中，认真划清两种思想的界限，彻底批判资产阶级思想。

（三）从整个社来说，学习苏联先进经验还很不够

我们过去只点点滴滴地学习到一些外表，并没有深入地领会苏联课

本的思想体系，从根本上解决问题。有位同志说得对，凡是我们改变苏联课本的地方，就都发生错误。这种错误的产生，就是因为用资本主义思想去改社会主义思想。

我在这里没有说我们工作中的成绩与优点，因为这是我们第一次集中火力向错误和缺点进攻，至于成绩与优点也是肯定有的，留到以后谈吧。

（四）这些错误和缺点如何改进

这主要靠今后在编辑工作中的艰苦努力。我们有充分的信心，可以把错误和缺点逐渐改正过来。事实证明，我们已经在改进中，并且已经取得了一些成绩。关于今后如何改进的问题，在不久以前公布的《关于人民教育出版社当前任务、编辑方针、组织机构及组织领导的决定》中已讲得很清楚，这个文件就是针对我们工作情况提出来的，因此各方面都很重视，希望同志们仔细研究，经常拿这个文件与工作对照，进行讨论。能彻底贯彻文件中所提出的精神，就能提高课本质量。其中，最重要的有三点。

1. 努力学习。学习马克思列宁主义，用社会主义的思想把自己武装起来；学习苏联的先进科学知识，使本身所担任的学科能够逐渐达到精通的程度（一般政治学习已建立了制度，各室的业务学习也应系统化、经常化，并建立制度）。

2. 坚决贯彻编辑方针。在这一编辑方针中首先确定了编辑教科书的目的是为了适应总路线的需要，为了建设社会主义社会的需要，和切实贯彻各级学校任务的需要，而不是随便的、无所谓的，或根据其他目的而编的。在编辑方针中，确定：（1）以社会主义教育学生；（2）以系统的基本知识教育学生；（3）以马克思列宁主义的立场、观点方法，阐明社会现象与自然现象；（4）要理论结合实际，把科学知识与劳动生产及革命斗争相结合；（5）要符合学生年龄特征；（6）要以苏联为师。这就是纠正我们过去的缺点和错误，提高教科书质量的办法。

3. 要改变工作作风。（1）改变事务主义的领导作风。我社室主任以上的领导干部（包括编审员）应十分重视思想领导，要把编写工作中的问题，提高到理论和原则的高度来研究。不要把理论问题、思想问题事务化，否则，我们便不能前进。同时，我们所有的编辑同志都是思想工作者，必须抓住思想这一环，认真研究问题，提高自己的思想水平。（2）加强集体讨论、互相学习、互相交流经验的工作，要随时以社会主义思想检查课本，总结经验，提高业务水平。（3）要注意收集资料。只有充分掌握资料，加以分析研究后，才可能得出生动的、正确的结论。（4）加强审查制度。集体讨论就是很好的审查制度，此外还要组织多方面的力量进行政治、科学、教育、文字、保密等方面的审查。最后还有技术检查。这样做虽然费时费事，有些小麻烦，但是审查是帮助我们检查与改正错误、帮助我们共同来消灭我们的共同敌人（错误）的有效办法，这对各方面都有利，必须坚决执行。（5）开展批评与自我批评。这是改造自己、推动工作、建设社会主义社会的有力武器。只有现在，我们才能顺利开展反对腐朽的资产阶级思想体系的斗争，给它致命的打击。为了使这一斗争取得胜利，我们必须虚心地、严肃地进行批评与自我批评。只有如此，才可以保证每一个同志摆脱资产阶级思想影响，永远前进。

革新教学内容和方法　促进学生全面发展*

年青一代的新的面貌正在生长中，我们应该首先肯定这一些成绩。但缺点也是严重的。例如，把全面发展看成“平均发展”，把集体主义教育看成强求一律，造成学生呆板拘谨，压抑了学生的意志、才能和性格。同时对全面发展的要求也太高太急，学生功课多，负担重，但质量不高，不能在质量上满足高等学校招生的要求。教学中的教条主义和形式主义严重，学过物理的初中毕业生进工厂的电工组害怕电；进工厂当学徒嫌苦、嫌脏，以为进工厂就是坐在工作台上把电钮一按让机器去呼呼地转。可见生产劳动教育还进行得很差。至于健康教育，除体育锻炼外，平时不很注意学生的生活（例如各地学生的伙食问题很多）和保健工作。德育方面，近来由于二部制和放松政治思想教育，问题也不少。

产生这些现象的原因是什么呢？是教育目的不正确或不完备吗？根据目前情况来看，还不能这样说。因为教育目的不是万能的，还要看实

* 摘自《全面发展的教育目的是否有缺点》，本文写于 1956 年。载《戴伯韬教育文选》，人民教育出版社 1985 年版。现有标题为编者所加。

行中的具体做法。其主要原因，分析起来大致有两个方面：一为教学内容（包括教学计划、教学大纲及教科书），二为教师及教学方法等都存在着一些问题。例如，中学教学计划中所规定的科目有些多，每周学习总时数也有些多，而且许多课程如文、史、地、数、理、化等都齐头并进，使师生疲于奔命，教师无法深入了解学生和进行个别指导，学生也没足够的时间复习功课和根据自己的兴趣去阅读课外读物，或做其他活动，其中以高中生为最甚。但是要修改教学计划又涉及学制年限、学校任务、教材内容及教材是否按螺旋式前进等复杂问题，要深入研究后才能解决。目前，可以适当减少科目、每周学习总时数及人文科的学习时数。此外，我也认为可以在受统一普通教育的基础上考虑在高三或高二设文理选科，以适当满足一部分学生可以在某一方面学得多一些和深一些。但学校中的政治思想教育不应该减弱而应该加强，除宪法课、时事政策课（或其他政治教育课）外，必须通过历史、地理、文学等课进行政治思想教育，既反对为知识而知识，为科学而科学的资产阶级的教学观点，也反对把这些功课都当成政治课教，而放弃本科知识的教学。至于工农业基本生产原理，应在数、理、化、生物、地理等系统知识的教学中，结合我国生产情况讲授。由于我国生产水平及其他条件还不够，还不能在学校内普遍设工农业实习园场，只能在有条件的地方试办。因此，中学毕业后就业的人，应该到工作岗位上去学习生产技术，或者由有关生产单位进行短期训练。但一般的劳动教育必须在所有学生中普遍进行，以养成他们艰苦朴素、勤俭劳动的品质和乐于参加生产劳动的习惯。

在争论中有人提出教学内容中什么是重点和主次的问题。马克思是把智育放在第一位的。恩格斯说："在马克思看来，《共产党宣言》中所提出的原则的最后胜利的唯一保障，就是工人阶级智力的发展……"从教学计划表上看，智育占的时数最多，而智育在建设社会主义社会中的确很重要。但如果我们的接班人没有社会主义的政治方向，只有科学技术，能依靠他们去建设社会主义和共产主义社会吗？显然不能。应该把政治思想教育放在首要地位。但没有高度的科学技术知识和健康的身体也不能建设社会主义。过去重视智育而忽视政治和体育是错误的。实际上五育是统一的、相互渗透和相互联系的，我们不能割裂开来看。做一个普通人也需要受这些教育。

此外，在教学大纲和教科书方面，近年来虽有了很大改进，基本上已经是社会主义的，但也有不少问题，有的内容太多太深，有的要求过高过急，总之有些地方还不符合学生的年龄特征，还必须做适当的精简和修改。如果课程和教材做了精简，腾出一部分时间，就可以让学生多阅读一些课外读物。有些学校的校内外社团活动太多，也必须减少。

前面所说的教学内容是国家培养学生的蓝图，关系十分重大，但教材是死的，起决定作用的还是教师和他所用的教育方法。目前由于学校发展速度太快，超过了主观力量，教师质量大大降低了。全国中学生在1950年不过一百多万人，到1956年发展到五百多万人，增加了将近四倍。在教师数量节节提升的情况下，初中教师几乎有一半是中学毕业生（当然多年来他们有了很大的提高）。据我们在天津的了解，高中文学教师中受过专业教育的不过三分之一左右。因为教师质量差，很多学生不能当堂彻底理解教课内容和巩固所学得的知识。许多概念由于教师讲解不清，学生课后花了许多时间仍然模模糊糊，加上课本对有些概念解释不透或超出基本知识范围之外，当然更增加了一些困难。目前由于教师和教材之间有一段距离，他们不得不花很多时间去研究材料，加上教师其他的工作也很繁忙，无形中放松了对教学方法的研究，和对学生进行个别教育，这也降低了教育质量。

教学中的形式主义和教条主义是严重的。目前，从小学到中学的教学一般都是演讲法，实质上等于注入式，不能引导学生积极地、自觉地去独立思考。至于教育工作中的实践，就更差了。没有通过学生的思考，没有实践，没有充分运用直观教具，因此学生认识客观世界的过程是被动的和不完备的，所得到的概念，当然模糊了。至于认真去调查了解学生，对生理和心理不同的学生提出不同的要求，布置不同的作业，进行不同的个别教育就更少了。有些学校连课外活动也强求一律，有些则包办代替，不问学生的志趣、特长等。所以学生说："兴趣小组无兴趣，自由活动不自由。"很多教育行政工作者和教师只单纯按照国家规定的要求去要求学生，没有认真去深入了解学生，把国家的要求和学生的实际结合起来，从学生不同的特征出发去教育学生，而是采取片面的、简单草率的一般化办法。这就是目前教育工作中主观主义和理论教学不结合实践的两大弱点。

教师只有深刻地了解学生，才能因材施教地去教好学生，做到克服他们的缺点，发扬他们的长处。克服那些从旧社会带来的不良观念、志趣、世界观、感情、性格、意志等，但不是消极地限制，而是要积极地、正面地培养和发展他们的社会主义的个性特点。因此，不能放弃社会主义的全面发展的教育目的这个武器去培养和发展个性。例如，近来有些学校放弃集体主义和纪律教育等，教师不严格要求学生，不加强指导，让学生自由散漫，片面强调发展所谓个性的做法，就是错误的。

在另一方面，即使在统一教育下，也应保持学生独立地向前发展，应该注意个性差异那一方面。事实上，学生所受到的教育虽都是一样的，但各人因为各方面有些不同，所理解的程度以及达到的水平不一致，志趣也不同。有些学校压抑学生，连学生在课外做个收音机也不许可，显然也不妥当。人的志趣、爱好、才能虽然是经过多年的教育和锻炼发展起来的，但教师对学生从小就萌芽起来的某种才干的倾向、兴趣和爱好，应该注意培养，使他们能在这方面多看一些书籍，多做一些这方面的活动（目前只限于课外，高中设选科后也可能解决一些问题）。但我们反对过早专门化，必须掌握基本知识，如果没有基本知识为基础，才能发展不起来，就是发展起来，也会受到限制。因此，对这一点，不能理解为为培养专才，而发生偏科的思想和做法。

目前，如果我们加紧提高教师的业务水平，同时减少科目和上课的总时数，精简掉不必要的太多太深的教材，减少学生的社团活动，就可以让学生有充分的时间去消化知识和多阅读一些课外读物，多根据志愿去参加课外活动小组，还可以考虑在高中设选修科，这对提高教学质量，培养和发展学生的个性特点，可能有些帮助。

综上所述，我认为目前还不能说教育目的不正确。在施行中之所以出现缺点，除由于教师对全面发展理解不够外，主要是由于教学内容、教师业务水平和教学方法等方面都存在着问题，似应考虑从这些方面去求得解决。

老解放区学校的思想政治教育工作*

从抗日战争开始一直到新中国成立为止，在这十多年的民族民主革命战争中，所有革命根据地的学校都是一贯重视思想政治教育的。因为我们重视了这一工作，所以在想象不到的艰苦情况下，能够冲破种种困难，不但维持了各级学校，而且发展了教育，提高了人民的文化政治水平，培养了许多忠实于人民革命事业的干部。

一、以民族民主革命的思想政治教育为基础

回忆抗日战争时期的革命根据地，孤悬敌后，不但物质条件十分困难（没有适当的书本，没有合适的校舍，没有什么设备，教师也十分缺乏），而且周围的日军和伪军不时出动“扫荡”，进行所谓梳篦战、抉剔战、拉网战等残酷的“扫荡”，实行恐怖的三光政策。在这时候，人心浮动，谣言四起，有些人丧失了胜利的信心，不相信人民的力量；有

* 载《教师报》1957年5月17日、24日。

些人受封建的、买办的、法西斯主义的思想的欺骗，对党和人民大众抱着错误的态度。但青年人不忍坐视国破家亡，他们有抗日救国的爱国热情，有研究抗日救国道理的要求。而我们当时总的政治任务就是要发动全国人民积极起来参加抗日战争，打败敌伪，求得民族和人民的解放。

针对这一情况，当时各级学校都提出加强民族民主的革命教育，反对奴化和封建、法西斯教育，以贯彻执行民族的、科学的、大众的教育方针。并提出学校以民族民主革命的思想政治教育为基础，而且把这一总的政治教育任务和各个时期根据地的中心任务以及学生的思想情况结合起来进行教育。实践证明这种思想教育是正确的。当时，为了贯彻这种思想政治教育，曾对各种各样的思想进行过斗争：首先是师生中普遍存在着轻视政治、重视文化的思想；教师中普遍存在着“教育清高论”“超政治、超阶级论”“教育百年大计，不能顾眼前抗日救国论”“教书本、学书本的教书论”“为教育而教育的教育独立论”等谬论。总之，怪论很多，无非是反对教育为政治服务和为人民服务，不愿在学校中贯彻执行思想政治教育。除在他们中间进行讨论研究、打通思想外，我们首先在教师中开展了时事政治学习，提高了他们的政治觉悟。这一点是非常重要的。其次是派得力干部到学校去担任政治教师。此外，在学生中广泛发动组织儿童团、学生救国会，进行各种抗日救国的政治活动，很快地提高了学校中的政治气氛。事实上，在战争激烈的环境中，关门死读书，两耳不闻天下事，也是办不到的。

二、结合政治教育开展社会活动

我所在的华中地区，当时规定从小学五六年级起到高中止，每周均设有三小时左右的政治课。每两星期并有三小时的抗战周会。

政治课的内容，高中讲政治经济学常识、社会发展史、中国革命问题、新民主主义论。初中着重讲中国现状、持久战、中国革命和中国共产党、社会常识。高小的政治常识课主要讲根据地的各种抗日的中心任务和国内外时事。各级学校的抗战会内容，主要是时事报告、校务报告（上两周工作检查和下两周的全校性的工作布置）。

除进行思想政治的理论教育外，为了使学生能在实践中得到锻炼，各级学校都展开了课余的社会服务，如儿童的站岗放哨，替军属扫地、抬水，对各种中心运动如参军、减租减息、反扫荡等进行宣传，组织剧团、歌咏队等开展农村文娱活动。中等学校的学生社会服务活动也主要为配合根据地各个时期的中心任务，进行宣传，并参加一些当地群众性的实际革命斗争，如反扫荡时的破堤打坝、参加民兵、参加复查田亩、反恶霸、反贪污。由于各级学校展开了社会服务活动，当时有些根据地的每一村庄几乎都有农村剧团，这对开展各项革命斗争、活跃农村文娱活动，起了很有益的作用。

当时，在广大学生中进行思想政治教育的目的，主要是打开他们的眼界，认识中国革命的前途问题和任务问题，同时还要解决革命依靠谁、由谁来领导的问题，从而逐渐培养起他们的革命人生观和忠心为人民服务的观点。

这种思想政治教育一直进行到解放战争。过分强调了政治教育，无形中放松了文化教育。后来对老解放区的学校便提出重视文化教育的方针。但有些学校因重视文化学习又忽视了思想政治教育，取消了社会服务。这样忽左忽右地摇摆了两三次之后，便在山东解放区提出“实施思想政治教育是新民主主义学校的灵魂与基础”，并对中等学校思想政治教育的培养目标提出以下五项要求。

1. 仇恨封建阶级和官僚资产阶级，热爱劳动人民……忠实于劳动人民的解放事业。

2. 仇恨帝国主义，热爱祖国的独立自由和解放，同情被压迫民族，以友爱精神对待同情于人民革命的国家和民族，树立正确的民族观念和国际观念。

3. 热爱劳动，鄙视一切不劳而获，不关心群众利益的剥削阶级思想。

4. 自觉的纪律，民主的作风，批评与自我批评的精神。能团结互助，认真负责。反对自由散漫、浮躁嚣张和无组织无纪律状态。

5. 爱好学习，虚心研究，实事求是，追求真理的科学态度与辩证的唯物观点，反对自以为是、武断、盲从。

又统一规定了中学思想政治教育的内容，例如，初中教授中国现状、世界现状、中国革命、社会科学常识、革命人生观和社会调查等，高中教授政治经济学、新民主主义论、思想方法论等。

除此之外，强调时事教育必须经常进行。强调为了生龙活虎地在学生中展开思想政治教育，必须发动学生展开各种课外活动和课余社会活动。例如，组织歌咏队、戏团队、壁报、演讲、宣传，并到农村和工厂中去，到军队中去，参加一些当地的群众性斗争，请翻身工农、劳动英雄、战斗英雄到学校作报告等，指示学生面向工农学习。

在解放战争时期对新解放区学生的思想政治教育重点，仍在使他们认清中国革命的前途和青年的前途，以及靠谁来领导革命，以清除他们在当时表现最突出的盲目正统观念；同时使他们认清苏、美两国的性质及世界发展的前途，以消除他们之中一部分人被敌人欺骗麻醉后的反苏反共的反动思想。

总之，在抗日战争时期和解放战争时期，我们所进行的十多年的思想政治教育，主要在划清敌我界限，站稳民族立场和人民立场，树立为人民服务的革命人生观。实践也证明不但有其必要而且获得了很大的效果。

三、有益的经验

从人民民主革命阶段老解放区的思想政治教育工作中，我们可以得出下列几点经验。

（一）人的思想、意识、观念和整个精神面貌是外界各种不同的现象影响于他的结果而形成的，所以马克思说，人的本质在其现实性上乃是社会关系的总和。在革命的第一个阶段，国内外存在着各个阶级，他们的各式各样的思想、观念无时无刻不在腐蚀着和束缚着青年儿童。要培养新的一代肩负起革命的重任，必须把他们从旧思想和旧观念的束缚中解放出来。而每当一场革命运动起来之后，国内外的阶级敌人就会放出各种不同的言论，企图来阻挠和破坏革命运动。在革命斗争最剧烈的时候，消除新生一代从旧社会继承来的旧思想、旧观点和消除从敌对阶级那里发射出来的有害影响，以保证青年的思想能够得到健康发展，必须积极地配合革命运动在青年中展开思想政治教育，与各式各样有害的思想进行斗争。在暴风雨般的革命斗争中，社会变化迅速，思想情况复杂，除进行系统的政治教育外，必须抓住当前发生的国内外大事件，进行思想教育，才能和发展中的客观现实相适应。老解放区在每一革命中心任务来到时，在人民群众中和学校中就有思想教育与之配合，这样就不但打了一次预防针，防止了不正确的思想侵入，而且他们一旦掌握了思想武器，就可以积极起来行动，说服家庭和社会也赞成革命运动。不通过各科教学进行思想教育是达不到这个目的的，这不仅受教师水平的限制，而且许多思想政治教育，例如当时的参军、反扫荡等中心任务，各科教学不是包括不进去便是配合得不及时。系统的政治教育也常常远水救不得近火。只有通过配合中心任务的思想政治教育，才是比较合适的。但是后来形成了一种学校工作跟着中心任务转而忽视了文化学习的偏向，经过了很长的时期，才逐步扭转过来。

（二）无论是系统的思想政治教育或配合时事和中心任务的思想教育，都是为了使学生认清社会发展的前途。从讲社会发展史和对当前国内外的时事分析中，他们明确认清了社会发展的前途，之后，就有许多人纷纷批评了自己的糊涂思想，更大胆地、更积极地站到人民方面来了。政治方向问题，革命的人生观问题，也逐渐得到了解决。特别是在分析当时的各种革命活动和时事时，指出应该站在哪一方面看问题，才是正确的、对民族和人民有利的，否则就是错误的，对敌人有利而对人民不利，使他们逐渐认识到看问题原来要有立场。有些人懂得了这一点之后，恍然大悟地说：好了，这个思想搞通了，就一通百通了。在当时，解决了师生们的民族立场和人民立场的问题，是在思想战线上的大胜利，因为当时敌我斗争尖锐，封建的、买办的、法西斯的思想在他们头脑里还占着重要地位，不解决这个问题，不容易分清是非问题；而立场问题一解决，是非有了个标准，敌我界限，也就容易划清。我们集中解决立场问题和前途问题，正击中了当时青年们的思想要害，所以很快唤起了他们的革命热情。立场问题在任何时候都是思想政治教育中的重要问题，只要帝国主义和非工人阶级的阶级影响还存在，我们都要认真进行这一教育。

（三）思想政治教育是改变人的思想意识，培养辩证唯物主义世界观、政治方向和共产主义道德品质的问题，除内容必须正确和适合学生的要求而外，教育方法也是十分重要的。首先，思想问题靠自觉，不依靠强迫命令。因此，当时提出必须大胆放手，引导学生发挥自由思想，展开自由讨论，加以分析，建立进步思想，克服错误思想。但是，必须注意两点：第一，发挥自由思想不能放任自流，让反动思想传播，必须加以分析批评。第二，展开自由讨论不能开斗争会来斗争有反动思想或错误思想的人，当时也的确在有些学校里发生过开斗争会和追查思想的事，后来被制止了。思想改造或提高觉悟是一个自我觉醒的过程，要依靠深入细致的教育，任何粗暴的办法都是错误的，解决不了问题的。

其次，集中对学生进行有系统、有计划的思想政治教育，要比分散在各科里讲授，效果大、影响深，能够较快地解决几个关键性问题，例如，前途问题、立场问题、革命的人生观问题等，这对鼓舞学生学习其他功课和从事其他活动都有很大的帮助。

最后，要把思想政治教育课教活，不是死板地啃教条，而是必须联系实际。当时常用敌我对比的方法来讲授，常把国内外时事和学生中的各种复杂思想和系统的政治知识结合起来讲授。强调联系实际是必要的。例如，当时学生中怕“老中央”来的变天思想是很普遍的，到学校学习的目的是为了个人升官发财、光宗耀祖等，我们就结合系统的政治课，针对这些问题进行教育。破除了这些坏思想，新思想才树立得起来。

更好的联系是参加革命实践，不但能提高思想水平，而且能逐渐转变感情。例如，当减租减息的时候，有些地主子女受家庭的影响深，常在学校内发牢骚、说本村干部的怪话。教师便带学生参加几次减租运动，他们听到被地主剥削的基本群众的诉苦，啼哭得说不出话来，深刻认识到地主恶霸的残酷剥削，又联想到自己地主家庭的不对，思想就有了转变，许多学生的感情也起了显著的变化。

又如生产劳动教育，在老区也是重视的，但不停留在课堂上讲道理、空喊劳动光荣，而是师生一起在课余时间种菜、养猪、纺纱、织布、制肥皂等。在这些劳动活动中进行一些知识教育，同时也培养他们的劳动品质和生产技能。但是后来也发生过光生产不进行生产知识教育的偏向。

从参加劳动实践和革命实践中，他们亲身参加生产劳动和群众运动，在他们身上就容易培养起工农感情来，从前看不起工农的坏思想就可以得到纠正。

（四）爱国主义教育是我们十多年来紧紧抓住的一个中心环节。这一教育可以扩大学生的胸怀，使他们从狭隘的个人利益中解放出来，可以真正感觉到祖国和人民的可爱，加深对危害人民和祖国利益的帝国主义及其走狗的仇恨，而逐渐把国家、人民的利益和个人的利益正确地统一起来。当然，爱国主义教育也不尚空谈，必须和实际工作联系。为了取得抗日胜利和人民解放，人民曾不知流了多少血汗。当时的青年学生和儿童也参加过不少工作，养成了一种艰苦奋斗的精神，使他们愿意到祖国最需要他们的地方去。在抗日和解放战争中由于国内外的时事密切联系着，爱国主义与国际主义教育也是密切联系着进行的。不进行国际主义教育就不能很好地贯彻爱国主义教育。

（五）要贯彻思想政治教育必须领导上重视。在抗日时期，虽然环境十分紧张，但党政负责同志常到中等以上的学校里去向师生们作报告，有时还住在学校内和师生们谈谈心。至于学校内的师生是同生活、共甘苦的，彼此的感情很融洽，所以生活过得虽然很艰苦，但团结得很好，生活得很有生气也很活跃。师生发生什么困难，大家来设法解决；学校有什么困难，领导人不仅说明困难的原因以及一时为什么不能解决的道理，而且设身处地地为师生着想，解决一些应该解决的、有力量解决的问题。

现在革命的第一个阶段已经过去八年了，但在社会主义革命阶段，革命仍然是艰苦的；学生的思想水平较之过去虽然已经大大提高，不可同日而语了，但除划清敌我界限的教育仍需进行外，尤其要加强划清工人阶级和资产阶级及小资产阶级的思想界限，分清是非，提高觉悟。因此，过去十多年老区学校积累的有关思想政治教育的经验，还值得我们吸收和发扬。

对上海、江苏编辑的中小学教科书提一些初步意见*

下面谈一谈我们学习上海、江苏编写的语文、历史、地理和史地常识课本以后的体会和意见。声明一点。由于时间匆促，看得既不仔细，也没有经过讨论和分析研究，只是把各室提出的意见在这里汇报一下，供大家参考。

这些课本都是根据教学改革的精神编写的，基本上体现了“适当缩短年限，适当提高程度，适当控制学时，适当增加劳动”的精神。成绩是主要的，从这些课本中我们得到不少教益，对改进我社教材编写工作有很大帮助。现在我把对各科教材的体会和问题分别汇报如下。

一、小学语文

先谈小学语文。上海编的小学语文课本优点很多，主要的有如下几

* 本文是作者 1960 年 6 月 27 日在教育部召开的新教材研讨会上的发言记录。

个方面。

（1）一般来说，注意了教材的思想性。反映三面红旗方面的文章比较多，引用新人新事和革命传统作为课文的也有不少，并编进了一些进行劳动教育的教材。

（2）乡土教材相当多，乡土色彩较浓，这是符合毛主席提出的应增加一些乡土教材的精神的。

（3）体现了多读多练的精神。全套课本共有课文 481 篇，平均每册约有课文 48 篇。课文内容也丰富多彩，除一般文章外还选了诗歌、寓言、童话、相声、戏剧、小说等。

（4）教材的体系是根据培养学生阅读和写作能力的需要进行编排的。各年级都有重点。一、二年级以识字和大量阅读为主，课文多为记叙文；三年级以上逐年增加论说文和文言文。精讲、略讲也随年级不同而不一样，年级高的略讲的材料就较多，这样，可以更好地培养学生的自学能力。

（5）加强了语文基本知识的训练。基本知识都是结合课文来讲的，每课、每个单元之后都附有语文基本知识的练习，在练习中各年级都有重点。一、二年级着重拼音、识字、写字、写话、掌握词汇等的练习。三年级以上着重写作的基本训练。在小学阶段把必要的语法知识都已讲完。

（6）关于培养读、写能力方面，把阅读和写作结合起来，把课内和课外结合起来。在练习中既有政治思想教育方面的习题，又有写作方法、语法方面的习题。方式多种多样，有默写、填词、仿写等 20 多种。

（7）这套教科书最大的优点，是运用了黑山的经验在低年级集中解决识字问题，完成识字教学任务，到中高年级着重培养学生读写能力。这是符合多快好省的精神的。

至于这套课本的缺点和问题，有如下几个方面。

（1）语文是为学生进行共产主义思想教育的有力武器。加强这方面的内容是必要的。根据编辑室的同志阅读这套课本后提出的问题看，课本在这方面还存在一些问题。

①有些课文有修正主义味道。如三下《寓言二则》里面“铁甲”的寓言说：“再则，你想用战争侵犯别人，别人自然也会用战争来回敬你的。到那时，弄得大家都不能过太平日子，这有什么好处呢?”这个对战争和和平的看法，很值得研究。又如四下《接班》一课，提到“可是人也累坏了，旧病复发，不时地咳嗽吐痰，间杂着血丝”，“几个民工干活渴了，工地上没茶，没有办法就捧塘水喝”。这是只讲所谓“真实性”而不要政治的修正主义文艺观点的表现。

②有些课文政治思想性较差。

（2）注意保密制度不够，有些课文有泄密现象。比如三年级下学期课文《平炉之王》是介绍武钢的。其中提到“烟囱高一百公尺，底面十五公尺”，“这就是平炉炉体，每八小时可炼一炉钢”，“武钢二号平炉是一座容量五百吨的巨型平炉”，属泄密。五上“祖国的一颗明珠”是介绍新安江水电站的，提到“平均每年发电十几亿度”，拦河坝上的水库“面积五百八十平方公里”，均属泄密。

（3）课本重视了培养学生的写作能力，但只注意写作技能的培养，而对培养学生的思想观点和指导学生参加生产劳动、社会活动，在提高学生写作能力上所起的作用重视不够。

总的来说，这套课本是好的。至于程度是否适宜，还有待于实践证明。

江苏的小学课本和上海的课本有相同之处，主要优点如下。

（1）重视了教材的思想性。有反映阶级斗争的内容，要进行劳动教育和其他共产主义道德教育的内容。

（2）吸收各地优越的经验集中解决识字问题。吸收了黑山集中识字的经验，也吸收了万荣的经验。一年级课本全部都注了音。识字方法也是多种多样，除看图识字、按偏旁类推之外，还有按词义、词性和按不同事物来分类，这样便于学生多练，有利于掌握生字、生词。三年级以上把每课生字根据音序写在课文前面，这样，在学习课文前，即可先解决识字问题，去掉拦路虎之后，学生即可顺利阅读。

（3）重视了多读多练，程度逐年加深。小学五年共读 460 篇文章（最长的略读课文有八千个字）。从三年级开始，即读文言文，四年级即开始读毛主席著作。注意了阅读课文和写作相结合。例如，读了一课课文之后，即进行仿作、改作的练习。

（4）重视语文基本知识的训练，并与讲读课结合起来。语法要求与上海的基本相同。

至于缺点和问题有如下几点。

（1）有些课文思想差，应引起重视，如《幸福是什么》阶级意识模糊，在剥削社会里劳动者并无幸福可言。

（2）注意保密制度不够，有的课文泄露了秘密。如有的课文把不应该公开发表的钢铁基地写了出来。

（3）由于疏忽而发生政治性错误。例如，第二册练习里把“刘主席”“周总理”“通讯员”与“美国强盗”并列。在地图上漏画了澎湖列岛和南沙群岛。

总的来说，这套课本是好的，是符合多快好省的精神的。

二、中学语文

上海编的中学语文课本主要优点有以下几点。

（1）重视了思想政治教育。反映三面红旗方面的文章较多，对文言文中思想不够健康的地方，也提出了批判。

（2）重视多读多练来培养学生读写能力。五年共读297篇文章。比我社1959年出版的课本约增加1/3。教材系统是根据培养学生读写能力的要求编排的，低年级着重培养记叙文、语法、修辞等，到高年级着重培养论说文的作法、对文艺作品的分析和批判的能力。每册课本之后都有语法练习，另外还有短文指导写作方法。每个单元之后有复习和练习。

（3）文言文选材较好。注意了选材的思想性，共选了68篇文言文，有毛病的也在提示中做了批判。对有些文艺作品，在后面还附有评介的文章。这样既可培养学生分析批判作品的能力，对提高他们的写作能力也有很大帮助。

缺点和问题如下。

（1）语文课是对学生进行共产主义思想教育的有力工具，对课文的选择标准必须政治第一。有些课文在这方面还存在一些问题。例如：

①《在牢狱中》一文中有“从人类的理性和良心的观点来看都是不

可思议的磨难”这样资产阶级人性论的观点。

②有些课文的提法与党的方针政策不符。如二上《大跃进的锣鼓》说“五年赶过英国，十五年赶过美国”，与党的提法不符。《幸福的花为勇士而开》对退休有不正确的描写。《劳动人民一定要做文化的主人》一文中说到共产主义时和公社决议不完全一致。

③有些课文有修正主义观点。如《和平鸽》作品主人公对反法西斯主义的第二次世界大战表示不赞成，对战争与和平的看法有错误。《桥梁远景图》一文对战争与和平的看法也有问题。《漫谈读书》一文对革命提法不妥，似乎新中国成立后革命不是头等重要的事了。

④在民族关系问题上注意不够。

⑤在注解中也有些问题，如对无政府主义的注释未说明它反对无产阶级专政。对“观念形态”的注解未指出为社会经济基础的反映。

（2）有些课文有泄密现象。如二下《淮河边上的明珠》一文提到蚌埠钢铁总厂的具体设备。属于涉密方面的文章共约有 18 篇。

（3）整个编排系统不够明确，对语文知识教育强调得多一些，而且偏重于知识的理解。很多课文后面的练习，分量过重，如二年级第一册有一课的练习共有 7 个之多。

总的看起来，这套课本还是不错的，是符合教学革命的精神的。

我们对江苏的中学语文课本看得很粗略，提的意见不多，主要优点如下。

（1）一般来说，重视了课本的政治思想性。选材比较平稳，无忽浅忽深的现象。

（2）一、二、三年级是根据培养学生读写能力的要求编排的，系统性较强。

（3）为培养语文知识写的短文简短活泼。

缺点和问题如下。

（1）有些课文的政治思想性差。

（2）有的课文有泄密现象。如《毛主席向着黄河笑》，把三门峡的坝高、发电量、储水量都写了出来。泄密的文章有八九篇。

（3）就多练来说，课本编者似乎依靠写作和语言知识短文来传授知识，对通过课文后面的练习来培养学生运用语文的能力注意不够。就编辑体系来说，四年级有诗歌单元、通讯单元、杂文单元、戏剧单元……每一单元后附有诗歌特点、戏剧特点等短文，不但偏重于文学作品，也会引起人们偏重这一方面而忽视语文政治思想教育的一面。五年级按文学史编也值得研究。

上海和江苏编的中学语文课本，都未编入逻辑知识。低年级语文在培养学生唯物辩证观点方面的教育也注意不够，选文较少。

上海和江苏编的语文课本，在小学阶段的语文教学要求，都希望达到使学生能掌握现代语文的目的，到中学阶段的语文教学要求如何，不明确。

三、历史

上海的历史课文只看到两册，优点如下。

（1）按社会形态建立以中国历史为中心，世界史与中国史相结合的体系。这种创造精神好。

（2）课本取重大历史事件为典型，简明扼要。对重大历史事件，如太平天国、平英团等都写得具体、生动，而且作了深刻的分析。

（3）有些章节的思想性较强。如第一册第 12 页说：“为了防止北方匈奴贵族的进攻，秦政府征伐大量劳动人民修筑了万里长城”，阶级观点比较明确。又同书第 49 页说：“对匈奴展开了保卫生产的战争”，对这次战争的性质说得很明确。

（4）在处理民族关系问题上比较注意，如在第一册第 79 页上谈道：“12 世纪初叶，移居中国北部的女真人和汉族人民共同生产，共同反抗金政府的压迫和剥削，相互融合。”

缺点和问题如下。

（1）历史是一门政治性很强的学科，必须要用马克思主义的理论为指导来编写。这套课本基本上是以毛泽东思想为指导进行编写的。但课本中某些地方还存在一些问题。有些地方立场模糊或失掉立场，例如，用唐太宗告诫臣子的话来说明统治阶级对农民让步，用民歌来表示劳动人民在奴隶社会中热爱劳动的情绪等。描写瓦尔连被资产阶级残杀后的情况也失掉立场，有些地方不符合情况，如说“我们人民正在以一天等于二十年的速度，向共产主义迈进”和陆部长所说“积极地为实现共产主义创造条件”不符。在对国内民族关系的处理上也有一些问题。是否称“清政府承认朝鲜为独立国”是有关国际问题的，也应研究。

（2）地图中凡牵涉中苏、中朝和中缅国界线的，都未得到正确的处理；东沙群岛、西沙群岛都漏画了，澎湖列岛也有漏画的；台湾省在地图上都未标出。

（3）未能依据毛泽东同志对中国历史的论断来编写教材。如说明朝中国封建社会已衰落，这和毛主席说的“中国封建社会直到近百年来才发生变化”的论断不符。

中外史并没有与以中国为中心相结合，仍旧分为两块。课本在写到奴隶社会的时候，先讲罗马，再讲更远的中国西周。封建社会也是先讲公元后几百年的法兰克直到17世纪的英国资产阶级革命前夕，然后再回到几百年前的中国战国时期。这样讲是否好，值得研究。

这套课本，历史事实讲得少了些，欧洲像希腊都未讲，古代东方国家如朝鲜、越南都未讲到，印度也一笔带过。一般发展规律讲得明确，但对中国社会发展的特殊规律讲得较少。

江苏历史课本的主要优点如下。

（1）一般来说体系较严，头绪比较集中，基本知识较宽，叙述简明扼要。

（2）在某些章节中在一定程度上贯彻了以马克思主义为指导的原则。例如，世界近代史中抓住了以国际工人运动为中心环节来编写，思想性比较强。

缺点和问题如下。

历史课是政治思想性很强的学科，必须以马克思主义思想为指导来编写。这套课本在这方面做了很大努力，基本是好的，但课本中某些地方还有些问题，举例如下。

（1）不少历史地图有错误。如1862—1897年中国新式工业示意图把越南与我国的国界画成了省份界线。在世界史中把帝国主义殖民地与势力范围图中的我国台湾与日本画成了一个颜色，不少图都未把东沙群岛、西沙群岛、南沙群岛画上去。

（2）历史课本中有“想在中国建立一个比欧美资本主义国家更完善的‘民族的、国民的、社会的’国家”，未作深入的分析批判。对于“认为中国人民要求自由、平等、博爱”字句，也未作深入批判。宣扬了资产阶级思想。

（3）在民族关系上也有些不够妥当的地方。

（4）明清资本主义萌芽已有显著发展的说法，和上海编的课本一样，不符合毛主席的论断。

这套课本一般是好的，阶级斗争线索比较明确。对于学生了解社会发展的基本规律和发展趋向，从而教育学生自觉地参加社会主义建设会起一定的作用。

四、地理

我们只看到了江苏编的五年制中学试用地理课本。这套课本的优点主要表现在以下几个方面。

（1）适当减少了学时，对保证重点学科的学习，提供了有利条件。按照 1958—1959 年度教育计划，小学和中学地理课共有 324 学时（高中过渡时期的 36 学时除外），根据这个大纲草案规定，地理只有 108 学时，减少了 216 学时。

（2）增加了新的科学成就，并且在中国自然地理的某些部分，扩大了学生地理知识范围。如中国三大自然区和热量带的分法，能吸收当前新的科学成就；有关地槽、地台和矿床形成等方面的知识是旧课本所没有的，因而在某些部分扩大了学生地理知识的范围。

（3）注意培养学生有关地理的实践能力，如识别矿物、找矿、天气预报、水文观测等。

此外，这套课本文字简明扼要，乡土地理写得相当清楚详细，都是比较显著的优点。

除上述优点之外，在这套课本中，也有一些需要研究的问题。

（1）关于教学目的和知识量的问题：从教学大纲草案来看，究竟给予学生哪些地理基本知识，规定得还不够明确。教学目的规定也有值得研究的地方。例如，地球一篇的教学目的仅提到为学习中国地理和世界地理创造条件。

从课本的内容来看，如何培养学生的地图知识，体现不出来。世界地理只讲了 31 个国家，有些同我国邻近的国家如巴基斯坦、菲律宾、泰国等都没有讲，民族独立运动高涨地区的国家如拉丁美洲和非洲的国家，也讲得不多。从一个中学生所必备的地理知识来看，地图知识和世界地理都还不够。中国地理知识讲得比较多，但是否够，仍需进一步研究。

（2）全书的体系尚未摆脱旧课本的体系，自然地理和经济地理还没有紧密结合起来。

（3）课本中有较多的泄密材料。例如，某些钢铁基地、南水北调的引水路线、柴达木的某些矿等都属于保密范围。至于过去课本中讲过而现在不能讲的材料，在这套课本中就更多了。此外，关于经济协作区的范围以及划分协作区的原则都是内部材料，不能公布。

（4）世界地理中国家基本上是按阵营来排列的，这样处理不妥。世界政治地图是以政治分类为内容来画的，过去文化部为此曾两次通报，指示不得绘制这类地图。德意志民主共和国和德意志联邦共和国合在一课来讲，也值得研究。

五、史地常识

我们只看到了上海编写的全日制小学史地常识（四年级第一学期用）。这个课本贯彻了厚古薄今、详中略外的史地相结合的原则，采用纲举目张、知识集中规律、举一反三的方法进行编写，体现了减少课时、保证重点课程的教学革命精神。可以说是一种多快好省的教材。这个课本在内容上选择了史地常识中的典型事件，充实了新的史地知识，密切地结合目前的政治斗争和生产斗争，同时还安排了本地区的教材，反映了地方教材的特点。在课文的叙述上，采取夹叙夹议的方法，使事实与观点相结合，同时每个单元或每课书的开头或结尾都有简单的概括，特别对于重大的历史事件都做了简单的分析和结论。课文的政治思想性比较鲜明醒目。所有这些都是上海编写的史地常识课本具有的特点。但是我们感到这课本也有一些问题值得进一步研究。

其他问题不谈，提出一个问题，即小学社会常识教学的目的问题。是否把常识变成史地的缩编呢？还是注重讲授当代生活中的政治常识如人民公社、大跃进、总路线、民主集中、大集体小自由等好呢？请大家好好研究。

最后，再声明一句，这些意见不一定正确，所举例子未及核对，可能有出入或错误，仅供参考。

理论联系实际是教学的根本性原则*

理论联系实际是中小学教学的一个根本性原则，如果贯彻得好，教学质量就能够有效地提高。几年来，我们在这方面已经积累了一些经验，但是，还存在一些问题值得进一步研究。本文打算就这个问题提一些粗浅的看法供大家参考。

一、必须坚决纠正从理论到理论、从抽象到抽象的教学方法

人们认识世界的过程是从感性认识到理性认识的过程，这是大家所熟知的。学生学习知识的过程，原则上和上述认识过程是一致的。中小学生，特别是小学生，感性知识还不丰富，眼界还不开阔，抽象思维的能力还比较差，这是客观事实。因此向他们进行教学必须从具体的事物和现象出发，才能使他们获得完整的知识。

但是，过去无论在教科书中还是在教学中，讲述科学知识都往往是

* 载《人民教育》1961 年第 7 期，署名许宗实。

从理论到理论，从抽象到抽象。物理课本中一些科学知识解释得很抽象，如对电动势的讲法就是一般地讲电源内部移动电荷做功，没有联系到具体的电源。数学课本，特别是代数、几何，往往从纯粹的抽象公式或定义出发讲一通道理。如讲对数函数是从“函数 $x=\log_a y$ 叫作对数函数，这里 $a>0$，$a\neq 1$，自变量$y>0$”讲起的，讲完图象和性质，就做些数字计算，很少举出实例来说明。教师进行教学的时候，往往课本上怎么写就怎么讲，也很少联系实际。有的学生反映：“讲概念不打比喻，不从实际引入，讲公式不讲例题，不交代如何运用，实验做得少，教具没运用，光听老师讲，越听越糊涂。”

可见教学脱离了实际，学生不容易懂，最多只能学到一些抽象的词句，既不能有效地形成正确的概念，也不能得到完整的知识，只能使学生囫囵吞枣，不能活用。如学生学了生物学，见到实物却不认识。学了数学中的公式、例题等，却不能用来解决实际问题，照葫芦画瓢还勉强可以，略微换换样子就不会了，这是一。二是概念容易混淆。如在学习数学的时候，小学生往往对面积和体积分不清楚，这也是因为学生所学到的面积和体积的概念没有跟实物联系起来，对它们的实质没有真正懂透的缘故。三是学的东西不知所用。如过去不少学生反映学了代数不知道有什么用处。

教学不从实际出发，不联系实际，不但学生学习有困难，教师进行教学也有困难。教师往往教得很吃力，学生还是听不懂。就是当时似乎懂了，事后也不容易巩固。因而学生的学习积极性受到影响。由此可见，片面强调书本知识和系统知识的重要，忽视实践，忽视联系实际，是不符合人们认识世界的客观规律的，也是不符合教学的根本原则的。

这种教学脱离实际的情况，1958 年以来逐渐有所克服，但还是很不够的。

二、中小学学生获得知识大都是从感知事物和现象开始的

中小学学生所学的是基本知识。基本知识是学习专门知识的基础，是学习近代科学技术的基础，又是每个普通公民所应该具备的。要教好基本知识，必须坚决贯彻理论联系实际的原则。对初踏入知识领域的学生，一般来说应从事物和现象开始，经过抽象思维，逐步使他们形成正确的概念和理论。学生对概念模糊因而学习成绩不好的现象是比较多的。这里就首先谈一谈中小学学生概念形成的问题。课本中的许多概念是各科研究的各种对象，也是学习各科系统理论知识的基础。如果学生没有“力”的概念，对运动定律很难理解。没有原子和分子的概念，对元素和化合物也很难理解。因此，正确的概念的形成对学习系统知识是十分重要的。

一般来说，概念是从许多具体事物中，经过分析研究抽象出来的。在对中小学学生讲解概念的时候就必须从具体事物开始。如让学生在起电机上见到火花，对学生理解“电”这个难以捉摸的东西是十分有益的。有一位教师讲授“植物基本群”中的苔藓，开始时学生怎么也不清楚苔藓是什么。后来教师搜集了许多苔藓标本让学生看，学生一致反映这堂课“讲得清楚，听得懂，记得牢”。我在小学读书时，历史教师讲中日甲午战争，描写陆军左宝贵如何英勇抗倭，海军邓世昌如何壮烈牺牲，卖国贼李鸿章如何阴险媚外。至今，我脑中的印象很深。可见学生

在教师指导下可以很快地从许多事实和现象中概括出概念来，不但理解深透而且容易巩固。这一点，在教学过程中十分重要，不可忽视。

最近编写的十年制学校课本已经注意了这一点。一般是把新的概念从实际中引出。如物理课本从测定电流的内电路和外电路上的电压出发，从实验来引出电动势的概念。注意把理论和实际应用联系起来，如化学讲了电离理论解释了电解原理，然后就把它和电解工业的电冶、电铸、电镀联系起来。数学，特别是代数，过去不少人认为难以联系实际，这次有了一些改变。如讲无理方程时，以单摆为例来说明无理方程的实际应用。单摆来回摆动的时间 T（周期）与摆长 l 之间有下面的联系：$T=2\pi\sqrt{\frac{l}{g}}$。这样讲法比较易教易学。有经验的教师在教学中注意联系实际，也收到了较好的效果。如有的物理教师讲述固体性质说到晶体结构的时候，过去学生感到晶体结构抽象难懂，教师就以学生在金工车间参加劳动时亲自做过的热处理为例，说明退火淬火都是为了改变金属的内部晶体结构来取得所需要的硬度、韧性和耐磨性。联系实际来讲解，抽象难解的东西变得亲切易解了。有的学生反映："光是老师嘴讲手画还不懂，见了实际的东西，脑子里就有了个实际的东西，理解起来就容易了。"这说明联系实际在学生头脑中形成概念和求得完整知识的重要性。

学生所学习的基本知识大都是书本上的间接知识，是前人或者别人曾经实践过，而他们未曾实践过的。要让学生掌握这些知识，就应当照前面说的办法，教科书的编者和教师，都必须贯彻理论联系实际的原则，最好是从具体的东西开始，或讲了之后去运用它。毛泽东同志说：

“最重要的，是善于将这些知识应用到生活和实际中去。”有些新编的十年制课本注意到了这一点，已经重视基本知识跟生产实际、革命实际、生活实际的联系，重视实验、实习和参加生产劳动、社会活动等。但联系得是否确当，还须进一步研究。

当然也不是说讲解所有的概念和理论知识都要从实际事物入手。运用学生已有的生活经验和已学过的知识也可以使他们增加新知识。事实上，有经验的教师在讲授新知识时，往往是从许多特殊事物和现象中概括出一般的规律、定理、定律，然后又以这些一般的规律、定理、定律为指导去解决具体问题。例如，他们教学生从演示、实验、实习、参观等实践中概括出化学、物理等的定理定律之后，就教导学生用这些一般的法则、规律去解生活中和生产中的应用题，或者解决一个与此有关的新问题，学习有关的新知识等。这种从特殊到一般，又从一般到特殊的教学方法，在同一教学过程中是互相联系、相辅为用的。从一般到特殊不但可以熟练、扩大和加深所学过的知识，而且可以推导出新概念、新知识来。正如毛泽东同志所说：“这是两个认识的过程：一个是由特殊到一般，一个是由一般到特殊。人类的认识总是这样循环往复地进行的，而每一次的循环（只要是严格地按照科学的方法）都可能使人类的认识提高一步，使人类的认识不断地深化。”可见这一原理同样可以适用于教学。实际上，知识的积累和深化总是以原有的知识为基础，连续地向前发展的。如果不是这样，样样都要从实践起，知识就要变得狭隘，前人积累起来的丰富知识就不能迅速被我们掌握。

我们强调在中小学教学中理论联系实际的作用，并不是为实际而实际，而是为了使学生把基本知识学习得更好些。不能把理论联系实际强调到不恰当的程度，例如，要对学生宣传以农业为基础的思想，不能因此就把化学变为农业化学，把生物学变为农业生物学，语文也不能只讲反映农业生产建设的文章，变成农业语文。否则，就会削弱基本知识。我们也不能离开书本牵强附会地去谈生产或者硬联系生产实际，或者谈具体的生产技术等。任何正确的东西强调得过了分，都会变成荒谬。

就阶级斗争方面的实际而言，联系实际也不能把有些课变为时事政策课。过去有些教材写入了许多时事材料或空洞抽象的政治词语，例如，地理课竟提出要向学生进行“东风压倒西风”的教育。这种只是贴了一些政治标签、不恰当地联系政治的做法，实质上是把政治庸俗化了，不仅削弱基本知识的教育，也不可能真正加强政治教育。再说时事是常常变化的，而教材却要求有相对的稳定性。把许多时事材料放在教材里头，更见其不恰当。

时事政治是一定要联系的，问题是要联系得恰当。要在一定的课上讲，不能不论哪一门课都讲。

三、在中小学教学中理论如何联系实际

讲授基本知识和联系实际，二者不可偏废，任何理论与实际割裂的教学方法都是错误的。在错误的教学方法中，一种是只重理论不重实际。如过去编数学课本和教数学课只强调培养学生的逻辑思维能力，讲一些抽象的理论，不多举实例，不多进行练习，也不做实习，结果学生的计算能力差，解决实际问题的能力更差。这种教学方法是受了资产阶级形式教育派的影响。形式教育派认为，智育只要对人的智能起发展作

用就可以了，数学不过是发展学生思维和智力的材料，而不重视基本知识。另一种是只重视实际不重视理论，在教材中堆积大量的实际材料，他们的选材标准是看教材是否对实际生活有用。这是受了资产阶级实质教育派的影响，实质教育派认为直接知识是主要的，知识只要有用就可以了。杜威的门徒布尔顿把学生的直接经验放在第一位，而把间接经验放在补充的地位，就是从这种理论出发的。形式教育派认为知识不是来源于实践，认为知识的基础是人的心灵所产生的思想，这是唯理主义在教育思想上的表现。实质教育派认为知识不能超越经验的范围，科学的准则不是知识的客观真理性而是是否有用，这是经验主义在教育思想上的表现。这两派的主张都是唯心主义的，都是错误的。跟这两派相反，我们的主张是理论联系实际。

首先肯定，要把基本知识教给学生，即要把抽象的理论知识教给学生，闻不到、听不到、看不见的地方，用我们的抽象的理论可以去捉摸到，这对我们认识世界和改造世界极为重要。问题在于教这些基本知识的时候，必须是理论联系实际。贯彻理论联系实际的原则，一般是从以下三个方面着手的。

1. 把抽象的道理跟具体的事物和实践联系起来，尽可能运用演示、试验、实习、练习、参观、图表、语言描绘等直观的方法，从具体事物引出抽象的概念和引进新的理论知识，对编辑低年级教材和对低年级学生进行教学尤为重要。

2. 充分运用学生已有的知识和经验。以学生在日常生活、生产劳动和社会活动中获得的直接经验即感性知识或已学得的知识为基础，来讲授新知识，把新旧知识结合起来，把书本上的间接知识和生活中的直接经验结合起来，也可以形成新的概念和获得新的理论知识。年级越高，这种教学的可能性越大。以形成概念而论，基于旧概念而产生新概念必须有一定的逻辑顺序，即基于事物的内部联系推论出来，这时才容易顺利地形成新概念。例如，学生先有了库仑定律和电场的概念，才可以依顺序推导出“电场强度”和“电势差”的概念。

3. 新的概念和新的理论知识获得之后，除一般地讲讲它们的实际应用外，还须通过练习、实习、参加社会活动和生产劳动等，学会运用这些知识，使学生把已获得的知识进一步地巩固、扩大和加深。

这样，学生学得的知识才是有具体事物和直接经验为基础的，对抽象的概念和理论知识才能理解得深透，不至于囫囵吞枣，概念模糊，或学不懂。也只有这样，才能把前人积累的知识真正变为自己所有，以它为武器去改造世界。因此，我们说，中小学学生学习基本知识的学习过程，也是认识世界的过程，必须从具体事物和现象出发，把理论和实际联系起来。同时，人们认识世界的过程和中小学的教学过程是一致的但又是有区别的，如何区别不在这里谈，将另有专文来讨论这个问题。

教学过程和认识过程的区别*

在《理论联系实际是教学的根本性原则》一文里已经谈过，教学过程和人们认识世界的过程基本上是一致的，中小学学生的学习也是由感知具体事物开始，由感性认识逐渐深化达到理性认识的。因此，在教学过程中应该克服从抽象到抽象的教学方法，切实执行理论联系实际的教学方法。但是教学过程和人们认识世界的过程又是有区别的。有些人重视实际不重视系统的书本知识，有些人在教学过程中硬套实践—理论—实践的公式，甚至不论上什么课都要求实践。这样混淆不分，当然会对工作有害。本文想谈谈教学过程和人们认识过程的一些差别，供大家研究。

一、学生学习的大部分是间接知识

第一个差别是：人们认识世界的过程是向尚未发现的客观真理进行

---

* 载《人民教育》1961年第8期，署名许宗实。

探索的过程。这个过程分两个阶段：第一个阶段必须从接触外界事物的实践开始；第二阶段综合感觉的材料加以整理改造，才能从中概括出规律性的东西来。而中小学学生的学习，不是去发现人们未知的东西，而是接受前人已经概括出来的各门知识。这是教学过程和人们认识世界过程的一个显著差别。

经过前人高度概括的各门知识，是反映客观世界内在联系的规律性知识，因此是有连贯性、系统性和逻辑性的。学生学习这些知识可以按图索骥似的照合理的顺序进行，就有可能走捷径去掌握前人经过漫长的岁月才获得的知识，也就是说有可能在最短的时间内认识复杂的客观世界。例如，生物学教材在 19 世纪上半期是按照林奈的办法，一桩桩一件件去描述动植物的形态，没有概括成规律，也没有系统。卷帙浩繁，要学生记住这些东西，确是一件苦事。到了 19 世纪下半期开始，达尔文总结了前人和自己的经验，提出了进化论的学说，发现了纷纭庞杂的生物界的客观规律。生物学就真正成为一门有系统的科学知识了，就变得容易理解了。因此，教师和教科书的编者必须把挑选出来的间接知识按照各门学科的研究对象和对象之间的内在联系，有系统地、合逻辑地讲述，才能使学生迅速地获得知识，认识客观世界。对系统性和循序渐进采取一概否定的态度，对教学显然不利。

由此可见，如果把教学过程看成和人类认识世界的过程一样，只重视让学生获得直接经验，不重视让他们通过读书获得间接经验或者不是有系统地、合逻辑地去掌握这些间接知识，都是显然不妥当的。

二、通过教学过程所要达到的目的要求和认识过程不一样

第二个差别是：教学负有特殊任务。大家都知道，教学不只要传授知识，还要培养学生的革命的思想观点和共产主义道德品质，养成学生的技能技巧，发展学生的思维能力，等等。这些都是要通过教学过程来完成的。这一点和科学家探讨科学原理以及一般人们认识事物是不同的。所以教学必须遵循教育方针、教育目的来进行；教学工作就应该有教学计划、教学大纲和教科书，来规定整个教学过程。至于每课的教学过程，一般来说，不仅是传授知识，而且包含着思想教育和培养技能技巧等。如果没有这些，让学生为所欲为地去研究问题，就会走上资产阶级的自由教育的歧途，不可能达到我们的教育目的。如果在教学过程中死读书，只追求间接知识，不问政治，不注意培养学生的共产主义道德品质和革命的思想观点，不注意养成学生的技能技巧，同样不能达到我们的教育目的。因此，中小学的教学过程是一个培养人的过程，而不是一个探索未知的真理的过程。教学是为了教人。

三、在教学过程中教师是起主导作用的

第三个差别是：教学是学生在教师的指导下向文化知识领域进军。这和人们一般地向未知世界探索不同。首先，教师要用通俗的语言向学生讲述知识内容，讲授时，教师要帮助学生把新知识和学生已有的知识联系起来，以便他们较为容易地掌握新知识。如果需要实验的话，教师

要帮助学生做实验。其次，学生有错处，教师要帮助他们纠正。如在语文课中，教师要有计划地指导学生正音、正字、正书。教师还要帮助学生端正思想认识和学习态度，改进学习方法。例如，小学生最初识字时，往往认为学会拼音就可以了，不重视识别字形。如果发现这种情形，要立刻加以纠正。最后，教师要严格地要求学生，要经常督促他们认真学习。儿童的兴趣时有变化，情绪不稳定，只有严格要求他们，才能认真学好功课。降低教师在教学中的主导作用是错误的。实用主义教育家杜威，把教师降低为学校团体活动中的一分子去影响学生，是多么荒谬可笑。一切对学生采取放任自流的教学态度也都是不对的，是一种不负责任的表现。我们应有孔子的"学而不厌，诲人不倦"的精神，教好学生。

四、在教学过程中应该照顾到学生的接受能力

第四个差别是：中小学的教学对象是儿童和青少年。他们正处在长身体、长知识的时期，各方面的经验都还很不丰富。他们的学习和一般成人研究问题、探索真理不同。因此教给他们的各门知识都要经过选择，选择的标准之一就是要适应学生的智力水平、知识水平和生活经验。同时，还要由近及远，由浅入深，由简单到复杂，由具体到抽象，由已知到未知，有计划地安排教材。这样可以收到较好的教学效果。

不可以把学生的接受能力估计得过低，认为学生这也不能接受那也不能接受，估计过低会导致教学上的少慢差费。但也不可以把学生的接

受能力估计得过高，更不可以不顾学生的接受能力，一味提高教学要求。这样会引起教学上的重大困难，欲速反而不达。毛泽东同志说："做宣传工作的人，对于自己的宣传对象没有调查，没有研究，没有分析，乱讲一顿，是万万不行的。"不问对象，主观主义地进行教学，一定要失败。有些学生说，老师往往对他们已经知道的或容易学的东西讲得很详细，而对难懂的地方反而讲得简略。这样，当然教学效果就很差。教师和教科书的编者要正确对待可接受性这个原则，就必须向学生进行周密的调查研究，时时总结自己的经验。

五、教学过程有它的特点

第五个差别是：教学过程有它的特点。教学过程是随学习内容、儿童年龄特征的不同而不同的，但一般来说，教学的第一步是在教师有意识地指导下使学生感知学习对象。第二步是根据学生已经获得的感性知识，教师引导他们逐步加深，概括出原理原则。第三步是通过反复练习和实习等，让学生学会运用和巩固所学得的知识，并培养学生的技能技巧和工作能力。这一切主要是在课堂教学中进行的。这就是一般的教学方式方法。这个过程和人们认识世界的过程是有区别的。教学过程是人们认识世界过程的一种特殊方式方法。它的感知学习对象接近于认识的感性认识阶段；概括成原理、结论接近于理性认识阶段；把知识运用去解决实际问题的练习、实习接近于从认识回到实践。这和"实践—理论—实践"的公式在基本精神上是一致的。有的教师认为教学的过程是"看—讲—练"，是"感知—理解—应用"，也正是这个意思。虽然如此，但二者不但在形式上不一样，如前所说在方式方法上也不完全一样。

教学过程，绝不能硬套实践—理论—实践这个公式，例如历史就是不能实践的，有些课也不必课课或事事都从实践开始。有时，是可以从理论讲起再去实践的。当然要把理论讲透，也必须通过实践来印证，学生才理解得更深更透，才可以得到完整的知识。有的课，教师只讲理论，无法或无须去实践。这些课，看上去似乎是从理论到理论，但实质上也并非完全如此，而是拿学生已有的知识或经验为基础的，那根子仍然是感性知识。例如，倘若学生一点生活经验也没有，一点知识也没有，要他理解历史课内容也是困难的。只要我们善于借助学生已有的知识和生活经验，不必通过实践就可以使他们较为简捷地掌握新的理论知识。所谓“温故而知新”“接知如接枝”，就是这个道理。这一点，在教学上非常重要。

我们绝不能因为教学过程和认识过程实质上有相同之处，就忽视教学过程的特异之处，忽视间接知识，忽视教师在教学过程中的主导作用，以及忽视为了运用和牢固掌握间接知识而反复练习和实习，等等。例如，语文、外语等工具性的课程多读多练就非常重要。俗语说“功夫要练，文章要念”，熟练了才能融会贯通，运用自如。过去，有的教科书的编者和教师对此注意不够，是不利于提高这些学科的教学质量的。

六、教学过程中实践的特点

第六个差别是：在教学过程中学生的实践，和一般人们认识世界的实践是有区别的。其特点在于：教学中学生的实践，是教师事先加以设计的，不论实验、观察、参观、实习或参加生产劳动和社会活动都是有教育目的的，而绝大多数的活动，目的在于让学生掌握人们已知的知识和培养他们具有一定的思想观点、技能技巧，而不是去探求未知的领域。

这种实践既经教师事先设计，就可以较顺利地达到预期的效果，不至于走弯路。这和科学家进行教学研究，探索未知的领域不同。

这种实践在有些学科只要搞一两次典型的试验来证明知识的正确性就可以了，不必搞无数次的试验来求得真理。在时间上是经济的。

这种实践是在教师的指导下，一面实践一面进行理论概括，使学生理论认识的提高和技能技巧的增长同时并进，不必像科学家那样在摸索中前进。

除试验、实习、观察、参加政治活动和生产劳动等实践活动外，教师还可以借助直观教具，如挂图、图表、标本、模型、电影、幻灯片等，形成学生的感性知识。借助教具，还可以让学生感知一些他们从未见过或在他们的生活中无法感知的东西，如企鹅、雪崩、太阳系等。

这样看来，在教学过程中学生的实践，和人们一般的社会实践有许多共同之处，但也有很多差别，教学中学生的实践不等于人们的一般社会实践，和科学家探索科学真理的实践也不相同。

从上面谈到的几个方面的问题可以看出，教学过程和人们认识世界的过程基本上是一致的，但也有很多差别，有其特殊的一面。如果我们强调特殊的一面，因而强调书本知识，忽视实践，会导致教学忽视政治，脱离生产，脱离实际，是完全错误的。但是如果只强调基本一致的一面，忽视通过读书来接受间接知识，忽视教师的主导作用以及其他特殊的一面，也是不正确的。既要看到它的基本一致性，也要看到它的特殊性，才能在教学过程中正确贯彻理论联系实际的原则。

语文课就是教语文*

对中小学语文教学，我是很关心的。几年来，在语文教学的目的要求方面，有许多争论。近来绝大多数人都同意语文课就是教语文，语文教学的目的就在于教育学生掌握和熟练地运用祖国的语言文字。一个不能读、不会写的人，学习政治和科学技术是困难的；他对革命工作因限于见闻和不能总结经验，当然也做不好，所以教育翻身后的工农及其子弟能读会写是无产阶级的政治所需要的。谁能说，培养学生的读写能力不是为政治服务呢。各地都重视语文的基础知识和基本训练的教学，这是合理的。但是对于基础知识和基本训练的内容有不同的理解。有些地方讲得过多过繁，甚至大讲语法、修辞和文学常识等，以为这就是语文基础知识，教了这些知识就算是进行了语文教育。这是不适当的。我同意语文基础知识即字、词、句和篇章结构的知识这种意见。教学中要着重指导学生辨正字形、字音、字义；指导学生辨析词义，了解词在句子中的用处，了解词的搭配和应用，懂得句子的构造方法和表达形式；对

* 载上海《文汇报》1962 年 4 月 13 日。

于一篇文章，要让学生了解它的层次结构，懂得它的逻辑推理（这就包含逻辑训练在内）。这是我国自古以来在学习语文方面所最重视的知识。这对于纠正目前学生写错别字、用词不当、语汇贫乏以及写出的文章层次不清等缺点，是有益处的。至于逻辑、标点符号、修辞等，也是培养学生的读写能力所不可缺少的知识，必须重视，但与前者比较起来，是一种辅助性的知识。把语法、修辞讲得太多，并不一定能够提高学生的读写质量。问题的中心，还是要加强学生对课文的学习，掌握字、词、句、篇章结构的知识，加强这几方面的训练。

有些人重视了字、词、句的教学，这是好的，但是现在又出现了这样一种倾向，即离开课文孤立地去讲字、词、句，以致把文章讲得支离破碎，甚至急于求成，倾盆大雨，一篇课文往往要讲四五个课时，成堆地、烦琐地讲字解词。这和过去教学时，只分析课文大意，只讲思想，内容，甚至把语文课教成政治课的做法，同样是片面的。文和道是统一的、不可分割的。讲字、词、句、篇章结构等，不能离开课文的内容。只有将字、词、句、篇章结构等讲透了，学生对课文的思想内容才会有深刻的理解；同时，也只有把课文的思想内容讲透了，才能使学生对于这篇课文的字、词意义，表达的优美，领会得更深刻。这样，语文教学方法也不至于千篇一律，使学生感到索然无味。学生所得到的知识，也才会丰富起来。

字、词、句等是构成语文的基础，要应用这些基础的东西来阅读和写作，可不是一件容易的事。这就是说，要把基础知识化为技能、技巧来熟练地运用它，那就要加强实际的训练。这就是基本训练。基本训练的方法，我国自古以来就是多读多练。这正是学习工具课的特点。除此之外，别无捷径可走。在范读、试读、朗读、背诵等精读以外，还要有课外的浏览。这是我国语文训练的优良传统。中学生至少要能背诵两三百篇古今的优美文章，才能积累丰富的词汇、句法、篇章结构方面的知识，在读写的时候就能左右逢源，得心应手。正如杜甫所说："读书破万卷，下笔如有神。"青少年时期记忆力强，大好时光不可错过，必须在这方面加强训练。这里所说的多练，除读之外，主要是写作方面，包括口述、听写、造句、改写、命题作文和记笔记等写作练习。我国不少著名作家都认为要学好写文章，必须多读多练，例如有人问苏轼："学文如何？"他回答道："前辈但看多做多而已。"欧阳修也说："无它术，唯勤读书而多为之，自工。"鲁迅在回答这一问题时也说："文章应该怎样做，我说不出来，因为自己的作文，是由于多看和练习，此外并无心得和方法的。"多读多练看来虽笨，却是有效的办法。

基础知识和基本训练是一件事。基本训练就是训练学生牢固地掌握和熟练地运用基础知识，其目的在于培养学生的读写能力。因此，不能把基础知识和基本训练对立起来，或者分割开来，知识自知识，训练自训练，也不能离开读和写孤立地去讲授基础知识和进行基本训练，加重课外作业负担。

语文的基本训练是日积月累和逐渐地、反复地进行的。各年级在要求的深度和广度方面有所不同，但不能在前一阶段进行了在后一阶段就不再进行。有关字、词、句、篇章结构的教学，在中小学都是要反复进行的。

（上海《文汇报》编者注：北京部分教育家和语言学专家座谈中小学语文教学问题

的发言，自 6 日起陆续在本版刊载，今天已发表完毕。戴伯韬同志因病未参加座谈会，发表在这里的文章是他事后对本报记者的谈话。这些发言和谈话作为文章发表，其题目都是本报编者加的。）

关于农村中小学教材问题的报告*

据我们在江苏、浙江的两个县两个人民公社的调查，中小学分三种类型是符合目前农村实际情况的。第一种类型是全日制重点中小学，这是少数；第二种类型是一般的全日制中小学，这是大量的；第三种类型是短期的简易小学。此外，创办农业职业中学。不同类型的学校有不同的要求。要求不同，各种教材就既有联系一致之处，又须有适当的区别。以城乡而论，城乡中小学的基础知识应当是一致的，但也须有所区别。

关于农村全日制重点学校和一般学校的教材问题。这两类学校中，重点学校在农村是少数，要认真办好。一般的全日制农村中小学，基本内容和要求也和重点学校相仿。

这两类学校的小学教材可完全一样，但无论重点还是一般、城市和农村，都应加强“四会”。新编十二年制教材对“四会”重视不够。从小学语文来说，首先要求作文语句通顺，其次要求加强应用文学习。现

---

* 载《戴伯韬教育文选》，人民教育出版社 1985 年版。本文是作者 1963 年在江苏、浙江调查农村中小学教材问题时撰写的。

在的应用文，分量既少，也太一般化。要有农村常用的请示报告、申请书、契约、合同、请帖以及记录等，适当增加一些农村常用的词汇、常用的姓氏。要注意练毛笔字，要求书写端正。关于这些，我们过去注意不够。小学算术方面，要特别注意把珠算教好，不仅会加减，还要会乘除，乘除在工农业上应用也很广。珠算要熟练，在教材编写上要注意我国的传统方法，搞熟口诀。关于这些，在新编十二年制教材中已有所体现，但重视不够。小学算术中还应加强简单的统计和簿记知识，要重视百分法、比、比例、计量单位的计算，以及简单的求积和测量知识。这些在新编十二年制教材中已开始注意，但嫌不够。修改时也要加强这方面的内容。

中学方面，农村重点中学和一般的全日制中学基本上可用统一的新编十二年制教材，但应视各科具体情况，分别对待。新编十二年制教材的课时计划排得很紧，语文、数学尚可通用。但语文在初中阶段仍要继续加强应用文的学习，要在小学基础上有所提高，并求熟练。要求作文文理通顺，并继续练习毛笔字。数学要加强与工农业生产实际的联系。此外，农村的一般初中可考虑设“簿记”一科，系统地讲授生产队常用的簿记，教材可由各省、区、市根据实际情况编写。外语，因为新编十二年制课本要求较高，可以考虑两个办法。一个办法是农村初级中学仍用现行十二年制的外语课本；另一个办法是农村的一般初级中学不普遍要求设外语，不学外语的毕业生可以允许投考不必读通外语的专业学校。初中历史、地理可以完全用同一课本。初中物理、化学、生物也基本用同一课本。物理方面，有关各种简单机械、内燃机的构造和原理，电动机的构造和原理，安全用电、三相交流电等基础知识，课本中都有，问题是联系农业实际不够，将来农村可编些补充教材，讲一点有关机械、电气方面的知识和技术常识。化学方面，有关土壤、化肥、农药的知识，课本中也有，但还不够，农村也可编些补充教材，讲一点有关农业化学的知识和技术常识。生物方面，有关选种、育种、作物栽培保护管理、动物饲养等，课本中也讲到，但都是一般知识，农村也需编些补充教材，讲一点有关农作物、畜牧的知识和技术常识。这样使非重点中学的毕业生能得到一些生产原理的基础知识。此外还要收编一些农业生产基本知识，主要是两方面的内容，一方面是作物栽培、土壤、动物饲养等知识技能，另一方面是有关“四化”的知识技能。不仅要讲，而且要搞试验田，通过科学实验，培养学生的劳动观点和科学农业知识的实践经验。这种教材主要由地方编，将来中央教育部可编参考性教材供各地参考，克服目前有劳动无教育或有教育无劳动的片面倾向。至于补充教材应补充些什么，课时问题如何解决，待进一步调查研究后确定。

关于简易小学的教材问题。简易小学主要是四年制的，或者不分年限，读完语文、算术两门即认为达到四年级毕业程度。语文主要识3 500字，包括农村杂字、百家姓中的字，能写简单的应用文。算术要教会四则运算，珠算要熟练加减乘除。简易小学毕业后，在农村能写会算，能记工分账，能记生产队的简单账目。这种教材基本上由县一级编或省编。中央教育部只编一种指导性教材，供各地参考或采用。

关于农村职业学校的教材问题。中央教育部只编政治文化教材，包括政治、语文、数学、物理、化学、生物六门政治文化课本。至于技术课本如作物栽培、畜牧兽医、机械、电工等，由省、市、区教育厅会同省一级各有关技术部门编写。

以上意见，仅供领导研究参考。

农村教育调查材料（四） 农业四化和农业生产技术改革对农村教育内容的要求*

江苏省丹阳县珥陵人民公社，由于正确贯彻了党的方针政策，在农业四化和农业生产技术改革方面，已经有了较大的进展。全社耕地，由于修建了电灌站，已全部水利化。由于在县里修建了一座小型化肥厂，平均每亩可施化肥 12 公斤左右，平均每亩用农药 1 公斤左右。全部粮食都用脚踏脱粒机脱粒。全部社员食粮都由电动加工厂加工。在生产技术改革上，也相应采取了一些措施。由于上述情况，粮食产量逐年上升。1960 年比 1959 年提高了 15%，1961 年比 1960 年提高了 1%，1962 年比 1961 年又提高了 28%，预计今年比 1962 年还要提高。由于产量逐年提高，群众生活也逐年有所改善。

农业四化和农业生产技术改革，就需要有相应的技术人员和劳动者，因而各方面对农村中小学的教育内容也就提出了一些要求。关于这些要求，我们曾经征询过省里的农业机械化学校、县里的国营练湖农

* 载《戴伯韬教育文选》，人民教育出版社 1985 年版。

场，丹阳化肥厂，珥陵的电灌站、加工厂、铁木竹生产合作社，以及部分教师、毕业学生和一般社员的意见。

为了培养一个适合农业四化和农业生产技术改革需要的技术人员和劳动者，大家一致提到的是，学校必须加强对学生的政治思想教育，培养他们具有无产阶级的阶级观点、劳动观点、革命观点、集体观点，培养他们热爱农村，具有建设社会主义新农村的伟大志向。大家一致认为，只有具有上述思想和觉悟的人，才能学习和掌握先进的生产技术，才能在建设社会主义新农村中发挥作用。大家也一致提到要学好语文。除上述两点外，提得最多的，还是对数学、物理、化学、生物、农业生产知识几科的要求。现在把我们接触到的各方面对这几科的一些要求，分述如下。

一、数学

应该加强以下几个方面的内容。

（一）簿记和统计

大家认为，不仅当一个会计员和统计员，需要懂得簿记和统计，当一个农民也需要懂得簿记和统计。随着农业四化和农业生产技术改革的日益发展，需用簿记和统计的地方越来越多。

1. 簿记

省农林厅公社管理处的同志说："全省有 2 558 个公社，30 410 个生产大队，321 923 个生产队。基本核算单位下放以后，除公社、大队各有一个会计外，每个生产队都有一个会计，会计的数目比以前大了好几倍，很缺乏这方面的人员。”但现在中小学毕业生不会。丹阳县县长和教育局局长说：“去年高中毕业200多人未考上学校，叫他们到生产队去当会计，他们不会。”不仅需要专业的会计人员，广大社员，尤其是贫农，都希望自己的子女懂得记账，好来监督生产队的财务，但是学校没有教。

全民所有制的国营农场也需要会计人员。农场秘书说：“场里有场部会计，场部下面有十几个耕作队，每个队都有一个会计。很缺乏这方面的人员。”

2. 统计

公社、大队、生产队都有许多的报表。如：一个生产队，年终决算时，就有“现金决算分配总方案”“粮食决算分配总方案”“柴草分配总方案”“现金归户明细方案”“粮食归户明细方案”等表报。大队、公社更多。

国营农场也是这样。农场秘书说：“现在一个耕作队下面又分成许多小组，一个小组都有一个统计员，队还有队的统计员。小组的统计员，每天都要把小组的生产情况统计上报，队的统计员，每天都要把小组统计数字汇总上报到场部。”又说：“搞一些生产技术改革试验，也需要做许多的统计报表。”

（二）计算

大家认为，在农业四化和农业生产技术改革当中，不仅专业的技术人员需要做许多的计算，一般的农民也要做许多计算。关于计算，大家认为，除了笔算、口算，应特别注意使用工具的计算。

1. 珠算

从领导到群众一致提到，必须加强珠算。大家一致指出，在生产技术工作中，在经营管理工作中，到处都用珠算，但是现在中小学学生不会。公社、大队、生产队的干部反映：“现在中小学毕业生，在队里当记工员或会计，不会打算盘，还得用笔算。”珥陵初中三年级一个学生的家长说：“学校不教珠算，在家里，我还得另外请人教。”农场秘书说：“当统计员和会计，搞技术改革，都得会珠算，但是现在中学生不会，有的也只会加减，不会乘除。”许多干部和社员举出很多实例说明，不仅加减法常用，乘除法也常用。他们说，知道了一共多少亩地，每亩上多少化肥，一共需要多少化肥；每亩上多少农药，一共需要多少农药；每亩下多少种子，一共需要多少种子；一个工分多少钱，做了若干工分，一共多少钱，都要用乘法。知道了一块地多大，产多少粮食，求每亩产量；知道了分配给社员多少口粮，一共有多少人，求每人平均分得多少公斤，都要用除法。

2. 算表，算尺，计算器

铁木竹生产合作社的工人说：“在生产当中常常要用到比重，我们虽有‘实用五金手册’，但大家都不会查。”

农场秘书说：“在做各种科学试验，计算时，要用到计算尺。”又说：“做科学实验时，原始的资料，可以用算盘、计算尺来算，但最后作结论时，数据很多，数很大，就得用计算器。”

3. 在计算时用到的算术知识

除整数、分数、小数外，突出的有。

量的计量：如铁木竹生产合作社的工人说：“有些机器还是英制，得会英制和米制的换算。”

百分法：珥陵供销部的经理说：“小麦用赛力散拌种，可以杀菌，分量是0.5%。少了，杀不死菌，多了，破坏发芽率。有的队，一百斤麦子用了两三斤赛力散，结果发芽率从95%减为30%—40%。0.5%的分量得算准确。”

比：供销部的经理说：“配硫黄石灰合剂，一斤硫黄，一斤石灰，十斤水，有个比。”

比例：化肥厂的厂长说：“化肥厂的化验工，经常得算化学反应式。”这要用到比例。

4. 在计算时用到的代数知识

除式子变换外，突出的有以下几个。

开方：电灌站的同志说，计算流量时，要用到开方。如：无闸自由流的流量公式是：$Q=mbH\sqrt{2gh}$；有闸自由流的流量公式是$Q=ubhm\sqrt{2g(H-0.65hm)}$

对数：要懂计算尺的原理，就得学对数。

函数、图像：丹阳化肥厂，安装有产量自记器，可以自记任何一个时候的产量。这是函数和图像问题。

省农业机械化学校数理教研组组长提出，初中最好学些行列式、矢量、复数，中技校一年级要用。

（三）识图和画图

大家认为，在农业四化和农业生产技术改革当中，常常需要识图和画图。

1. 识图

铁木竹生产合作社的工人说：“一个器具，叫你按照图纸做，可是看不懂图纸。”农业机械化学校教研组组长提出：“最好设法培养初中生具有空间想象力，不然，到中技校一年级学制图时有困难。”

2. 画图

加工厂的工人说：“打算改革一下磨面机、榨油机，新制一个零件，但不会画图，只能口头和人家讲。”铁木竹生产合作社的一个工人说：“把一个圆形的机器零件锉成六个角，但不会画图，结果，不是大了，就是小了。”农场秘书说：“要把五铧犁改成七铧犁，就得先画图。”

（四）测量

大家认为，在农业四化和农业生产技术改革当中，常常需要测量。

1. 度量

铁木竹生产合作社的工人说：“经常要度量圆的半径、直径，齿轮的角度，木料、铁料的长、宽、高。”

2. 测量

中学毕业生说：“修水渠时要测量地的水平。”农场秘书说：“统计员每天都得量地亩，算出工作量，然后上报。量地亩时，还要力求精确，不然，到最后，就不准了。”又说：“积肥，得算土方，一方肥等于多少担是固定的，只要测量出土方，就可算出积了多少担肥。”

大家在提出要加强上述几个方面的数学内容的同时，也提到不能只教这些，而是要在系统的中小学数学内容当中，加强这些方面的内容。还提到要在讲授数学内容时，联系农业四化和农业生产技术改革。

二、物理

大家提到的有以下几个方面。

（一）力学方面

1. 流体运动的知识。电灌站的量水员要测定流速和流量，电灌站的放水员要计算流量，他们要了解流速及其测定、流量的计算和测定。

2. 流体静压强的计算。电灌站工程员要计算水作用在堤上或挡土墙（电灌站下面防止水冲刷土的一种小坝）上的压强。

3. 各种材料（铁、木、竹等）的力学性质，如范性、弹性、抗压性、抗拉性等。铁木竹生产合作社用铁木竹制造各种用具，有时承包造房子、修木桥，现在只能凭经验来用材料，他们希望了解怎样的材料能承担多大的重量，以便经济地使用材料。

4. 各种简单机械，如杠杆、滑轮、轮轴、劈等。现在加工厂的土榨油设备用到所有这些简单机械。他们还应用螺旋压榨器。

5. 各种传动装置，如皮带传动、齿轮传动等。现在铁木竹合作社的机械车间里，车床是用皮带来带动的。铁木竹生产合作社机械车间的一位老工人说："电动机的转速是一定的，用皮带带动的车床要求另一个有一定的转速，这就事先要计算，而现在不会计算。"可见他们实际需要计算传动比。脱粒机和各种车床上都用齿轮传动，有时也要计算。

此外，如比重、惯性等物理知识也有应用。

（二）电学方面

1. 电动机的构造、原理、使用和维修。水利化和机械化都离不开电动机。现在电灌站的放水员每天就是管理电动机，他们需要知道电动机的原理和操作方法。电工要会拆开电动机进行小修理。电灌站每年都举办电工训练班，学习一个月电工知识。现在在职的电工也学习这方面的知识。

2. 各种电器仪表（安培计、伏特计、千瓦小时计等）的读数。放水员随时看安培计和伏特计等。据反映，有的中学毕业生不会看千瓦小时计，将来农村照明普遍了，要了解千瓦小时的原理和读数。

3. 变压器的构造和原理。电工要懂得变压器的原理，他们有时要拆开变压器进行小修理。

4. 三相交流电的初步知识。现在农村动力用电都是三相交流电，是从浙江新安江发电站输送来的。

5. 电灯。照明电路的安装和修理。现在有些生产队已安装上电灯，平日需要有人会修照明电路。

6. 有线广播知识。现在许多社员家里都安装了有线广播的喇叭，平日也需要有人会修理喇叭。

7. 安全用电常识。现在珥陵地区用电尚不普遍，据了解尚未发生触电事故，但是随着电的日益普遍的应用，安全用电是非常必要的。

（三）热学方面

1. 内燃机的构造、原理和使用。练湖农场现在广泛应用拖拉机。拖拉机手不但要会开拖拉机，而且要会修理，他们要懂得内燃机的构造和原理。练湖农场秘书说，他们要搞内燃机的马力试验，测定内燃机的功率。现在有的加工厂除电动机外，也用内燃机，需要了解内燃机的使用和维修方法。据省农林厅同志谈，江南地区可能推广耕耘机（手扶机动）。耕耘机是用内燃机来带动的，可见将来作一个普通社员也需要知道内燃机的知识。

2. 湿度及其测定。加工厂的榨油车间为了使豆子多出油，需要使豆子有一定的含水量，而豆子的含水量跟大气的湿度有关系。据厂长反映，他们现在凭经验来确定豆子的含水量跟大气湿度的关系，希望有人会测湿度。

3. 温度的测定和控制。加工厂的酿酒车间酿酒时要测定温度。将来农村建立小型气象站也需要测定大气和土壤的温度。榨油车间炒豆子，需要一定的温度，最好有自动控制温度的装置。厂长反映，现在控制温度单凭经验，不准确。

4. 冷却散热的知识。电动机、内燃机都需要散热。加工厂厂长反映，酿出的酒需要加快散热，曾考虑如何加快散热。

（四）水文气象方面

测定河水水位，测定地下水位，测定降水量，测定田间耗水量。电灌站有一个观察员，每天要进行测定，向电灌站汇报，以便积累资料，编制计划用水的计划。

总之，农业四化和农业技术改革，对于一般社员来讲，要了解一些物理知识和一些技术常识，而对于初等或中等技术人员来讲，就需要电工学、热工学、材料力学、水力学、机器学等初级基础知识。学习这些技术基础知识，要学好初中物理，有的还要学好高中物理。例如，电灌站负责同志反映，学电工起码要初中学生。他们那里有一个高小程度的电工，就接受不了训练班里讲的知识。大家也提到，中学物理内容，特别是力学、热学、电学这三部分，应该跟农业四化和农业生产技术改革相联系。

三、化学

大家提到的有以下两点。

（一）化学的基础知识

大家认为，要培养一个从事有关化学方面的技术人员，学好化学基础知识很重要。化肥厂的厂长说："我们这里的工人，起码得是初中毕业生，不然连化学符号都看不懂。"又说："在厂里当一个化验工，成天计算化学反应式，不懂化学不行。"农场的秘书说："我们这里的实验室，仪器很多，要做土壤分析、植物营养分析、水质分析，培养一个化验员，初中化学不够用，起码得高中毕业才行，高中毕业的，还得基础好些的。"

（二）化肥和农药

大家认为，为了提高产量，使用的化肥、农药的品种和数量越来越多。中小学毕业生中绝大部分要参加农业生产劳动，很有必要教给他们一些有关化肥和农药方面的知识。

1. 化肥

县、公社的领导同志和学生家长都说："有收无收在于水，收多收少在于肥。化肥效益很大，应当讲一讲。"农场秘书说："化肥效益大，但大量使用化肥，会破坏土壤。应当讲清楚。"至于讲哪些内容，省农林厅土壤肥料局的同志说："首先讲清楚有机肥和无机肥的概念，讲清楚化肥的来龙去脉和重要性、必要性以及将来的发展趋势，化肥的共同特点，正反效果，联系到生产，根据什么样的条件来决定怎样使用才合理，使用不合理会怎么样，然后要分别讲述各种化肥。”

2. 农药

供销部的经理说：“过去也用过1605，但因为群众不懂得它的性能，出了一些事故，大家就不愿意用了。”又说：“有些群众撒六六六粉，东一把，西一把，不按规定，减低了效果，他们不知道六六六是怎么杀虫的。”

四、生物

大家提到的有以下两点。

（一）必须在现有动植物教材的基础上，加强联系农业生产实际，适当讲授应用技术

省农林厅、县农林局、练湖农场的同志说：“作为一个适应四化的新式农民，必须具有普通的植物学、动物学知识的基础。有了这个基础，才能较快地接受、掌握一些新的农业技术，应用起来，不至于知其然而不知其所以然。”他们说：“现在初中的动植物学知识基本够用，所差的是应用知识少，如植物保护的知识、畜牧兽医的知识。”省农林厅、县农林局的同志都说：“如何栽培饲养，如何增产，农民都有一套传统经验。但是一旦发生了病虫害，发生了兽疫，农民就没有办法，他们迫切要求科学技术帮助的正是这些地方。”为此，他们都认为，现行的初中动植物学，应加强联系生产实际，适当讲授一些应用技术。至于讲的内容，省农林厅的同志说：“从目前看，就一些年年要遇到的，关系到生产好坏的问题，提出问题，解释道理，教给一些行之有效的办法，是

很有作用的。例如，我国水稻产区很大，水稻产区年年要遇到螟虫害，懂得了螟虫的生活规律和防治螟虫的知识，就对保证收成、提高收成有重大作用。我国种麦也很多，种麦地区年年要遇到锈病。棉花更是不治虫就不能长好。掌握不掌握防治锈病，除治棉花害虫的技术，就对麦棉的生产成果，具有重大影响。农业部门得年年办这些方面的临时训练班。训练班是临时的，不能生根，如果通过教科书来讲，就生根了。”

（二）必须教给学生进行农业科学实验的办法

丹阳县县长说：“科学实验已逼到头上来了，今年收成可超过历史上最高水平，恢复容易发展难，搞不好明年还不如今年，所以逼着非搞科学实验不可。”公社党委书记说：“在传统经验的基础上，水的问题解决了，可以拿四百斤，肥料上去了，可以拿五六百斤。但是要进一步拿八百斤，一千斤，就非靠新科学技术不可了。”中小学毕业生的绝大部分要参加农业生产劳动，在学校里学些农业生产科学实验的办法，对于他们将来作一个新式农民，是有好处的。

五、农业生产知识

大家主要提到以下两点。

（一）必须教给学生农业生产知识

省、县、公社的领导同志都主张教给学生一些农业生产知识。学生家长也都有这个意愿，他们说：“升学是少数，大多数要在乡里参加农业生产劳动。念了好几年书，不懂得一些农业生产知识哪行。”

至于教哪些内容，大家主张除联系数学、物理、化学、生物各科内容，适当讲授一些以外，还应当单独设科。省农林厅教育处的同志说：“农业生产知识，应当在中小学教学计划中占一定的地位。得考试，不及格不准升学。”

（二）必须教给学生一些实际的生产技术

许多干部和学生家长都说：“农村学生，在家里已经学会了一些农活，学校不能只叫学生劳动，应当教给他们一些新的生产技术，把学的知识真正用到农业生产上去。这对于他们毕业后参加农业生产劳动，很有用处。”教的内容，大家提到的有选种、浸种、栽培、施肥、用农药、嫁接、使用农业机器、修理农业机器，等等。

关于恢复中小学教材编辑出版机构的建议*

我曾用名白桃，现用名戴伯韬。1938 年到 1941 年 1 月，在重庆任中共全国救国联合会党组成员，常向您请示汇报工作。1941 年 1 月，蒋匪帮发动皖南事变，您指示我到新四军去工作。您可能回忆起我来了。1949 年 5 月，我随军进入上海，1954 年调教育部任人民教育出版社副社长、副总编辑、总编辑、中共教育部党组成员。1969 年遵照毛主席的教导，下放五七干校重新学习。在干校，经过整党，恢复了组织生活，并被选为中共教育部五七干校七连（人民教育出版社）支部副书记。我要反映的，是关于编辑出版中小学教科书问题。

近二十年来，伟大领袖毛主席对于中小学教科书极为关怀，曾作过多次指示。1953 年 5 月，在中央政治局会议上，毛主席指示中央教育部要把提高学校领导骨干与教师，指导编写教材，当作两项最基本的任务。并指示教育部，三十个编辑太少了，增加到三百个也不算多，宁可把别的摊子缩小点，必须抽调大批干部编辑社会主义教材。（可是一直

* 摘自作者 1972 年 3 月 21 日给有关领导所写的信件。标题为编者所加。

到1965年才陆续调来一百七十名编辑。）1957年3月7日，毛主席在七省教育厅局长座谈会上对当时教育部制定的课程和编出的教材，曾提出严厉的批评，指示科目要减少，七八门就可以，教材要有地方性，应当增加一些地方的乡土教材。同年3月17日在给您的信中指出，要教育部取消宪法课，编出新的思想、政治课本。1964年2月13日在春节座谈会直到1965年年底的几次谈话中都谈到，中小学课程要砍一半，教材要精简。

您在1970年6月22日关于教育部交安徽省军区代管的批示中指出，教育部的各直属机构，除函授学院撤销以外，其余机构，包括人民教育出版社，委托科教组考察，提出处理意见，然后做出适当决定。听到您的批示以后，我想今后可能还有将功补过的机会。可是今年年初分配原教育部干部时，人民教育出版社的绝大部分编辑也同时分配到十二个省、区做别的工作，目前留在干校的可用的编辑不到二十人，人民教育出版社经考察后如何处理，又未听到正式决定，我的心情更沉重了，许多编辑干部也有同样的心情。编辑干部调来不易，经过多年培养，特别是在五七干校重新学习以后，阶级斗争和路线斗争的觉悟都有提高，他们有各科专业知识，又有正反两方面的编辑教材的经验，选择其中一部分人继续研究或编辑教材，还是可以的。

我国是个伟大的社会主义国家，需要有一套全国通用的中小学基本教材，我接触到的不少教育工作者也有同样的意见。我和这些同志都认为，这件事关系到培养无产阶级革命事业接班人问题、国家的文化科学水平问题。但要编出一套经过彻底改革的社会主义体系的教材，需要走群众路线，经过工、农、兵、革命师生等艰苦的较长时间的努力才行。

编出这种教材，要两条腿走路，地方编，中央也要有个机构编。目前，中央就很需要这样一个机构，交流各方面的经验，并加以总结提高。最近两三年来，有的省已送来他们编的试教样本，要求提意见；有些人来索取旧教材做他们编辑教材的参考；有些人反映史地教材涉及民族关系、外交政策、保密等重大问题，地方编有困难；等等。在国际交往中，原人民教育出版社经上级批准，曾直接同阿尔巴尼亚、越南、朝鲜、罗马尼亚等国的教材编辑机构交流情况和资料。近年来，这些国家还不断有书信和教材寄来，如罗马尼亚曾两次送来中小学教材，去年下半年还送来一整套，要求交换和提意见。

根据上述情况，中央设立一个中小学教材编辑、研究机构还是必要的，建议尽快把这个问题提到日程上来。

学习和回忆毛主席对中小学课程教材的指示*

一、前言

“思想上政治上的路线正确与否是决定一切的。”在中小学课程教材特别是中小学教材编写工作上，我们伟大领袖毛主席对此极为重视，十分关怀，作过多次重要指示。为了提供斗争发展的大体过程，进一步巩固、捍卫毛主席的革命路线，供上级领导干部参考，现将我记得的毛主席有关教材编写工作的提示，按年代顺序摘记如次。因手头缺乏正式记录及文件，记录每多乖误，请予以校正。

二、在两条路线斗争中毛主席的指示

新中国成立之初，全国中小学沿用国民党时代遗留下来的旧学制、课程和不少旧教材。这些旧教材充满封建的资产阶级的思想内容，学生

* 摘自作者 1972 年 4 月的手稿。

负担也重，必须加以改革。对新中国的教育，毛主席多次指出明确方向。1949年12月23日教育部召开第一次全国教育工作会议，根据毛主席指示，提出新中国的教育应当“以老解放区新教育经验为基础，吸收旧教育有用的经验，借助苏联经验”。1950年6月6日七届三中全会上，毛主席又指示：“有步骤地谨慎地进行旧有学校教育事业和旧有社会文化事业的改革工作。”6月19日又写信给当时的教育部部长马叙伦，指出：“要各校注意健康第一，学习第二。营养不足，宜酌增经费。学习和开会的时间宜大减。”

“健康第一，学习第二”方针的贯彻，在当时是有阻力的。1951年1月15日毛主席再次写信给马叙伦，具体指示：“关于学生健康问题，前与先生谈过。此问题深值注意，提议采取行政步骤，具体地解决此问题。”“提出健康第一，学习第二的方针，我以为是正确的。”1951的11月18日，毛主席对中国人民大学学生要求精简课程的一封信的批示中又指出：“必须减少学习时间，保护健康。”到了1953年7月，毛主席在接见青年团第二次全国代表大会主席团时的讲话中，又指出：“初中现在上五堂课，多了一些，可考虑上四节课，一定要把娱乐、休息时间计算在内。”

为了适应社会主义革命和社会主义建设的需要，到1953年以后，编写新中国中小学教材的问题显得很迫切，1953年5月15日、21日在中央政治局会议讨论高教、教育两部的请示报告时，毛主席对编写教材问题特别重视。毛主席指出，目前三十个编辑，太少了，增加到三百人也不算多，宁可把别的摊子缩小点，必须抽调大批干部编出社会主义教材。毛主席指示，所谓教学改革，就是教育内容与教学方法的改革。因此，应该改编教材，编辑教学法。毛主席指示，中央教育部要把提高学校领导骨干与教师以及编写教材，当作两项最基本的任务。当时毛主席曾指定×××、×××分别组织历史教学和语文教学两个委员会，负责指导历史、语文教材的编写工作。

这时候，有人却说什么只有苏联的教育是社会主义的，欺骗、蒙蔽了不少同志。他们提出什么“全盘苏化”“先搬后化”的反动方针，其目的显然是抵制根据毛主席指示精神提出的关于“以老解放区新教育经验为基础”的正确方针。之后，旧教育部从教育方针、教学制度到课程、教材等，都是抄袭苏联的。不是“借助”，而是照搬。课程十分庞杂，中学就有三十多门，地理一科分了五门，历史分了四门，不仅内容繁重，而且夹有不少资产阶级思想。学制则仍抄袭美国的中小学十二年制。对此，毛主席又多次提出批评，并亲自给以具体指示。

1956 年 4 月毛主席在《论十大关系》中说：“我们提出向外国学习的口号，我想是提得对的。我们的方针是，一切民族、一切国家的长处都要学，政治、经济、科学、技术、文学、艺术的一切真正好的东西都要学。但是，必须有分析、有批判地学，不能盲目地学，不能一切照抄，机械搬用。”8 月 24 日，毛主席同音乐工作者谈话中又指示：“学外国不等于一切照搬。向古人学习是为了现在的活人，向外国人学习是为了今天的中国人。”

1956 年某月，毛主席对课程作了指示，学校课程要砍掉一半，至少砍掉三分之一。在此以前，毛主席于 1955 年 7 月 20 日接见中央警卫团一中队全体同志，提出学习任务，作了具体指示，就是明确的示范。毛主席说，根据你们任务的特点，可以少学一点制式教练，多学一些文化科学知识，多学一些地理、历史、数学、物理、化学。五年中学毕业。

从1953年开始，教育部照搬苏联，取消了中小学政治课，只设了一门宪法。1957年1月，毛主席指示，各部长、各省区市都要研究思想动向，要加强对工农商学兵的政治工作。大家都忙于业务，不搞政治工作是很危险的。同年2月，毛主席在各省区市书记会议的一次讲话中指出，学校里青年学生的思想动向值得注意……许多学校出现了一些典型人物……他们说，社会主义不行了，他们要上台。

两条路线斗争十分尖锐。毛主席于1957年2月27日在最高国务会议上作了具有伟大历史意义的《关于正确处理人民内部矛盾的问题》的报告。在这个光辉文献中，毛主席指示："不论知识分子，还是青年学生，都应该努力学习。除了学习专业之外，在思想上要有所进步，政治上也要有所进步，这就需要学习马克思主义，学习时事政治。没有正确的政治观点。就等于没有灵魂。"毛主席为我们制定了一条马克思列宁主义的教育方针："我们的教育方针，应该使受教育者在德育、智育、体育几方面都得到发展，成为有社会主义觉悟的有文化的劳动者。"此后不久，3月7日，毛主席严厉批评了旧教育部全盘抄袭苏联的严重错误，毛主席在对七个省市教育厅局长的谈话中批评旧教育部，你们是管教育的。你们的教育部是苏联教育部还是中国教育部？如果是苏联教育部就取消你们的教育部，毛主席还说，教材为什么不以中国老解放区的东西为蓝图？毛主席指示教育部要把行政工作推开，来编教材。

关于编写教材，毛主席在这次谈话时有过许多具体指示。如科目要减少，七八门，九十门就可以。教材要减轻，课程要减少，古典文学要减少。《诗经》大部分没有诗意。减少门类，减少分量，为的是全面发展。学习苏联要结合中国实际，不能有教条主义。中国是六亿人口的国家，情况复杂，不能采取划一的办法。如江苏和湖南就不一样，各省区市是不是可以加些教材。教材要有地方性，要增加一些地方乡土教材。农业课本要由本省编。讲点乡土文学，讲自然科学也是一样。基本原理全国各地都差不多。初高中要增加政治课，教材要另编生动的，包括基本知识和做人的道理，隔两三年修改一次。宪法课这样教不行。当时毛主席就指定×××、×××、×××负责编。1957 年 3 月 17 日，毛主席在给周总理的信中指出：“要削减课程，要恢复中学方面的政治课，取消宪法课，要编新的思想、政治课本……”1958 年毛主席在成都会议上又批评教育工作的教条主义相当厉害，对老区经验没有总结。

到了 1958 年，毛主席在一次谈话中又提出：教育必须为无产阶级政治服务，必须同生产劳动相结合。5 月，在党的八大二次会议上，毛主席说：“学问再多，方向不对，等于无用。”同时发出“破除迷信，解放思想”的伟大号召。继 1 月间提出半工半读之后，同年 9 月 8 日，毛主席在最高国务会议上讲话中指出：书是一种意识形态，人家写的，让这些没有经验的娃娃来读，净搞意识形态，别的东西看不到。如果是学校办工厂，工厂办学校，学校有农场，人民公社办学校，勤工俭学，半工半读，学习和劳动就结合起来了。1960 年 10 月，警卫团一中队的同志在“干部业余完全中学”读完了语文、数学、物理、化学、历史、地理、生物七门课程，开始上了“干部业余大学”的时候，向毛主席写了一份报告。毛主席在这份报告上亲自批示，让我们机关也“办一个有七门功课的完全中学”。1958 年 8 月，毛主席还对旧教育部指示过：从小学起就学点外语，中小学都要学点辩证法，逻辑学，语法。少来一点，不要考试。

在毛主席的伟大号召下，全国掀起了一场轰轰烈烈的教育革命运动。在这个冲击洋教条和土教条的教育革命运动中，全国有十几个省市编出了中小学教材。人民教育出版社除编出一部分新教材，编出了教学小学语文、自然课时讲点辩证法的参考资料外，还对一时来不及改编的教材大大精简。毛主席于 1964 年 2 月 13 日在春节座谈会上指出：“学制可以缩短。”“现在课程多，害死人，使中小学生、大学生天天处于紧张状态。”“课程可以砍掉一半。学生成天看书，并不好，可以参加一些生产劳动和必要的社会活动。”“课程讲得太多，是烦琐哲学。烦琐哲学总是要灭亡的。” 3 月 10 日，毛主席在对北京一个中学校长提出减轻中学生负担问题的意见的批示中又提出批评：“现在学校课程太多，对学生压力太大。讲授又不甚得法。考试方法以学生为敌人，举行突然袭击。这三项都是不利于培养青年们在德、智、体诸方面生动活泼地主动地得到发展的。”毛主席并指定中宣部、教育部加以调查研究，解决这些问题。同年 7 月 5 日，毛主席与毛远新谈话，又指示：“阶级斗争是你们的一门主课。”“不要把分数看重了，要把精力集中在培养分析问题和解决问题的能力上。” 9 月 4 日，毛主席在接见老挝爱国战线党文工团长及重要团员谈话时指出：“政治教育是一切教育的中心。” 1965 年 7 月 3 日，毛主席对北京师范学院一个班学生生活过度紧张健康情况下降一文又批示道：“学生负担太重，影响健康，学了也无用。建议从一切活动总量中，砍掉三分之一。请邀学校师生代表，讨论几次，决定实行。”到 1966 年 2 月 28 日，毛主席又指出：“科学的发展，由低级到高级，由简单到复杂，但讲课不能按照发展顺序来讲，学历史，主要学习近代史，现在有文字记载的历史才三千多年，要是到一万年该怎么讲呢？”

在毛主席一再指示、批评下，旧教育部开始精简课程教材，1964年上半年搞了个精简课程教材的通知，精简得很少。教育部提出中学教材第一步“中改”，第二步再“大改”，小学则重编，“大改”。人民教育出版社按照教育部的指示，对中学教材进行“中改”，对小学教材进行“大改”。

三、一点体会

回顾十多年来，伟大领袖毛主席一贯十分重视教材，要旧教育部抓好教材工作。在编写教材中一贯主张打破洋教条、土教条，编出适合我国情况的社会主义的新教材。一贯重视政治教育是一切教育的中心，要用政治统帅文化科学知识。一贯主张学制要缩短，课程要减少，学生健康第一，减轻学生负担，使他们能在德、智、体诸方面生动活泼地主动地得到发展。一贯主张让青少年到生产劳动和适当的社会活动中去锻炼成长。所有这些，都是要实现教育为无产阶级政治服务，同生产劳动相结合，使受教育者在德育、智育、体育几方面都得到发展，成为有社会主义觉悟的有文化的劳动者，巩固无产阶级专政。

给少年儿童出版社编辑的信*

一

来信和承蒙赠送的书均已收到，谢谢！《动脑筋爷爷》的确是部佳作，不但故事生动，叙说精练，而且能引导小读者去观察自然现象。前月在京时，我们曾谈起为儿童写作自然科学读物的问题。我个人意见，写这类读物，不仅要写得生动活泼，适合儿童阅读，而且要指导他们动手、动眼、动脑筋去观察、去实验、去思考，从小就培养他们热爱科学、研究科学的兴趣和基本技能。谈一般空道理，虽然也能得到一些知识，但读了不久就会忘掉，更谈不上引导儿童动手去学习和研究自然科学了。不知尊意如何。你送给我的其他一些书，有的也写得不坏，希望在你主持下能多发现和培养一些人才，能更多地为儿童写出一些优良读物出来。

1978 年 6 月 16 日

---

* 载《戴伯韬科技教育文集》，上海科技教育出版社 1988 年 9 月版。

二

上月 29 日来信并书一包，均已收到，谢谢！昨晚看了一遍《海洋的秘密》，觉得颇能吸引人，不但文字流畅，而且内容生动，读了获得不少知识。记得鲁迅谈过与其看无聊电影，还不如看《人猿泰山》，可以增长一些野兽知识。我看，这方面的天地广阔，生物、物理、化学、地球，大至无边无际的宇宙，小至基本粒子世界，都是我们的用武之地！你们要培养一批为儿童写作的作家，围绕在你们周围才好，人少了不行，要有各方面的人才才行。不知你们以为然否！

来信提起基本知识和基本技能的事，现各方面都在重视。上海出版的《自然科学自学丛书》各省纷纷翻印。你们能出一套比它更浅显易懂而又合乎四个现代化需要的书，当然很好，但不要重复了。据我所知有几个出版社想搞，最好事先彼此商量一下。

1978 年 10 月 6 日

三

寄来的《动脑筋爷爷》《元素的故事》《大象的故事》《跟爷爷上井冈山》均已收到，谢谢！我翻阅了一下《大象的故事》，写得很生动有趣。图也配合得好。这类书要图文并茂，才能引导小孩读得入神，有些书还要引导小孩读了跃跃欲试。这类散布科学种子的书实在太少了！你们为小孩做了一件好事，我应该为孩子们向你们感谢！

现在印刷条件跟不上形势发展的需要，连教科书也不能及时印出，实在令人惋惜！

1979 年 4 月 29 日

四

信、书、儿童日历都收到了，非常感谢！儿童日历编得很有特色，使儿童们在翻阅日历时能学到知识，图文并茂，很好。据说你们花了半年时间才编成。收到时，因为你们包装得好，完美无损。回忆 1938 年生活书店出过一本青年日记本，每隔一页都有文有图，很精美。不过那时写的文、图都是鼓励青年抗日。我曾为他们写过 4 月份的卷首。现在，时代不同了，应该勉励儿童好好学习文化科学，有了本领才能发展生产，建设社会主义。我翻了一下，你们已经注意到了。你们出的书，都很有趣，适合儿童阅读，比我在北京看到的要生动活泼得多。

1979 年 11 月 21 日

要抓好学生的思想政治教育*

——向江苏省教育理论讨论会和江苏省教育学研究会成立大会致祝辞

江苏省高教局、教育局委托江苏师范学院在1980年4月4日至8日举办教育理论讨论会，并在会议期间成立江苏省教育学研究会，我知道以后非常高兴！我因为健康情况不好，不能前来参加。这是20世纪八十年代第一个春天，正是春光明媚的时候，在苏州这个令人向往的地方举行会议。正如唐代韦应物在《听莺曲》中所云："东方欲曙花冥冥，啼莺相唤亦可听。""须臾风暖朝日暾，流音变作百鸟喧。"在这百花齐放、百家争鸣的时刻，讨论"思想政治工作中的若干理论问题"，对祖国实现四个现代化意义很重大。我在此，向你们致以最热烈的敬礼，并预祝大会胜利。

你们讨论的主题是一个直接关系到两亿一千多万中小学生的思想健康发展和实现社会主义现代化建设的重大问题。没有青少年、儿童一代的社会主义觉悟和高尚的道德品质，要建设具有中国特色的社会主义现

---

* 载《戴伯韬教育文选》，人民教育出版社1985年版。本文作于1980年3月27日。

代化强国是很困难的。有人说，马克思没有讲过思想政治教育，只讲智育、体育和综合技术教育。这是一种误解。马克思、恩格斯在《共产党宣言》中，就曾讲过：“共产主义革命就是同传统的所有制关系实行最彻底的决裂；毫不奇怪，它在自己的发展进程中要同传统的观念实行最彻底的决裂。”① 这不正是说明了要坚决进行思想政治教育吗？不同旧的思想决裂，新的思想是建立不起来的，新的共产主义社会也是建立不起来的。

我国社会主义革命取得胜利已经三十年了，剥削阶级作为一个阶级已经不存在了，是否可以说，剥削阶级的思想政治影响也已经消灭了呢？没有。我们必须清醒地看到，剥削制度在我国虽然已经消灭，但几千年来的封建制度所形成的一套封建思想并没有肃清，资产阶级思想和小资产阶级思想，并没有得到应有的批判。它们还像幽灵一样，时常袭击着我们的青年一代。在六十年前开始的新民主主义革命中，虽然对封建思想进行过斗争，但是，在长期的战争年代，没有能够肃清封建思想。对资产阶级思想，新中国成立以来，也进行过一些批判，但也是很不够的。因此，青少年一代中一些人所表现出来的思想行为是社会历史的产物，对青少年一代进行思想政治教育，还不能不补批判封建思想和资产阶级思想这一课。这也是历史地落在我们肩上的一项重大任务。

我们要批判剥削阶级遗留下来的旧思想，就应该有一种正确的思想和正确的思想方法。也就是说，我们要掌握马克思列宁主义、毛泽东思想体系这一门科学。有了这门科学，我们才有正确的世界观和方法论，

---

① 《马克思恩格斯选集》第一卷，人民出版社 1972 年版，第 271—272 页。

教育我们的子孙后代去战胜一切旧思想，建立马克思主义的世界观。有了这些，才有建设社会主义的思想基础。马克思主义是科学，马克思主义的书是要读的，但这不是读几本书就能解决思想问题的。我们的思想政治教育，必须理论联系实际，把马克思列宁主义、毛泽东思想和学生的思想实际联系起来。比如说，现在在学生中间就有一个理想问题。有些学生认为人活着，就是为了混日子，为了有一个小家庭，为了使自己的生活过得更舒服些。这些显然是资产阶级个人主义思想。但是，要到学生中间去清除这些思想，不是简单的事情。要坚持从实际出发、实事求是的原则，对儿童可以用直观教学，形象教学，讲故事，学习英雄模范人物，做好事等方法，使儿童提高分辨美、丑、善、恶、是、非的能力，引导他们热爱伟大的社会主义祖国。对青少年，特别是青年，就有些不同，不但需要从思想实际出发，而且要多用跟学生共同分析问题、研究问题的方法，去提高他们的认识。我们要调查、了解学生的心理状态，所处的社会环境和家庭情况，摸清学生的真实思想，有针对性地进行教育。这叫作有的放矢。又如学生当中还存在着一个个人前途问题。对这些思想问题，我们要用旧社会的历史事实来对比，使他们能从活生生的历史事实中认清是社会主义好，还是封建社会、资本主义社会好。因为目前的青少年，他们没有经历过半封建半殖民地社会，对地主、资本家和帝国主义给中国人民带来的深重灾难没有亲身体验过。十一届三中全会以来，我国各项事业都蒸蒸日上，而且个人前途，离不开社会和国家的前途。只有同心同德，把四化搞上去，把祖国建成社会主义强国，我们个人才有美好的前途。因此，必须把个人的前途紧紧地和社会主义祖国的前途联系在一起。如果离开这些理论，只讲实际，就事论事，讲求“实惠”，就会鼠目寸光，看不到远景。如果离开青少年的切身利益的实际，只谈国家前途，就会变成空洞说教，就不容易收到效果。所以，要把学生的感性认识提高到理性认识上去，才是我们唯物主义教育者应有的态度。

在这里，我们应该看到，两亿一千多万青少年学生中，大多数思想是好的和比较好的。但是，又应该看到，在一些青少年身上，他们的思想是不健康的。有些则是被一些封建思想（如讲“哥儿们义气”）和资产阶级思想（如追求吃喝玩乐等）纠缠着。这些人，数量虽少，但像毒菌一样危害着他人，应该引起我们的重视。这些人中的一部分就是所谓后进生。对他们应有正确的认识，应用辩证观点去看待他们。人是会变的，社会会变，人也在变，不能把学生看死了。教育他们，应该首先了解他们的心理状态。例如有的人生怕别人看不起；有的人破罐子破摔，自暴自弃；有的人认为没有前途；有的人是因为家庭关系不好，到处挨批挨骂，觉得生活上没有温暖；有的人则因为分不清是非好歹。我们要把思想政治工作做到他们心坎上，就要因人施教，对特殊学生用特殊的办法来进行教育。用正面教育来引导他们，帮助他们认清是非，分清荣誉和耻辱；有的学生，甚至认为打架能逞英雄，连一点儿法纪的常识也没有。我们必须从细小的工作耐心做起，用说服教育、讨论的方法，而不是用讽刺、打击、辱骂、压制的方法。要把这些日常的细小的工作和伟大的马克思主义理论教育联系起来，这就要从小到大，从近到远，把现实的思想和伟大的社会主义建设联系起来。教育方法问题是认识论和世界观的问题，绝不是小问题。同时，要大声疾呼全社会都要尊重做学生思想政治工作的广大教师。要大大提高教师的社会地位。只要全国所有教师都重视对学生进行思想政治教育；全国两亿一千多万青少年的思想面貌就会有大改变，社会风气也会随之改变。

我们必须清醒地看到，由于国际交往增加，各种资产阶级思想必然会给我们青少年带来不好的影响甚至腐蚀，这些都说明物质的存在，必然影响青少年的思想。但是，我们整个社会是好的，三十年来的社会主义建设已经取得了很大成绩。在工业方面，建立了整套基础；在农业方面，也有很大进展。但是我们在生产方面，还是落后的，要鼓舞青年，不要依靠或等待外力，要用自己的双手，把我们的国家建设成现代化的强国。

应该重视政治教育。政治是一门科学，不是可有可无的，应该根据实际情况，在中学以上的学生中间进行马克思主义教育，坚持四项基本原则。政治课的作用在于引导新生一代了解人类社会发展的趋势，初步形成历史唯物主义和辩证唯物主义的世界观，具有为建设伟大的共产主义而奋斗的远大理想。这应该是对学生进行思想政治工作的根据。我们每天涓涓细流的思想工作都要向这一目标前进。这是建设社会主义的需要，也是实现社会主义现代化建设的需要。正因为政治是一门科学，并不是任何人都能担任这门学科的教学。政治教师要精通业务，善于学习。教育学生时，要理论联系实际，善于讨论、引导，使学生思想更活泼、更蓬勃发展，乐于接受。列宁常引用德国诗人歌德的一句名言："我的朋友，理论是灰色的，而生活之树是常青的。"理论一旦同学生的生活、思想结合，就可以使他们的思想、观点、感情、道德等发生变化。

各科教师可以根据各科情况有机地进行思想政治教育，但各科有各科的特点。不能把语文课教成政治课，也不能把历史课教成政治课。各门学科都有自己的教学任务。但各科都又具有一定的思想性。例如，数、理、化、生、地等可以培养学生辩证唯物主义世界观，但是，不能把它们教成政治课。只有用全人类创造出来的文化科学知识财富来丰富自己的头脑，才能成为共产主义者去建设新社会。否则，就是一个无用的空头政治家。

教育不是万能的。思想政治教育还涉及许多社会问题。对于社会上一些不健康的情况，学校和报刊都应该进行批判。整个社会也应该重视青少年的思想政治教育，应该移风易俗，跟社会上的不良现象进行斗争，不应该对那些不良现象听之任之，要造成一种舆论，压制它，取缔它，如诲淫诲盗的黄色电影、歌曲和书刊之类。要进行马克思主义人口理论教育，也要进行法制教育。新中国成立初期，我们曾在高中讲授过宪法，取得一些成绩。社会是一个集体，要在这个集体中，把生产、生活等各方面的关系都搞好，这就要有法制。社会主义的法制是很重要的。对屡教不改的，惩罚也是一种教育。但千万不能搞惩办主义。应以表扬为主，批评为辅。从学生的心理来说，表扬往往胜于其他方法。教育者本人要言行一致，以身作则，做学生的表率，使学生学有榜样。这是我们中国的一个优良教育传统。教育者要一心扑在学生身上，做学生的贴心朋友。学生有什么事、什么问题，都能向教师诉说和求教。师生打成一片，工作才能做到家。你要改变他，首先你要到他那里去，引导他们前进，这就是辩证法。

除上政治课和随时关心学生进行思想政治教育外，还可以根据形势需要，设时事政策讲座。

我在这封祝贺信中说得太多了。用意是人虽不能来参加盛会，但也愿意通过这封信参加你们的主题讨论。意见很不成熟，不对的地方，请你们指正。

回顾新中国成立三十年来的课程教材*

党的十一届三中全会以来，教育战线的形势越来越好，取得了显著的成果。但对三十年来正反两方面的经验，我们要用实践是检验真理的标准进行总结，以便更好地为实现四个现代化服务。

课程是培养学生的蓝图，是体现教育方针和社会主义建设需要而按照学生全面发展编制的。十七年编出了整套教材是一大成绩。从 1977 年秋季起，不到三年之内，又编出一套大、中、小学教材，虽有缺点，尚待改进，也不能不说是一大成绩。过去的课程、教材，门类多，教材繁，造成学生负担重。此外，校内外活动的确也多，影响学生的健康和德、智、体的全面发展。这个问题要解决得好，需从各方面分析清楚。首先是：当时，高考是指挥棒，中学和中学、地区和地区之间，互相追求升学率，因而加重学生负担。学生中流传着“考、考、考，教师的法宝；分、分、分，学生的命根”。那时，还不够自觉地认识到要根据经济发展的可能与需要，有计划、按比例地发展各级各类全日制、业余

* 摘自《回顾建国三十年来的教育》部分内容，载《社会科学战线》1980 年第 4 期。现有标题为编者所加。

制、半工半读制等教育。有些学校为了使学生进入高等学校而不惜大量增加补充教材和习题，除学校期中、期末考试外，还有月考、周考、统考等。这些对学生压力很大，不能不影响学生的健康。值得注意的是，今天还有这种情况。其次是：课程教材的确有些重复烦琐，要精简。但不能把所有问题都推到课程教材上。课程教材一减再减，有的新知识都减掉了，还要减，连小学的史地也一笔勾销了。要知道当代科技日新月异，带来物质生产的不断革新，怎么能减去最新文化科学知识呢？儿童的知识面要尽可能宽些，知识面越减越窄不行；课本也不能越薄越少越好。这对儿童的智力发展估计得太低了。越少越好的想法不对，一点不重复也不行。课本内容要现代化，要写得清楚扼要，但要使学生能自学才行，太简单了，非教师讲不可，那也不好。这在内容和写法上，当时就有争论，因为几千年来，特别是近几十年来人类积累的基础知识越来越多。我们规定课程教材的原则应该是：继承人类先进的文化科学精华去建设强大的社会主义。人类要继续认识世界，改造世界，就要在前人达到的最新的基础上不断从事研究和工作，而要做好这些工作，就必须在学校学好基础知识和基本技能，即所谓“双基”。这是不可削弱的。削弱了对发展科技不利，对学生工作和学习也不利。当时批“双基”是错误的。近来，教育行政和学校因为设备困难而不重视实验和实习，不重视技能培养。形成从概念到概念，不会动手做实验，只是纸上谈兵。这是我们历来所反对的。同时，要减掉重复烦琐，但必需的重复还要有，因为从认识论来说，人们不能一次认识世界，不能直线上升，尤其是身心正在发展中的学生，他们的认识受当时条件和身心发展的条件限制。因此，必要的重复是为了螺旋上升，逐渐深化而攀登知识高峰。减少课外活动也属必要，当时，课外活动是万箭齐发，如商店搬白菜都要学生去，怎么能不影响学生的健康和学习呢？任何事情做过了头就成了荒谬。首先是不要追求升学率加重学生负担。其次才是精简不必要的课程、教材、练习、课外活动，以保证使学生在德、智、体诸方面都得到发展的教育方针得到贯彻。三十年来，除林彪、“四人帮”为了篡党夺权蓄意破坏外，我们常常因认识不清而有失误，特别是常常忽视体育，今后要引以为鉴。没有健康的身体，德、智就失掉寄托之躯。

在培养人才方面，我还要说说劳动。过去争论过学校是否以教学为中心。实践证明，任何时候学校都应该以教学为中心。否则就影响教育质量。政治课是重要的，但不能过多。过去劳动也多了。大家认为大学生对口劳动、学用一致，能出动脑又动手的人才，仍要贯彻下去。中小学生，受体力、知识和场地的限制，难能做到。但在有条件的中小学校办点小农场、小工厂，还是可以的。能和课程结合的就结合，师生都加深了对知识的理解；不能结合的，在一定时间限制内，学生在力所能及的劳动中得到了锻炼，养成了劳动习惯，促进了刻苦学习的精神，是需要的。但过去强调学工、学农、学军，占去了过多的时间，对学生学习文化科学是不利的。以中小学为例，1961 年中小学课程教材几度精简后，十二年制中小学总课时为 11 352。1961 年 8 月开始限制在小范围内试行的中小学十年一贯制，总课时为 9 000 左右。课程教材虽然都已精简得不能再减了，但在当时就感到课时不足，尤以中学为甚。现在看来，这个决定是错误的。1977 年秋季，经过林彪、“四人帮”达 10 年之久的破坏，十二年制中小学已荡然无存。全国只剩下很不统一的十年制中小学。各地课时，也不一致。教育部为了整顿教育，又开始统编中小学十年一贯制教材，总课时为 9 160。（朝鲜中小学十年共计 11 160 课时，比我国多 2 000 课时）。因为最基本的知识和技能不能削弱，又要增加 20 世纪 70 年代以来的新知识，总课时就更感不足，所以延长中小学学制为十二年的呼声日高，这是很自然的。至于中学毕业是否要劳动一两年再升学，实践证明没有必要。很多学生劳动一两年后把功课全忘了，要补习一年半载才能应考，倒不如在大学期间，每年有个时间让他们到工厂、农村去实习。学习中断，损大于益。

学校培养后代，应该从教育方针出发，培养他们去建设现代化的社会主义国家。

在庆祝人民教育出版社建社三十周年大会上的讲话*

今天，我们欢聚一堂，庆祝我社建社三十周年。

出席今天大会的有我们的老社长、现任全国人大常委会委员叶圣陶同志，有代表教育部的副部长高沂、浦通修同志和教育部的部分同志。我社全体同志和人教社印刷厂部分同志出席了今天的庆祝大会。

三十年前的今天，我们人民教育出版社，在党中央、国务院、毛主席和周总理的亲切关怀下创立起来。毛主席还亲笔为我们人民教育出版社题名。1954 年 5 月，又成立了高等教育出版社。

三十年来，我们走过了极不平坦的道路。我们经历过艰苦创业和兴旺发展的时期，也经历过十年浩劫的极大灾难。

大家记得，“文化大革命”前，我们曾经编写出版过五套中小学教材（1954 年以前主要是编写文科课本，至于理科方面主要是选用商务、开明课本。1956 年以后学习苏联，编出了一套中小学新教材。1960 年

---

* 载《戴伯韬教育文选》，人民教育出版社 1985 年版。本文是作者 1980 年 12 月 1 日在庆祝人民教育出版社建社三十周年大会上的讲话稿。

以后编写一套十年制教材。1962 年以后编写了一套十二年制教材。1964 年以后又编写了一套中改本的十二年制教材），曾经组织编写和出版过两轮大学和中专理科教材和工科基础教材（1960 年以前还出版过农科基础课教材，以及历史、现代汉语等一部分文科书籍，1960 年后还出版过无线电和原子能专业教材），还编辑出版了大量的教育书籍、教师教学参考书和学生课外读物，基本上满足了全国大中小学和师范院校教学的需要。此外，我们还出版过《人民教育》《高等教育》《中国语文》《语文学习》《教育译报》等多种期刊。十几年的辛勤建设，我们已建立起一支有丰富经验、又红又专的编辑出版队伍。我们的队伍不断壮大，工作日益提高，事业在不断兴旺发达，实际上已形成全国教材的编写和研究中心。“文化大革命”以前，我们出版的书籍，质量一般较高，有较好的声誉。我们出版的教材，一般均能及时供应。

就是这样的一个全国少有的教材中心，这样的一个为全国大中小学提供精神食粮的重要基地，在十年浩劫期间遭受了严重的灾难。在林彪和“四个帮”横行时期，我社几乎被破坏殆尽。大家记忆犹新，1966 年，我们的教材被当作“封资修”大杂烩，全部停用。1969 年，我们当时两个社的全体职工被赶到安徽凤阳五七干校。1971 年，我们的机构被撤销了，人员全部被遣散，结果，业务骨干流散全国各地，重要资料荡然无存。一直到 1972 年，我社同志报告周总理后，在他亲自过问下，人教社才重新筹建。可是“四人帮”的死党迟群，一不许我们出版教材，二不许我们调回业务骨干，我们的工作一直无法开展。

粉碎“四人帮”以后，我们获得了新生。1977 年下半年，在党中央、邓小平副主席的亲切关怀下，在教育部的直接领导下，我们边筹建边工作，又重新编写出版大中小学教材。经过三年的奋战，中小学十年制全国通用教材试用本215本已全部编辑出版。从1978年秋季开始供应第一册，到1981年春季开学时，全套课本都可以用上。大专教材的三年规划已基本完成，共组织编出了五百多种理工科基础课教材，还选印了一部分“文化大革命”前的优秀教材，对于配合高校招生制度改革、整顿学校和稳定教学秩序方面起了积极作用。此外还翻译了近二百种外国教材，正在陆续出版。我社负责的高等学校文科教材主要是高等师范的教育学、心理学、教育史方面的教材，也基本上完成了任务。三年来，我们基本解决了大中小学教材的有无问题。现在我们已经又有了一支具有四百几十人规模的编辑出版队伍和相应的党政工作人员。

在三十年的历史发展过程中，我们取得了显著的成绩，但也存在不少缺点和错误，经验和教训都有。经验方面我们曾概括了四条：（一）要充分认识教材建设的重要性，依靠党和政府的领导和支持。1977年我们仓促上马，如果没有党中央的关怀和教育部的领导，没有各地教育部门的支持和配合，没有广大教师直接间接的参与，要在短短三年时间内编出一套供全国大中小学选用的新教材，是很难设想的。（二）要十分重视教材与教学的结合。教材和教师的教学是分不开的。教材编写时既要撷取知识的精华和最新成果，又要注意从教学中来，倾听教师的意见，集中教师的教学经验。教材编出后，要回到教学中去，经受教学实践的检验，依靠教师的实践，从中发现问题，提出修改意见，逐步做到教材和教学的统一，使教材符合教学的要求。三年来，我们提请教育部聘请45位著名教授和科学家担任中小学各科教材的顾问，聘请370名教学经验丰富的大学教师组成14个教材编审委员会。中小学教材初稿征求过近万名教师的意见，大学教材初稿经过五千多名教师参加的三百多个审稿会审查过。这些都是促进教材与教学结合的有效措施。（三）要注意总结和吸取国内外一切有益的经验，特别是要借鉴世界上文化、科学、技术发达国家的经验。（四）要建立一支强有力的教材建设队伍，作为编写教材、研究教材和积累教材建设经验的基本力量。出版社既是编写教材的中心，又是研究教材的中心，不仅是编写机构，更重要的是一个研究机构。否则教材赶不上世界水平，教育也赶不上世界水平。今天时间有限，我不打算细说。

四个经验的核心是，不断提高教材质量。这也是我们今后的努力方向。今后，随着四个现代化建设的发展和对专门人才培养的需求，我们教材工作的任务仍很艰巨。大学教材已经有了一个五年规划，中小学教材方面要修订提高试用课本成为正式课本，还要适应中小学的改制。需要出版供应十二年制课本，紧张繁重的任务已摆在我们的面前。

三年来，我们在数量方面是完成得很不错的，我社直接出版的教材达 1 400 种（累计数），共一亿五千八百多万册。但在质量方面还存在不少问题。我们出版的书籍，无论是编辑工作方面、校对方面，或者是设计、装帧、印刷、装订方面，或者是出书周期和及时供应方面，都还赶不上“文化大革命”以前。今后，我们必须在提高质量方面多下功夫。为了提高教材质量，大家正在想办法，研究各种措施，例如，组织教材评介，加强教材编审责任制，改进组稿、选稿和审稿的方式，开展评选优秀教材的活动，培训提高编辑人员的业务水平等。为了提高教材质量，我们大力开展国内外教材的研究和评介工作，还出版了《教材通讯》和正在付排的《课程·教材·教法》丛刊。

与提高质量有联系的，今后我们还必须注意加强企业的经营管理。明年我社可能实行扩大自主权和利润留成的办法，企业经营管理的好坏直接影响着对国家的贡献和职工个人的收入。经济体制的改革，从中央来说是实行权力下放，扩大企业自主权和职工参加管理，要让企业单位拥有在国家统一领导下真正独立经营和独立活动所必要的自主权；从我们出版社来说是既要完成教材建设的任务，又要按经济规律办事，也就是把过去主要依靠行政组织、行政办法管理经济，改为主要依靠经济规律、经济办法来管理经济。在企业内部要加强经济核算，搞好经营管理，在增加生产、增强盈利的基础上逐步增加职工的福利，改善职工的生活。今后，我们必须认真厉行经济核算，增收节支，从编辑到出版到行政，每个部门每个人都要精打细算，力求增收节支，特别要防止浪费。

在今天庆祝大会上，我们要特别提出，向三十年来支持过我们工作和对大中小学教材提供过意见，使我们的工作得以不断改进的教师、教育工作者、社会人士表示衷心的感谢，希望他们继续关心教材建设事业，使我们在适时编写出版高质量的教材工作中不断前进！

《课程论与教材》提纲*

一、课程为什么要改革

1. 课程是反映历史发展规律的，它与人类社会的政治、经济、生产以及文化科学技术的发展有着密切的关系。反过来，它又是一定社会生产力的反映，所以说，课程论是一门科学，代表着历史发展的趋势，是有规律可循的。课程决定一国的文化、科学技术水平，决定人才水平的高低。学校课程不仅把各科教学内容和进程变成整个便于教学的体系，而且是培养什么样人的一个蓝图。

2. 课程与时代背景有密切关系。科学技术是生产力，生产力与生产关系相互矛盾，推动着社会向前发展，也推动着教育内容不断革新。科学技术的发展推动着各科课程内容不断更新。反过来，课程的改革又为科学技术的发展培养各种人才，使生产力得到不断发展。

3. 今天世界各国都在研究课程问题。不同的国家，培养的目标、

---

* 载《戴伯韬教育文选》，人民教育出版社 1985 年版。本文是作者 1980 年拟编写《教育学》中“课程论与教材”部分的提纲，由张玉兰整理。

方向不同。人类知识是按几何级数增长的，课程的设置和学科的内容要选择最基本的、最有用的，并能把新的科学成果渗透进去。

4. 研究课程变革史有重要意义。课程是一定时期一个国家生产发展水平的反映，也是一定时期一个国家的人民生活、生产发展的方向，是科学发展内容的要求，研究它对现在的课程改革有重要意义。

二、旧中国中小学课程改革的几个阶段

1. 自 1840 年鸦片战争后，帝国主义侵入我国国土。1894 年甲午战争，丧权辱国。1898 年帝国主义分割中国，清王朝在帝国主义面前任人宰割，中国变为半封建半殖民地。一方面看到洋人的船坚炮利，另一方面又想保护封建秩序。于是，在光绪时期流行一个口号是中学为体（封建思想），西学为用（学外国的技艺），1904 年公布了《奏定学堂章程》，定五条教育宗旨为："忠君""尊孔""尚公""尚武""尚实"，这是中学为体，西学为用的具体化。

2. 1904 年年初，初等小学堂课程必须有：（1）修身；（2）读经讲经；（3）中国文学；（4）算术；（5）历史；（6）地理；（7）格致；（8）体操、图画、手工为随意科。读经每周 12 个钟头，温经在外，还有音乐科。五年毕业。

3. 高等小学堂的宗旨是"培养国民之善性，扩充国民之知识，壮强国民之气体"。四年毕业。设九科：（1）修身；（2）读经讲经；（3）中国文学；（4）算术；（5）中国历史；（6）地理；（7）格致；（8）图画；（9）体操。视地方情形，加设手工、商业、农业等科为随意科。但多数

以教读“四书”为主，经学以《诗经》《易经》《礼记》等为教材。

4. 中学施较深之普通教育，俾毕业后不仕者，从事于各项实业，进取者升入高等专门学堂，均有根底为宗旨。五年毕业。学科有十二：（1）修身；（2）读经讲经；（3）中国文学；（4）外国语；（5）历史；（6）地理；（7）算术；（8）博物；（9）物理、化学；（10）法制及理财；（11）图画；（12）体操。修身讲《养正遗规》《训俗遗规》《教女遗规》《从政遗规》等。

5. 《奏定学堂章程》决定的实业教育分为三类：一为习武实业学堂；二为补习实业学堂；三为实业师范。一类又分为初、中、高三种。中等实业学堂，分为四种：中等农业学堂、中等工业学堂、中等实业学堂等。如中等农业学堂以授农业所必需之知识、艺能。预科课程有：（1）修身；（2）中国文学；（3）算术；（4）地理；（5）历史；（6）格致；（7）图画；（8）体操。并可加设外语，其本科科目有：（1）农业科；（2）蚕业科；（3）林业科；（4）兽医科；（5）水产科。根据地方情况可以修业二年，也可延至五年。

6. 清末的教育思想。《奏定学堂章程》表现：（1）封建思想浓厚；（2）科举遗毒依然存在；（3）民族意识种种表现；（4）提倡君权抑制民权，表现为经学钟点规定特多；（5）中学以下，允许私立，中学以上完全官办；（6）文学堂皆习官话，以《圣谕广训》一书为标准，统一全国语言，使感情由此融洽。以忠孝二字为教育之本，充满忠君思想。以上原定教育制度，虽具规模，尚未见诸实行。

7. 两次课程改革，课程又一次减少。1909 年和 1910 年两次变更了初等小学堂章程，把旧章程中科目太多、读经太多、不合儿童教育心理特点的部分做了修改。以上两次变更都以课程为主。小学课程为修身、读经、讲经、中国文学、算术、乐歌及体操。仍以手工、乐歌为随意科，把原有历史、地理、格致三科编入文学科。教法原只有讲解和诵习两项，现改为讲解、背诵、口读、默写四项。国文增加了课时，每周上课时间达30～36小时。1910年又将三类小学合并为一类，课程为修身、读经、讲经、算术、国文、体操等为必修课。以图画、手工、唱歌为随意科。读经讲经钟点较前减少。四年毕业。

高等小学课程也有修改，以修身、读经讲经、国文、算术、历史、地理、格致、图画、体操九科为必修课。

三、民国以后的课程

1. 民国初年教育宗旨。1911年清政府崩溃，1912年民国成立，废除了“忠君尊孔”的宗旨，取消了读经的科目。但民国以来复古与反复古斗争激烈，每复古一次，在教育上就有读经尊孔一次。民国初年，规定教育宗旨为：“注重道德教育，以实利教育、军国民教育辅之，更以美感教育完成其道德。”照蔡元培的解释：“实利主义之教育，以人民生计为普通教育之中坚。其主张最力者，至于普通学术是寓于树艺、烹饪、裁缝及金、木、土、工之中。”“此说创于美洲，而近亦盛行于欧洲。我国地宝不发，实业界之组织尚幼，人民失业者至多，而国甚贫，实利主义之教育，固亦当务之急者也。”

2. 民国初年的小学课程。1912年9月公布《小学校令》规定小学以“留意儿童身心之发育，培养国民道德之基础，并授以生活所必需之知识技能为宗旨”。初小四年，高等小学三年。初小科目七门为修身、国文、算术、手工、图画、唱歌、体操。此外，女子加授缝纫。高小科目有十门：修身、国文、算术、本国历史、地理、理科、手工、图画、唱歌、体操。此外，男子加农业，女子加缝纫。但高小各视地方情形，得改农业为商业或加设英语。

3. 民国初年的中学课程。中等学校宗旨为“完足普通教育，造成健全国民”，十年毕业。学科为修身、国文、外国语、历史、地理、数学、博物、物理、化学、法制、经济、图画、手工、乐歌及体操十五门。女子中学加家事、园艺、缝纫。第一年每周授课 32 小时，第二年授课 33 小时，第三、四两年级各授课 34 小时。

4. 中等、初等实业学校的宗旨与分科。实业教育，分甲乙二种。甲种实业等于普通中学程度，乙种实业等于高小程度。除农业、工业、商业、商船四种实业学校外，还有农业补习学校，与清末时期相比，多一个商船学校。此外还办实业教员讲习所或实业教员养成所。在《实业学校令》（1913 年 8 月）中说：实业学校以“教授农、工、商业必需之知识技能”为目的。不过“甲种实业学校，施完全之普通实业教育，乙种实业学校施简易之普通实业教育”。乙种农业学校又分为农学科、蚕学科、水产科等。工业学校又分为金工科、木工科、藤竹工科、染织科、窑业科、漆工科等。

5. 实业学校课程。乙种农业学校通习科目为修身、国文、数学、博物、理化大意、体操、实习，并得酌加地理、历史、经济、图画等科目。工业学校之通习科目，除加经济、外语外，余与农业学校全同。各项学校分科的科目太多。甲种农业学校分预科和本科。预科一年毕业，本科三年毕业。甲种工业学校本科分金工科、木工科、电气科、染织科、应用化学科、窑业科、矿业科、漆工科、图案绘图科。其通习学科与农业相同，为修身、国文、数学、理科、图画、体操，并得酌加历史、地理、外语、唱歌等。民国初年，日本留学生在教育界占优势。民国元年，第一任教育总长蔡元培本想用欧美制度改革中国教育，但附和的人很少。经几次会议的结果，还是趋重于日本学制。所以从学制方面看，民国初期的教育仍是日本式的、因袭前期的。跟前期不同的，不过改学部为教育部，改学堂为学校，改监督堂长为校长，减少了一些读经时间。一直延至 1921 年。从 1922 年学校系统改革案公布以后，此制才被废除。

6. 民国初期的教育、教材注意改革教学方法。民国初期的教育无多大进步，中小学教材内容浅，教材编排机械，国文选的是古文，一切科学教本完全采取极死板的文言。中小学仍有读经。修身也多采用宋儒所辑的儒家格言或《颜氏家训》、朱子《治家格言》（劝人勤俭治家，安分守己），学校科目虽多，无一实用。不管有用无用，只问别国设立与不设立，盲目性大。

这时期注意教学法的改进——过去是注入式，教师在讲台讲，学生在座位上抄写静听，有时还须背诵。1912 年，提出启发式教学。这时以采用赫尔巴特的五段教学法者为最时髦。1916 年又有自动主义、自治主义。设计教学法从美国搬来以后，经过三年左右时间，风行一时，又渐渐消沉下去。

这一时期也开始完全采用系统的教科书。这种教科书或由书店代编，或由教育者自编，或由教育部专编。

7. 反对学文言文，开展国语统一运动，在清末已经发生，1920 年才完成注音字母。1897 年为"切音"。1908 年为简字运动。1918 年为"国语罗马字及注音符号"。运动目的在求达到"言文一致"，后来变为"国语统一"运动，最后变为语言文字的革命。对普及教育有极大关系。

1917 年，全国教育会联合会在杭州开第三届大会，决议"请教育部速定国语标准，并设法将注音字母推行各省市，以为将来小学国文科改成国语之预备"。而江苏省教育会也决议"小学校用国语教授案"。不待教育部的命令即实行了。教育部迫于大势所趋，在 1918 年重视国语讲习科，教注音字母 39 个及国语，同年 11 月正式公布注音字母。1929 年以后把国文改成国语。

8. 时代背景。当时历史背景——帝国主义入侵，清政府腐败，1860 年中国被英法联合打败，要模仿西艺，未能图强，而国弱如故。1894 年被日本战败，以为非变法兴学不足以图强。但变法了，依然国弱。1900 年八国联军一战，以为非革命不可，共和招牌挂了四五年，仍受帝国主义压迫。直到 1917 年俄国革命成功，给中国青年以不少的刺激，于是 1919 年爆发五四运动。

9. 杜威的平民主义，儿童中心，设计教学。五四运动发生后，杜威来华讲平民主义教育，他说："我们实施平民教育的宗旨，是要个人受着切己的教育。实施平民教育的方法，是要使学校生活真正是社会生活。"

同时随之而起的有自动主义，以儿童为中心的，所有学校的课程及操作，全由儿童自发活动，教师处于辅导地位。可以培养他们的创造能力，启发自我表现，可以增加学习兴趣，应用在教学上就有设计教学与道尔顿制。

自治主义有学生自治会、合作社等组织。

10. 要求语文一致。1917—1923 年为国语运动高潮，中小学“国文”科一律改成“国语”科目。全国各社团的文告一律改为“语体”，除衙门公文外要全国语文一致。

11. 废除文言文。语文教材的改革——1920 年教育部训令改小学国文为语体文，推行国语以期言文一致，同年在《国民学校令施行细则》中指明，“国文要旨，在使儿童学习普通语言文字，养成发表思想之能力，兼以启发其德智”。首宜教授注音字母，正其发音，次授以简单语词、语句之读法、书法、作法，渐授以篇章之构成，并采用表演、问答、谈话、辩论诸法，使练习语言。同年 4 月教育部又颁发一道训令：凡国民学校各年级，截至 1922 年，凡旧日用文言所编的教科书——国文、修身、唱歌等，一律废止；即自 1922 年以后，凡国民小学各种教材一律改为语体文。1923 年全国教育会联合会所组织之课程标准委员会起草中小学课程纲要，关于国语的要点：中小学一律定为国语科小学读本，取材以儿童文学为主。

12. 1916 年改修身为公民教育。蔡元培说：“所谓公民教育者非他，乃确认个人为组织国家之分子，而借教育训练之力，以完成其堪任公民之资格而已。”八九年后一律改为“公民学”。

13. 设计教学法开始于 1916 年，是美国哥伦比亚大学首先运用于教育方面。美国以克伯屈为代表。两年后，1918 年即传入中国。这种教学法打破以前的学科制，代之以与儿童生活有关的问题或事物为组织教材的中心，把学校的教科书、社会生活上的知识和技能完全包括在内，融合为学习的大单元。

14. 科学教育。从同治初年（1862 年）到光绪二十年（1894 年），再到光绪三十年（1904 年），进行以课本为中心的科学教育。五四以后才有真正的科学教育，用科学的方法培养科学的精神，训练有科学头脑的人。

15. 中国自从开始施行新教育，大半采取日本学制。1914 年蔡元培首先提倡改革教育制度，酌取欧美学制，1922 年公布《学校系统改革令》，小学改七年为六年，以前国民小学、高等小学的名称一律取消。初级小学四年、高级小学二年，合称完全小学。中学四年改为六年，改称初级中学、高级中学，修业各三年。中学采用选科制，取消了实业学校系统，改为职业学校，也分初、高级，蒙养园改称幼稚园。

这次学校系统改革规定了教育标准七条：①适应社会之进化的需要；②发扬平民教育精神；③促进个性之发展；④注意国民经济力；⑤注意生活教育；⑥使教育易于普及；⑦多留各地方伸缩余地。

16. 教育宗旨。蔡元培任教育总长后提出“公民道德教育、军国民教育及实利教育”，在当时即被采纳为教育宗旨。

17. 实用主义与职业教育。1913—1914 年黄炎培提倡实用教育，六年以后此项思潮业已成熟，遂将实用主义一变而为职业教育。从甲午到民国以后，号称民国，封建势力严重，学校成为士大夫养成所，学校与社会相隔日远，培养的学生丧失了谋生的技能和能力。“虚而不实”的教育误尽了一切。这种毛病，在蔡元培以后就有人见到了。

18. 小学设立职业准备教育。1919 年实行壬戌学制（1922 年）关于初等教育规定，小学课程，可以在较高年级，斟酌地方情形，增置职业准备课程。

中等教育，中学初、高中各三年，但依设科性质也可定为“初二、高四，或高二、初四”。初中施行普通教育，但得视地方需要，兼设各种职业科。高中可分为普通、农、工、商、师范、家事等科，但得视地方情况酌量单设一科或兼设数科。中等教育得用选科制。职业学校之期限及程序，得酌量各地实际需要情形定之。为推广职业教育计，得于相当学校内，酌设职业教育养成所（从前乙种实业改为初级职业学校，甲种实业改为高级职业学校）。

19. 小学课程标准。民国十一年十月（1922年10月），第八次全国省教育会联合会决议成立新学制课程标准起草委员会，完成中小学高中师范及职业学校课程标准。小学课程标准分为国语、算术、卫生、公民、历史、地理、自然、园艺、公用园艺、音乐、体育十一科目。初小将卫生、公民、历史、地理四种合为社会，所以只有八门科目。小学校授课以分钟计，初级前二年每周至少1 080分钟，后二年每周至少1 260分钟，高小每周至少1 440分钟。

初中课程标准，分为社会科、言文科、算学科、自然科、艺术科、体育科六学科。社会科包括公民、历史、地理，言文科包含国语、外国语，艺术科包括图画、手工、音乐，体育科包括生理卫生、体育。初中授课以学分计，每周上课一小时为一学分。但如图画、手工、音乐、体操及理化、生物之实验，课外无须准备者酌量折算，修满180学分毕业。

除164学分为必修科学分外，其余16学分选修其他科目或补习必修科目。

高中课程标准分为普通、农、工、商、师范、家事等。又分两类：第一类为普通科准备升学的；第二类以职业为主要目的者，则分为师范科、商业科、工业科、农业科及家事科等科。第一类又分两组：第一组注重文学及社会科学，约等于从前的文科；第二组注重数学及自然科学，约等于以前的实科。第二类以职业为主要目的，则分为师范科、商业科、工业科、农业科及家畜等科。文科各组的课程又分：一为公共必修科目；二为专修科目；三为纯粹选修科目。各种课程以学分计算，总计以 150 分为毕业。分科、选修和纯粹选修科，各校按实际情况自定。

20. 职业教育的兴衰。把实用教育改为具体的职业教育，创始人为黄炎培。他一方面提倡职业教育，拟制速成补习的计划，培养学生就业的能力；另一方面尤当尽力改良普通科目，使它有实用价值。1917 年 4 月成立中华职业教育社，初设北京，后移上海，当时发表了一个宣言，说教育不能解决生计。1922 年 9 月教育部召集学制会议，决定取消实业学校，以职业学校来代替。1926 年职业教育大盛。到 1931 年职业学校又一落千丈。

21. 晏阳初的平民教育是识字教育，是一个平民读书运动。什么是平民教育？创始人晏阳初说："平民教育的目的是教人做人。做什么人？做整个的人：第一要有知识力，第二要有生产力，第三要有公共心。"

22. 陶行知的乡村教育运动，是以南京晓庄师范学校为根据。此校实行"教学做合一"的教育主张，以"深入民间与农民一起生活"为理想。

23. 由学日本式教育转入学美国式教育。自 1904 年《奏定学堂章程》，全学日本学制。到 1922 年学校系统改革草案公布以后，全是学美国的学制。学制、教学法、教育思潮均为美国式代替了日本式。壬戌学制（1922年）系统和教育标准，无一不美国化，如六三三制、设计教学法等完全是从美国抄袭来的。1919年5月杜威抵上海，在中国待了两年另两个月（至1921年2月），走遍了十一省，讲稿多有十几种。在1918—1919年，“教育即生活，学校即社会”几乎成了全国教育界的普遍的口号。1926年以后，北京政府段祺瑞执政，教育当局为提倡古典文学，主张恢复读经，禁止学校采用国语，干涉学生爱国运动，反对教育界的种种革新运动，这就是教育上的复古与反复古的斗争。

24. 中国国民党的教育及教育宗旨、教育政策。1928年7月国民党教育部规定的教育宗旨为：“中华民国之教育，根据三民主义，以充实人民生活，扶植社会生存，发展国民生计，延续民族生命为目的；务期民族独立，民权普遍，民生发展，以促进世界大同。”

国民党时期中小学的培养目标，在实施方针八条中有：“（一）各级学校之三民主义之教育，应与全体课程及课外作业相关连，以史地教科阐明民族之真谛；以集团生活训练民权之运用；以各种之生产劳动的实习，培养实行民生主义之基础；务使智识道德融会贯通于三民主义之下，以收笃信力行之效。

“（二）普通教育，须根据总理遗教，以陶融儿童及青年‘忠、孝、仁、爱、信、义、和平’之国民道德，并养成国民之生活技能，增进国民生产能力为主要目的。”

25. 1931年的小学规程、中学规程。1931年教育部制定了小学法及小学规程、中学法及中学规程，规定了小学课程标准，授算术、常识、国语、体育、图画、音乐、劳作等。

中学规程取消了四二制，完全采用三三制，取消了选科制，所有的高中都只有必修科。

26. 1932 年 10 月公布的《中小学课程标准》。小学增加了公民训练，中学取消了学分制改为钟点制，中小学取消了党义科目，将党义教材充分融化于社会及自然文科之中。

27. 幼稚园课程标准。本标准分“幼稚园教育总目标”“课程范围”及“教育方法要点”三项。

28. 1932 年规定的小学培养目标和小学课程。1932 年 10 月公布的《小学课程标准》小学总目标为：“小学应根据三民主义，遵照中华民国教育宗旨及其实施方针，发展儿童身心，培养国民道德基础及生活所必需的基本知识和技能，以养成知礼、知义、爱国、爱群的国民。”其分目有八：①培养儿童健康的体格；②陶冶儿童良好的品性；③发展儿童审美的兴趣；④增进儿童生活的知能；⑤训练儿童劳动的习惯；⑥启发儿童的科学思想；⑦培养儿童互助团结的精神；⑧养成儿童爱国爱群的观点。

科目为：公民训练、卫生、体育、国语、社会、自然、算术、劳作、美术、音乐十课。以分钟计，低年级每周为 1 170—1 260 分钟，中年级为1 380—1 440 分钟，高年级为 1 560 分钟。学制是 1928 年定的，叫戊辰学制，但课程标准是 1932 年公布的。

29. 1932 年规定的中学课程。中学初中课程分一、二类。第一类科目为公民、国文、英语、算术、历史、地理、物理、化学、动物、植物、体育、卫生、劳作、图画、音乐十五科，一般如此。第二类为需要蒙、回、藏语等或第二外语的特殊地方可酌减劳作、图画、音乐三科

30 小时。

高中一年级增设了军训、生物学（5 小时）；二年级加重化学 7.8 小时；高三加重物理 6.6 小时。设本国史、外国史、本国地理和外国地理、伦理。每周教学总时数 34、34、34、33、31、31。初中、高中一般目的有七条，如健强体格、公民道德、民族文化、生活知识、科学基础、劳动习惯、艺术兴趣，中学要培养健全国民。

30. 1934 年公布的职业学校课程。职业学校：职业学校为实施生产教育之场所，目标如下：①强健体格；②公民道德；③劳动习惯；④职业技能；⑤职业道德；⑥创业精神。其课程分初级、高级两种。初级职业学校暂分为下列各科：①关于农业者，如普通农作（稻、棉、麦作等）蚕业、森林、畜牧、养殖、园艺等；②关于工业者，如藤竹木工、钣金工、电镀、简易机械工、电机、电机装置及修理、钟表修理、汽车修理、摄影、印刷、制量、染织、棉织、毛织、陶瓷、简易化学工业等；③关于商业者，如普通商业簿记、会计、速记、打字、广告等。高级职业学校分为下列各科：①关于农业者，如农业、森林、蚕桑等；②关于工业者如机械、电机、应用化学、染织等。我国 1903 年设实业学堂至 1932 年，职业学校课程基本相同。可见 30 多年，工农业在封建帝国主义压迫下，生产力发展不了，连年内战，工农业和教育都上不去，历史教训应吸取。

31. 生产教育。1928 年 5 月，蔡元培在全国教育会议时，即有“养成劳动习惯，增高生产技能，推广科学应用，提倡经济利益之调和，以实现民生主义和教育宗旨之规定”。

当时背景：在帝国主义、封建主义压迫下，外国货充斥，商业凋敝，民穷财尽，失业者比比皆是，整个社会处于极端穷困境地。一般教育家，如陶行知、许崇清、蔡元培等提倡生产教育，认为急需。但在当时情况下，靠生产教育是不能救国的。

1928年左右就有人主张改革课程，认为在中学课程分化的程度，视地方生产事业情况而定。毕业后，人人都具有实用常识，而且是具有各科生产知识的生产者。

32. 梁漱溟以改革中国问题为研究的对象，于发现乡村问题之重要后而注意于乡农教育。他在河南办村治学院，在山东办山东乡村建设研究院（为地主阶级服务的）。

33. 中国在封建时代，学校与科举完全是培养治术人才的教育机关与方法。辛亥革命以后，科举制度虽然废除，而科举的遗毒尚未完全洗涤干净。现今世界皆已进入工业资本主义的阶段，且有推行社会主义的，而中国仍旧施行封建时代的教育政策。今后中国之教育出路在于改造教育制度和改造教育政策。

四、从旧中国可以得到什么经验教训

1. 编制教学大纲以什么为中心？以儿童为中心。反对分科编制课程，主张问题法（主张围绕儿童的兴趣安排教材，根据儿童提出的问题编制教材内容），以知识为中心。现在日本以知识为中心。1980年以后日本用的新教材，强调基础知识的基本内容，给学生留有充分的活动余地，使学生易于理解，学得愉快，并能发挥独立自主的精神。

2. 分科教学，各科课程应该根据科学的系统性、连贯性来编制。

小学分科过细不好。

3. 我们的主张是，根据儿童的心理发展，根据各科知识结构逐步深入，要有阶段性，但也要防止跳跃式。

4. 编辑教材应注意的问题：

（1）要注意系统性、科学性、逻辑性、连贯性。

（2）要处理好直线上升与螺旋式前进、循环与重复的关系。

（3）如何做到内容精简、条理清楚、重点突出、简明易学，这是几个关键性的问题。我主张在中小学学习基本理论、基本技能，提供学习工具、学习方法、研究方法。要贯穿讨论启发式。

（4）各科教学要求应与教育方针、目标相配合。文科要首先解决选什么内容、达到什么教育目的的问题。

（5）课程设置要体现教育方针。

（6）课程内容必须考虑如何提高教学质量问题。

（7）中小学教育的培养目标是什么？对各科的要求又是什么？

（8）主学与兼学的要求与时间安排的联系性。

论研究学校课程的重要性*

一、研究学校课程的重要意义

学校课程不仅把各科教学内容和进程变成整个便于教学的体系，而且是培养什么样的人的一个蓝图，所以它是很重要的。课程论是学校教育学中一门重要的科学分支。这门科学同人类社会的政治、经济、生产以及文化科学技术的发展有密切的关系。其中，主要是生产方式决定了学校课程的内容和性质。历来我们说，教育的性质是由统治阶级决定的。但是，作为生产力的科学技术的发展实际上推动着学校课程的发展。例如，17世纪的英国思想家、教育家洛克，为了适应资产阶级发展生产的需要，完全打破了中世纪封建社会的三艺（文法、修辞、逻辑学）和四艺（算术、几何、音乐、天文学）的范围，而扩大为阅读、书法、绘画、速记、法文、拉丁文、地理、算术、天文、几何、自然科学等，把全部课程建筑在实科教育和实用精神上。到19世纪90年代的英

---

* 载《课程·教材·教法》1981年第1期（创刊号）。

国中学课程表中，自然、物理、化学、数学比以前占了更大的比例。

近二十多年来，世界各国的中小学课程有了很大的改变，特别重视科学技术的教育。20 世纪 60 年代，在美国出现了所谓新三艺（即数学、理科、外语）。据统计，苏联学生学完八年制学校的课程，已学了八年数学、三年物理、两年化学、五年外语。日本为了加速培养科技人才，非常重视中小学的基础教育。在他们的中小学课程中，各科教学都和科学技术有关，他们认为数学和理科更为重要。

科学技术是生产力。生产力是推动社会向前发展的动力，也是推动教育内容不断革新的动力。即使在封建社会，政府也要设官管理生产。这在资本主义社会就看得更为清楚。现在，西方资产阶级很重视培养工人阶级掌握科学技术，因为工人阶级的科学技术水平提高了，就可以大大提高劳动生产率，资本家就可以攫取更大的利润。所以日本提出了“科学技术立国”的方针。在垄断资产阶级竞争激烈的时期，他们要把产品向世界推销，必须发展社会生产力，提高劳动生产率。但生产力发展到跟生产关系更加不适应的时候，就要爆发革命。

我们是社会主义国家，目前生产比较落后。我们要改变落后的状况，必须认识到文化科学技术教育的重要性。科学是生产力。教育作为培养提高劳动者的知识技能的手段，也是必不可少的生产力。靠文盲半文盲是不可能建设社会主义的。中小学课程在普及文化科学知识、培养现代化人才方面占有重要的地位。旧中国有个时期，重文轻理，学商业、法律的人很多，在中学就分商科、文科，轻视理工科。因为那时是半殖民地半封建社会，帝国主义及其代理人不允许我们发展生产。当时如果不起来革命，不但学生毕业了没有出路，全中国人民也没有出路。

现在生产关系改变了，我们应该保护和发展生产力，文化科学技术教育就显得更重要。当然，现在又发生轻文重理的现象，这也是不应该的。因为国家需要一批管理政治经济的人才，同时要发展社会科学，文科也是不可少的。总之，学校课程要根据一个国家发展生产的需要、政治的需要和人民的需要来制订，不能墨守成规。因此，必须重视课程的研究。

二、编制学校课程要符合客观规律

从以上情况看来，学校课程是时代的必然产物，它代表一个国家的生产发展和文化科学技术发展的进程，又代表前进的趋势，所以它不是可以随意设置的。过左、过右，势必超越或落后于社会现实，脱离群众，或把历史拉向倒退。因此，学校课程的设置不能违背历史发展的客观规律而随意决定。有些人，在编制学校课程表时，照搬照抄，或者七拼八凑，把课程编制这门科学工作，变成一项可以任意摆布的工作。

课程论既然是一门科学，它是有规律可循的。比如，在西方国家和我们社会主义国家都重视数、理、化这些学科，同时都重视培养科学管理人才，培养既有专业而又学得比较广博一些的人才，以适应生产发展的客观形势。所不同的就是我们社会主义国家的经济是全民所有制和集体所有制占绝对优势，在思想工作、管理工作方面，我们要坚持四项基本原则，培养全心全意为建设社会主义服务的人才，而不是为资产阶级服务的人才。也就是说，培养的目标和方向不同。我们的方向代表着历史向前发展的趋势。这些都是有规律可循的。我们在编制学校课程时，必须注意这一点，如果不注意，就会迷失方向，也会带来重理轻文或重文轻理的现象。这就向我们提出一个问题，就是搞课程研究的人，必须了解我国政治经济发展的进程和趋势，也必须了解世界科学技术发展的情况。如此才可以找出合乎规律的课程设置。

三、应该按照教育方针编制课程

学校课程的设置与教育方针有直接的联系。教育方针是代表一个国家发展趋势的，是指明培养什么样的人的。而学校课程则是体现教育方针、达到培养目标的一个蓝图。所以方针对课程是有指导意义的。我们现在的方针是要培养德、智、体诸方面得到发展，有社会主义觉悟的、有文化科学技术的、身体健康的劳动者。根据这个方针，德、智、体都要得到发展。具有社会主义觉悟，是我们要培养的人的本质的一个重要方面，但是它不能代替德育、智育和体育。过去，林彪、“四人帮”阴谋篡党夺权，破坏教育事业，大批所谓“智育第一”，其实是不要智育。他们甚至说，智育是有阶级性的，知识越多越反动。这纯属荒谬之谈。知识作为劳动人民智慧的结晶，它是人类共有的财产。在德育、智育、体育当中，智育占有重要的地位。列宁说：“马克思主义就是共产主义从全部人类知识中产生出来的典范。”① 他在谈到青年人的任务时又说：“你们当前的任务是建设，你们只有掌握了一切现代知识，善于把共产主义由背得烂熟的现成公式、意见、方案、指示和纲领变成同你们的直

① 均见列宁：《青年团的任务》一文。

接工作结合在一起的活生生的东西，把共产主义变成你们实际工作的指针，那时才能完成这个任务。”① 毛泽东同志提出：我们要吸收古今中外对我有益的知识，要古为今用，洋为中用。但德育是更为重要的，所以在中小学，应设立一定的政治和道德品质教育课，培养学生的社会主义觉悟和社会主义社会的道德、品质、情操。政治课占的时间、分量不能很多，因为在智育里也包含有道德和思想教育的因素。现在小学不设史地知识课，中学史地课学时太少，不利于培养爱国主义和国际主义思想。应该把德育的重点放在实践上，也要考核。体育也是和智育有关的。一个人不懂得人体构造和卫生知识，不懂得体育在建设社会主义和保卫祖国中的重要性，即使身体再好，也起不了积极作用。所以，德智体三者是辩证统一的。这在课程编制中，必须充分注意。过去，林彪、“四人帮”提出政治教育压倒一切，这个口号是错误的。如果整天进行空洞无物的政治说教，那只能使教育荒废，耽误一代人。历史证明，课程设置不能脱离政治，要把政治作为一个培养方向，这是必要的。但决不能因此忽视智育。尤其是现代文化科学技术在学校课程中应占有极端重要的地位。否则，我们就要犯历史性的错误。

在编制学校课程时，我们往往又会偏重智育，忽视体育。学校课程分量重，学生学习负担重，势必影响学生的身体健康。旧中国从兴办新式学校起就有这个问题，七十多年没有解决；新中国成立以后，我们也没有很好地解决。减轻学生负担，人们常常想的是减少学时。清朝末年每周授课 36 学时，每节课 60 分钟。国民党统治时期每周 31 学时。新

① 见列宁：《青年团的任务》。

中国成立后，学时一再削减，现在小学每周 26 学时，初中 28 学时，高中 29 学时，每节课改为 45 分钟。从学时看，比过去少多了。问题在于课程编制不当，教材也有缺点，教和学都不得法，不称职的教师多。这是历史上因袭下来的。课间的体育活动也不开展，课内、课外的作业又太多。教学计划中应该把作业和课外活动都规定进去，但是必须留出时间给学生自学。

从上述各节看来，我们在编制课程时应深入研究教育方针。现在一般只重视研究各学科所要达到的目的、任务、要求，而不够重视研究中小学生整体发展所要完成的任务和目的。要知道中小学是形成学生世界观和培养人才的基础教育，按照教育方针来研究它的课程设置尤为重要。

四、关于课程的编制问题

小学应设立哪些课程，中学应设立哪些课程，这是根据各级学校的培养目标规定的。至于教学大纲，则是根据各级学校培养目标所规定的课程来制订的。这里就有一个重要问题需要解决，课程的具体内容应该包含哪些知识，这个问题是一个复杂的问题。哪些知识是现代科学中最重要的，应该从多方面来进行选择。据国外 1970 年统计，世界上科技文献每年以大约六千万页的速度不断增加。另据美国施瓦布统计，人类知识是按几何级数增长的。如把公元以前人类积累的知识量称为 1，1750 年增为 2 倍，1900 年增长到 4 倍，1950 年增长到 8 倍，1960 年增长到 16 倍。不但数量不断增长，质量也不断提高。据统计，知识陈旧的周期，19 世纪到 20 世纪初为三十年，近五十年缩短为十五年，近来又缩短为十年左右。所以，要在短短的十五六年之内使青年掌握人类知识的精华，就要把知识经过挑选列入课程和各科教学大纲之内。这是一项繁重而又艰难的工作。例如，过去中小学不重视生物学，现在为了农业和医学上的需要，生物学已成为不可缺少的一门重要课程。又如，数学课程中除必要的传统内容外，还要列入一些比较近代现代的知识，这在世界上大多数国家都已这样做了。这些情况说明课程的设置和学科的内容，要选择最基本、最有用，为深入学习所必需，又能把新的科学成果渗透进去，赶上时代的要求的材料，以推动社会生产力的发展。

对课程的分科编制还是混合编制问题，历来也是有争论的。例如，儿童中心主义者反对分科编制课程。他们认为分科编制课程，是把一堆死知识分别孤立地教给学生，忽视各科的相互联系，忽视儿童的兴趣和需要，因此主张以儿童为中心来混合编制课程。这一派现在改头换面在国外还有市场。儿童中心主义的课程论者，很难回答的一个问题是：办教育的目的、任务是什么呢？难道是为教育而教育吗？另外一派主张分科教学，课程设置应分科，而各科教材应该根据科学的系统性、连贯性来编制，认为不按照系统学习，学生很难把各门学科学好。因此，分科教学的教学大纲要有明确的目的，应该根据科学原理把教材系统地组织起来，各级各类学校应向着一定的水平发展。因此要求学生要牢固地掌握教学大纲中所规定的知识。

我们和上述两派不同。我们历来主张各个阶段的教育都有目的要求，课程、教材是围绕这个目的要求来编制的；各科本身也是各有不同要求的。在编制课程时，既要重视各科的系统性和连贯性，又要联系儿童生理、心理的发展，重视儿童的兴趣，重视指导学习方法，重视发展自学能力和思维能力。同时注意照顾到各门学科之间相互联系和前后配合。在分科编制课程时，也发生混合编制的问题。旧中国的小学历史、地理，时而合为社会科，时而又分开；中学的植物学、动物学，时而分开，时而又合在博物学之内。中学的数学，开始分算术、代数、几何、三角，时而又改为混合数学。新中国诞生后，对这些课程也时分时合。对分或合所产生的教学效果，我们缺乏切实可靠的实验根据，只能依常情论，小学的重点在学好语文、算术；为了减轻负担有利于儿童发育和为中学分科做准备，设社会常识和自然常识课是合情合理的，也合乎儿童心理发展的特点。中学分科也不能分得太多，以免分散学生的精力，重点应放在打开人类知识宝库的语文、数学、理科和外语上。有些性质相近的课，如人口论可以放在政治课里讲。有些学科如生物学，可先讲植物，后讲动物，再讲一点遗传变异和进化论。至于数学，有人认为混合编制可以互相联系，可以节省时间，可以把新的数学观点渗透进去。在国外有的国家用新的数学观点去统率全部数学；但是由于教师的水平、学生的接受能力等多种原因，这种编制效果不好，还可继续实验，不断改进。我国历来的混合数学教学效果不佳。一段代数，一段几何，学生往往混淆不清，感到没有条理，不容易理解和记忆。教师也往往难于胜任几科的教学任务。至于分科编制，也应该根据儿童的心理和知识的发展，提出不同的要求。要循序渐进，要有系统性，要互相联系，前后呼应。至于我国是否可以用数形结合或用最新观点来统率全部数学课程，应该允许个别或少数学校实验。数学是一门逻辑思维很强的科学，在教学中特别要重视发展逻辑思维的能力、空间想象的能力和应用数学解决实际问题的能力，过去对此有所忽视，或用直观代替是不妥的。

在中小学课程中，要不要设职业课？从清朝末年（1904 年）起，我国就曾规定在高级小学加授手工、商业、农林等为随意课，一直到 1941 年国民党垮台前不久，在初中也设劳作课，即学工艺、农艺、商业等课，但都没有成效。因那时我国是半殖民地半封建国家，工业得不到发展，生产关系没有改革，生产力当然不能发展，所以学生毕业后，所学的职业课也没起什么作用。现代资产阶级国家，却在中学设选修课，有的设职业课。有的提出在中学应有选择职业的定向教育。在编制课程时就有所不同。现在应该是我们研究这个问题的时候了。如果在中学课程中，不解决这个问题，所谓毕业后“一颗红心，两种准备”就要落空。对这个问题，不在这里详谈，只作为一个问题提出来，希望大家进行研究。

这里还要说明一个问题，即课程的编制要能培养学生分析问题和解决问题的能力，这是应该的。但是，如果只强调这一点，不重视知识教育，学生分析问题和解决问题的能力从哪里来呢？只有在获得知识的基础上才能活跃思想、开阔眼界，才能去积极地思考问题和解决问题。但传授知识的同时应该注意培养能力，把知识转化为能力，二者是相辅相成的。

有人要打破框框，认为只挑出若干专题进行教学就可以了。例如历史课，只要提出一些历史题目，作为教学的内容就行了。我们认为这样抓住片断的知识来教学，学生得不到系统的知识，掌握不住历史发展的规律，这也是儿童中心论的表现。我们认为，在系统的科学知识的教学中，要抓住关键性的知识，使学生能举一反三。如化学，抓住元素周期表这个关键，根据它来认识各族元素及其化合物就容易多了。这同所谓挑选专题是迥然不同的。总之，我们是不赞成以儿童为中心来编制课程教材的。

现在说说各科知识结构的问题。各科基本知识要有一个科学性和系统性的结构，这个结构要由浅到深。要把一些基本的原理原则从低年级到高年级、根据学生的心理发展适当安排，顺序前进，逐步深入学习。知识要有一个学习的出发点，把基本原则根据学生接受能力能够放在前边教的，尽可能放在前边教，使学生能运用这些基本原则深入学习更加丰富高深的知识。例如，在小学数学学习过分配律、交换律、结合律之后，学习代数就很方便。学习高等数学也用的着，但不能因此就在小学教起高等数学来。一般来说，学习要一个阶段一个阶段地循序渐进，跳跃式的学习难以收效。至于有些有特殊才能的儿童，也是要经过一步步学习的。不过他们的学习阶段走得快些罢了。所以，课程编制的阶段性仍然是重要的。

编写教学大纲还遇到一个问题，即螺旋式上升还是直线式上升的问题。我们认为世界上一切事物都是螺旋式前进的，人的认识过程也是螺旋式上升的，知识的学习和掌握尤其如此。直线前进往往不牢固。因此，教学大纲应有必要的重复，这是为了向前学习的需要。但重复不是简单的循环，而是在前进中间要回顾过去已学过的知识，然后在已有知识的基础上向前迈进。我们过去在编制课程和教学大纲中有一个缺点，如算术的四则运算重复太多，几十年来都是如此。小学教四则，中学还要教，在小学阶段就有七个循环。这不必要。现在已改进了。在讲授新课时，复习一下旧课，是为了便于衔接和接受新知识的需要。这不是简单的重复，而是螺旋式前进，是符合儿童的心理发展的，也是符合认识事物的发展规律的。一次认识事物的本质是不可能的，往往是从现象的多次重复，才逐渐认识事物的本质。学习也不例外。更何况知识是不断向前发展的，儿童接受知识的能力越来越高，过去不能接受的，随着知识、智力的不断提高和生活环境的影响，也可以接受了。但直线上升，一步登天是不可能的。

课程的编制怎样才能适应个别差异？这也是需要研究的一个问题。现在同一级的学校按统一规定课程进行教学，而学生的智力发展有快慢，接受能力有高低。怎样才能因材施教呢？我认为，课程标准应当统一，教师可以区别对待。他可以允许好的学生自学，再加以个别辅导，引导他们很快把规定的内容学完，然后可以继续学习新的内容。反应较慢的学生，教师应该知道他们的困难所在，同时也要发挥他们的积极性，促进他们的智力发展，完成教学任务。究竟用哪种方式好？旧中国在中学也实行过学分制和弹性制。新中国成立后课本中用大小字排印，区别重要性的程度，以便详讲或略讲等。现在有些国家用必修、选修或分编高水平、中水平教材，或用同一种教材，不同的段落用不同颜色的字印出，哪种学生学习哪种颜色的，以示深浅多少。这些具体方法可以进一步研究，防止用一种方法限制了不同学生的发展。

编制课程教材，还要注意发挥儿童的创造性、独立思考和思维的能力，即发展他们的智力。不能让他们死记硬背。但有些重要的知识要在理解、练习和实验过程中记牢和背熟，这是为了便于思考问题。要在课程安排中留出时间，给他们自学的机会。要善于提出问题，启发学生思考。不能用是或者非的简单问题来提问学生，要让他们经过思考来回答问题。要鼓励学生用不同的方法解决同一的问题，独立完成作业。学生自己动手实习和实验是很重要的培养能力的办法，应在教学大纲中详细规定。还要留出时间指导学生组织课外活动小组，培养爱好和专长。

这里顺便提一下幼儿园的课程问题。我们要从幼儿期就培养孩子们对科学的兴趣和爱好。这对他们的一生有重要影响。

在课程编制中，常常遇到以下问题：各级学校究竟应设什么学科？如何体现教育方针和各阶段的培养目标？怎样使课程、教材各自有一定的系统性？这些问题又如何集中起来，从整体出发达到使学生成为有社会主义觉悟的、具有现代文化科学技术的、身体健康的劳动者？这些问题是很重要的科学问题。我在这里只能算是提出问题，需要大家当作一门科学来共同研究。

政治教育应起主导作用*

中学设政治课很重要。我们党无论在战争年代和社会主义建设时期，中学都设政治课，而且都起了巨大的作用。为什么说它是重要的呢？因为政治课是解决人们的政治方向、世界观和奋斗目标问题的，同时也是提供青年一代工作方法和研究学问的必要武器。它是在人的一生中起主导作用的一门重要课程。

要建设社会主义社会和祖国美好的未来，要靠年青一代的新人。这样的新人，毫无疑问要学科学技术。但是还要学政治。

没有马克思列宁主义和毛泽东思想为指导，没有党的领导，没有人民民主专政的国家政权，是建不成社会主义社会的。因此我们在青年中应该坚持四项基本原则的教育，要鼓舞青年人树立革命的理想，为建设社会主义、共产主义事业而奋斗终生。教育方针把德育放在首位，就是要它起主导作用。

这里，我想谈谈教育的两个社会职能问题。一个是政治思想教育职

---

* 选自《戴伯韬教育文选》，人民教育出版社 1985 年版。原载《中学政治课教学》1981 年第 2 期。

能。在人类的社会里，情况很复杂。过去有奴隶社会、封建社会，现在有资本主义社会、社会主义社会。社会性质不同，阶级与阶级、集团与集团、人与人之间的关系也就不同。各种思想、理想、观点、道德、世界观、礼仪、风尚等也不相同。在阶级社会里，统治阶级把教育紧紧握在手中，作为统治人民的工具。在我们社会主义社会里，阶级斗争虽然还存在，但剥削阶级毕竟消灭了，大部分为人民内部矛盾，但我们不能放松对青少年的思想政治教育，要进行共产主义道德教育，要树立社会主义、共产主义理想，要建立社会主义新风尚，要守纪律、要有责任心。还要用马克思主义的观点讲政治、经济、法律、哲学、文艺、科学社会主义等知识。这是教育的一个重要职能。另外一个职能就是引导学生学习科学技术，发展生产，不断改善人们的生活，赶上先进国家的物质文明。简言之，我们可以说，前一种教育职能大部分讲的是社会主义精神文明，如道德、风尚、理想、情操等，后一种讲的是发展生产，也要讲求物质文明。我们东方人有东方人的文明。我们要发扬中国人民勤劳勇敢、讲守信义的高尚品质，提倡社会主义精神文明。当然，我们要建立一个屹立于世界的现代化强国，还必须要有物质文明，要用现代化的科学技术把我们国家建设得又富裕又坚强，这就要吸收西方的科学技术。但对西方腐朽的精神文明，我们有责任保护青少年不受污染。

从我们老解放区讲，我们在教育方面，一向是重视两方面的教育的。1949 年毛泽东在延安曾经发出号召说："根据地的教育是为人民的，为人民的战争与生产的，所以战争与生产所直接需要的知识和技能，不但在政治课和政治学校中，而且在文化课和文化学校中，都应该首先被着重。"实际上各个地区都这样实行了。比如说，1941 年，我从大后方到了苏北敌后时，当时敌伪扫荡频繁，封锁严密，人们惶惶终日，不知所措。我们的政治课就在人民和学校中间，广泛地讲毛泽东的《论持久战》，启发人民爱国主义思想，鼓励人民积极起来抗日救国。另外，又鼓励人民发展工农业生产，击破敌人的经济封锁，终于创立了在南京和上海这样敌伪鼻子底下的坚不可拔的抗日民主根据地。在解放战争的时候，当时我在山东，在新解放区的学生中，存在着盲目的正统观念。我去济南讲话时，学生蹲地板、丢纸团，纪律很坏，因为他们受了多年的法西斯教育。但是我们对他们不是嫌弃，而是爱护、疏导，强调在学校里加强政治课。当时我们对他们讲中国的现状和未来，讲中国革命和中国共产党，讲社会常识、经济学和人生观等。通过实践，我们认识到政治课在我们新民主主义革命的时期，对青年人积极参加革命、明确政治方向、跟着共产党走、启发学生自觉地起来改造思想、树立为人民服务思想方面起了很大的作用。历史证明，政治课是战胜敌人、改造社会的强有力的武器。新中国成立后，我们在学生中进行肃清崇洋媚外的政治教育、讲清农村土改的必要性教育，在这以后为了建设社会主义，我们就讲青年品德修养、社会发展史、政治经济常识和哲学常识等，都起了启蒙作用，引导学生走上正路。实践证明，在战争年代政治课固然重要，在社会主义建设的和平环境里也很重要。无论在什么时候，只能加强，不能削弱。1956 年 3 月，当时的教育部通知各地取消初中政治课。1957 年 3 月，毛泽东知道后，曾经写信给周恩来说："大学、中学都要求加强思想、政治领导和改进思想、政治教育"，"要恢复中学方面的政治课"，"要编新的思想、政治课本"。

政治课是一门综合性科学，既有政治经济学、哲学，又有社会发展史。从启蒙的常识一直讲到马克思主义的基本原理。这些科学和其他学科一样重要，一样需要钻研才能学到手。政治教师的工作同其他教师（如数学、语文等教师）的工作是同样重要的。学生应该尊重他们，社会应该尊重他们。把政治课当成可有可无、把政治课当成什么人都可以教的思想是十分荒谬的。

在新情况下，要教好政治课的确不容易。第一，要讲清理论，因为政治课是科学。只有掌握科学这个武器才能剖析纷纭复杂的社会现象，一知半解是不行的。第二，要理论联系实际，不是枝枝节节去联系，而是学通大道理去讲通小道理，学会分析问题的方法。例如，我们应该承认西方的科学技术一般比我们先进，但也应看到西方丑恶和腐朽的一面，资本家垄断生产资料，生产出来的产品卖不出去就会发生经济危机，工人就会失业。这可以进行一些社会调查，资本主义的丑恶本质就会活生生地摆在青年面前。如有的学校发动学生调查研究，有一个学生说，他有一个伯父在国外，最怕生病和失业，祖母生病没法进医院，祖父生病无法工作，全靠朋友接济。所以他理直气壮地说："社会主义好。"《人民日报》登了一篇组织大学生搞社会调查的报道。家住在农村的一个大学生说了他家乡三年的巨变：这个大队过去是一个劳动日不到三角钱，长期吃返销粮的有名穷队。三年来，一跃而成为人平均产粮540公斤、劳动日值高达1元2角、家家户户有余粮、家家户户有存款的"冒尖队"。有的教师上政治课学生非常爱听。他用两种办法：一是用比喻说明抽象理论；二是用实际例子来说明问题。例如，上辩证法课，他就用瞎子摸象、刻舟求剑和画图来解释什么叫辩证法和形而上学。又如讲政治经济学，他举美国石油大王洛克菲勒发财的故事说明资本主义到帝国主义垄断阶段的发展规律。第三，要上好政治课，应该搜集大量的资料，用大量具体而生动的例子，阐明抽象的理论。不但自己这样做，而且发动学生这样做。第四，要弄清中国的历史情况和现状，用分析对比的方法教育学生，共同讨论，增强信心鼓励他们用自己的手和脑来建设祖国。第五，要联系学生的言行，改变他们的思想、观点，树立新中国青年的远大理想、道德、品质、社会主义新风尚和爱情、情操等。立场、观点、方法的转变是个世界观的转变，要有一个教育和发展过程，心急不得。

要搞好政治课，各方面都需配合。社会、家庭以及文化、艺术、理论各界都应该积极配合。校内各科教师，应该通过各科教学进行思想政治教育。各级党政领导更应该关心和支持政治课，共同来完成这个政治任务。

中　编

在解放区和上海市工作时期
（1941—1953）

苏皖边区课程设置和教科书审查情况的报告*

1945年边区政府成立，教育厅为统一各地区教育，特制订苏皖边区教育工作方案，拟订方针、学制、课程、教法及对各级教育的要求，通知各地认真讨论，于1946年3月、4月举行会议，提出讨论，并制订各级学校办理法规，通令执行。

一、中等学校课程（包括师范、职业学校、专门学校）

（一）初中课程规定为下列12种

1. 国语（每周六小时）

目的在使学生能于日常生活工作中正确运用语言文字（读、写、说），培养正确的政治思想和打下学习知识的基础。

2. 数学（每周四小时，包括第一阶段的算术、簿记，第二阶段的代数，第三阶段的几何，二年制可不教几何）。

---

* 摘自《华中教育的一般概况报告》，本文写于1947年。载《戴伯韬教育文选》，人民教育出版社1985年版。现有标题为编者所加。

目的在使学生能于日常生活及工作中正确运用计算和测量，并打下求知识的基础，准备继续深造。

3. 自然（包括农业知识和卫生，连物理、化学每周四小时）

目的在使学生获得生物界的规律知识、农业知识及卫生保健知识等，以从事解放区建设。

4. 化学

目的在使学生获得初步的化学知识，对日常化学及化学制品有正确认识，并为继续学习化学打下基础。

5. 物理

目的在使学生对日常物理现象有科学的认识，并为继续学习物理打下基础。

6. 民主政治（包括政治常识和民主建设，每周四小时）

目的在对学生进行民族民主的革命教育，使学生建立革命的人生观和为人民服务的思想。

7. 历史（每周两小时或三小时）

目的在使学生了解我国社会的历史发展过程中民族斗争与阶级斗争的情况，以激发其民族民主革命的热情，认识中国历史的真面目，进而了解人类历史的发展规律。认识世界革命与中国革命的关系，培养他们的爱国主义和国际主义的思想。

8. 地理（每周两小时）

目的在使学生了解我国地面上的自然和政治经济情况，培养他们爱护和建设祖国的热情，进而了解世界各国的自然政治经济情况。

9. 青年问题（包括青年出路、人生观和待人接物等，每周两小时）

目的在指导学生如何做一个革命有为的青年。

10. 体育（每周两小时）

11. 音乐（每周两小时）

12. 美术（每周一小时）

13. 时事研究（每周两小时）

（上列课程详细内容及进度，已编印成中学教本，随件附上，可参考）

（二）高中课程

1. 国文（每周六小时）

2. 数学（包括小代数、平面几何、三角等，每周四小时，四学期教完）

3. 自然（包括生物学、化学、物理，每周四小时，四学期教完）

4. 社会科学（包括新民主主义、社会发展史、农村经济问题，每周四小时，四学期教完）

5. 历史（包括中国通史、世界革命史，每周二小时，四学期教完）

6. 地理（包括中国经济地理、世界政治经济地理，每周两小时，四学期教完）

7. 民主建设（每周四小时，最后一学期讲）

8. 体育（每周两小时）

9. 音乐（每周两小时）

中学课程比重表

课程类别	所占百分比
政治课	37%
文化课	47%
文娱课	16%

（三）师范学校课程

1. 高级师范

政治科包括时事、政治概论、中国农村问题研究、思想方法论初步等。文化科包括国语、中国历史、中国地理、外国历史和地理、数学、自然、艺术、体育等。业务科包括新民主主义教育概论、各科教学法、教育史话、教育行政、心理学、实习等。

2. 初级师范或简师

政治科包括时事、政治常识、中国农村问题研究等。文化科包括国语、史地、数学、自然。业务科包括新民主主义教育论、教育问题研究、心理学、各科教学法等。

3. 师范训练班

政治科占30%，包括时事及政治常识；文化科占30%，参考简师科，斟酌地方情形规定。业务科占40%，与简师同。

4. 在职教师训练班

政治科占30%，包括时事、政治常识、革命的人生观。文化科占20%，根据学员需要拟订。业务科占50%，包括教育概论、小学行政、教学法等。

（四）职业学校课程

1. 初级职业学校

纺织学校——国文、算术、政治常识、生产常识、本国近百年史、本国地理、理化常识、农村经济、纺织学、漂染学、机械学、工厂管理等。

农业学校——国文、政治常识、数学、自然、理化常识、中国近百年史、本国地理、农村经济、园艺、作物、畜牧、土壤、肥料、农业副业、农业合作等。

2. 高级职业学校（专科）

政治科包括政治概论、农村政治经济问题、思想方法论、政策法令等。

文化科包括国文、世界革命史、外国地理、数学、物理、化学等。

农业业务科包括农业、园艺、作物、畜牧、农产制造、作物改良、农具学、土壤肥料、水利、合作、病虫害等。

纺织业务科包括机械学、染色学、漂白学、整理学、工厂管理、纺织学等。

化工业务科包括化学、制造化学、热学等。

其他职业学校如商科、卫生学校等，看其需要规定其业务课程。

课程配备的一般标准为，前一阶段以文化教育为主，业务教育为次，后一阶段则相反。

二、中学教科书编辑审查的情况

编辑教科书是一件很重要而又比较困难的工作。有许多原则性的问题需要我们解决。我们过去对这点认识不够。例如，教什么的问题，如何把教材与实际结合的问题，这就是课程和教材的问题。改造传统的课程教材是教育改革上最重要的问题，也是基本的问题。

如何解决这个问题呢？历年来有两种意见争论不休。一种意见主张从调查研究建设需要入手，以避免主观主义。另一种意见则主张由政府根据革命需要明文规定课程标准，编起来才有些依据。但这两件事都是不易办到的。有些地区布置了课程调查，但一年半载音信毫无。我们的办法如下。

1. 由行政上根据人民革命需要和当地的实际情况拟订必修课目，发给各校，要各校教同一功课的教师互相讨论，初步确定内容，分别去选编教材，各校互相交换。行政上则指定一个或几个学校编一种教材。

2. 经过一个适当时期，召开教育会议，根据各校试行结果，专门讨论各科教育所要达到的目的，然后拟订课程大纲草案，发给各校试用。

3. 各校试用草案前后，均在教师中进行广泛、深入的讨论，然后提出具体的修正意见，向行政上汇报。行政上再根据大家提出的意见加以修改。

4. 行政上从各校教师中选拔对各科有专长且具有教学经验及能写作的人，集中起来，成立临时编辑部，每科三到五人不等。他们事先须在校内广泛征求教师对编辑该科教材的意见并收集资料；到编辑部之后，先集中起来研究新民主主义教育的方针、原则，并研究一下课程教材，使大家对新教育的认识一致。然后分国文、历史、地理、数学等小组，分别讨论各科教学任务及内容，根据过去的经验及各校汇报的意见，参照行政上的指示，初步拟订各科教材内容，排列程序，交编辑部同人大会讨论修改，才把这样的编写纲要决定下来。这个阶段比较长，但对参加编辑工作的教师是很好的教育。据我们的经验，许多教师经过一二个月的讨论研究，进步飞快。从开始动手写，到全部编写完则较快，有些只需一个多月至两个月。在编写中，审查人须住在编辑部，他们一面写就一面审查。编完一课就开小组会讨论修改。开始几课修改较多，也最要紧。以后就可不必开小组会讨论。

5. 教材编好了，也只能算是草稿，一部分油印，另一部分托各校学生抄写，发给各校作为蓝本。教师在用时，还可以由师生提出修改意见，以便将来修正后铅印。

例如，我们的第五分区于 1944 年冬即照上列办法进行这一工作，他们利用寒假抽调中学教师成立临时编辑部，由教育行政主持人亲自参与，到 1945 年 2 月便可全部完成。

6. 1945 年 10 月苏皖边区政府成立。11 月，便一面通知各分区将过去所编的中学教材广泛收集两份送交边区政府教育厅，一面指定各分区选择一定数量的教师，有些地区则指名抽调教师集中到教育厅编审室来突击教科书的编审工作。该项人员陆续于 1946 年 1 月初到齐。开始讨论研究边区教育工作方案，统一了大家的认识，然后研究课程。对教育方针、任务和课程有了明确的认识之后，便研究各分区所送来的教材，提出意见，并开始拟订各科教材编辑大纲。仍以小组为工作单位，进行深入钻研。3 月初已将历史、民主建设、政治讲话、国文等编印出版。编审室同人便全部下去调研教材试用情况。

三、小学课程

（一）初小课程

根据各级教育目标要求，边区教育会议曾统一规定了如下的课程，现各地已执行。

1. 国语——包括读、写、讲三方面，以能读大众报纸、简单文告，能写日用杂记、便条、通知、报告、信件及在会议上自由发言为标准。

2. 常识——包括社会常识和自然常识两方面。以对自然斗争和社会斗争有一般的认识与知能为标准。

初小一、二年级国、常合编，改称国常。如此可以节省师生精力与时间。我们已经普遍实行，但困难也有，如第一册教科书很难编。教师如无教学指导书，便难于教。

3. 算术——包括珠算、笔算、心算三方面，以能运用四则、记算日用账为标准。（珠算每周 60 分钟，如果群众要求还可增加，集中在三、四年级教完）

4. 文娱——包括唱歌、游戏、跳舞、演戏等，以能发展正当文娱生活，养成健康身心为标准。

（二）高小课程

1. 国语——以能看懂地方报纸、通俗小册子、一般法令文告，能写简单应用文、短篇通讯稿，能在会议上作简单报告和当众讲埋为标准。

2. 算术——包括四则、简单簿记、简单统计等，以能计算日常的数和量、计算土木工料、作统计图表等为标准。

3. 政治常识——包括解放区建设、政府法令、国内外时事等，以具备积极参加根据地建设工作的初步知能为标准。

4. 史地常识——包括简单的中国历史、中国近代革命历史、世界主要国家近代革命史、中国政治经济地理、世界概况等，以能了解中国过去与现在大势、世界近代与目前的大势为标准。

5. 自然——包括自然现象、生产知识、卫生知识等，以增进生产知识、提高科学知识为标准。

6. 文娱——与初小同，增加绘画。

四、小学教科书编审出版的情况

初、高级小学全套教科书已编印齐全，经过情况与中学相同，因为我们是同时编审的，计有：

初小

国语——八册　　常识——五册

算术——八册

高小

国语——四册　　算术——四册（内有珠算教本一册）

政治常识——二册（一册为解放区建设，另一册为国内外政治常识，特别着重本国政治）

历史——一册　　地理——一册

自然——四册

小学教科书的印刷数量庞大。初小课本每册均在百万册以上，一个学期即需印刷一千多万份，集中在一个印刷厂印刷，我们的条件还不够。因此，所有初、高级小学的教科书均由边区教育厅发给样本，由八个分区自行设法出版，所需印刷费用由财政厅贷款补助，计贷出四五百万元。至 1946 年 9 月，已全部出齐。一般反映尚好，初小国语略嫌深，国常合并后如无教学指导书，教师不易进行教学。

五、对于中小学课程之计划经验及意见

（一）决定课程的要素及课程重点

决定课程内容和进度的要素有三。

1. 人民的生活状况、经济条件，特别是生产技术，决定了课程内容和修业时间长短。

2. 人民需要和革命的要求，即一方面根据客观革命形势发展的需要，有目的、有计划地去安排教学内容，达到革命所需要的目的；另一方面则根据人民群众的需要。

3. 受教育的对象身心发展情形，估计他们是否能接受得了。

几年来，由于革命形势发展的需要和人民斗争的剧烈，人民革命的政治教育显然在课程中占第一位。其次是由于生产技术简单，分工不明，人民还不需要高深的技术知识，因此各科知识，多采取混合编辑，主要学科为国语、政治，其次才是算术和自然科学（偏重于农业、卫生和破除迷信方面），这在课程上产生了重点主义。我们推行了几年，成

效还好。

（二）教学内容的阶级性和结合实际

课程是依照教育方针、各级学校任务和学制年限等编制的。在阶级社会里，它有显明的阶级性，因为大地主大资产阶级所进行的教育不是培养奴才，便是对人民进行欺骗麻醉教育。我们今天的教育在方针目的上已经和反动教育有天壤之别，课程也应随着有所不同。因此，在课程问题上，我们必须另起炉灶，自立系统。当然各国的经验和中国近百年来的经验是可以给我们参考的。

课程问题上的第二个紧要之点，便是时空性。一般人说中国教育不合国情，大半指课程而言。因为过去抄袭别的国家，在结合中国实际上说自然不适合。

（三）课程问题上几个不易解决的矛盾

在课程的起草和编制上，我们曾碰到许多难解决的矛盾，如系统知识和实际生活的矛盾，不同地区、不同时间、不同要求与课程进度的矛盾，时间短但需要学习的课程多的矛盾，智力与体力统一发展在课程上所发生的矛盾，旧教师与新课程的矛盾，等等。对这些矛盾的解决，是需要各方面努力的。

（四）我们是怎样解决课程问题的

有人提出用调查研究办法来解决课程问题，但旷日费时，我们一时无力办到。就是办到了，要从各个不同的地区、不同的生活中间找出共同的最有用的一点来，不是容易的，这有些近于烦琐。而且有些最基本最有用的东西，是不一定调查出来的。这种办法，显然是受了实用主义影响的结果。

我们的办法，即一方面基于我们对课程的认识，分析目前华中人民一般情况、要求及不久的将来可能发展的趋势，以及革命形势的需要，等等，大致分为自卫战争、生产、民主建设三个方面去组织材料。我们也在了解一般的情况之外，了解了一下个别地区的情况，作为我们分析的根据。

我们邀来参加这一工作的人，有各地区的中小学教师和一部分教育行政干部。他们了解各地区人民的情况，也了解儿童和青少年的心理。由于他们本身的经验，可以判断材料是否确当。

同时，我们根据教育方针任务，把每一科目在一定时期内所要达到的要求提出来，要各地研究，然后根据这个要求和参考各方情况去收集与组织材料。

我们抓住大的方面和一般人民生活状况之后，即用上面的办法，拟订课程，把它编成纲要。逐渐由各地应用的教师提出修改，然后编成教材，一再修订。在这样的实践中不断修改，以便完成这一件教育上很艰巨的工作。

《怎样做调查研究工作》序言*

所谓调查研究，就是人类认识世界、如何进行改造世界的一门科学，调查之重要，已经尽人皆知，毛主席也郑重说过："没有调查就没有发言权。"教导我们要好好进行调查工作，他自己就在江西进行过农村调查，在湖南对农民运动也进行过实地调查，写出了有名的《湖南农民运动考察报告》，这是奠定共产党对农民革命问题认识的重要文献。马克思不仅在英伦的图书馆里博览书籍，研究社会科学，而且亲身参加革命，多方调查研究工人的生活情形及资产阶级剥削压迫工人的残酷情形，我们翻开他那辉煌的名著《资本论》，发现那些具体的细致的生动材料，没有不令人惊奇的。这些就是他的理论根据，产生科学的社会科学的理论根据。列宁也同样注意调查研究实际情况，十分关心地听取工人同志的报告和他们的通讯。

调查研究，实在是我们研究社会、改造社会的一把重要武器。解放

---

* 载《怎样做调查研究工作》，生活·读书·新知三联书店 1948 年 11 月第一版，署名白韬。1949 年再版时改书名为《调查研究入门》，并入选中宣部《关于下学期各级政治课的规定》所推荐的关于中学"调查研究"课程的教材之一。

区的干部，近来都十分注意这个问题，他们要进行革命工作，就不得不进行调查研究，特别是1942年开展整风、反主观主义及教条主义以后，调研工作也是越普遍应用起来，泛滥到各个部门，大家对这把武器已开始由生疏到熟练了。对这门科学，也积累了不少经验。

可是一直到现在，还没有人把这门科学有系统地、完整地建立起来，也没有见到专门的著作，致使一部分新参加工作的青年，不会进行调研，对客观社会不得其门而入，一大部分工作八九年的干部，对这把武器也还生疏。

1947年我们在莒南调研过一次，积累了一些经验，曾写了一篇《调研后记》。同年山大教育系也在那里调研，后来他们要我作一次怎样调查研究的报告，我本是门外汉，仅就本身经历作了一次报告，他们要求印出，特发表于此。意在抛砖引玉，我建议大家来正式树立这一门科学。我认为这是研究哲学的一个好办法，因为这里不仅牵涉哲学上的认识论，而且涉及整个哲学领域。过去，我们学唯物辩证法不会用，想不出很好的办法来学习，现在才恍然大悟，知道这就是学习哲学的捷径，这就是在学习哲学。我又认为，这还是初学社会科学者的最好办法，这个办法是从实际出发来研究和学习社会科学，因此这把武器又是我们研究学问的重要工具，这与17世纪培根提倡研究自然科学的观察与试验的方法，同样重要，而且比他更科学与完备。这个武器相当于显微镜和望远镜，在深入客观世界时，就应该掌握它。因此，我建议在大学和一切干部学校里，应把这门科学列为必修科。

第一流教科书和童话*

陶氏在逃亡中欠了不少债，他就隐住起来做着作家，替商务印书馆译了不少世界名著，常常整天伏在案头写作。他说，我每隔一二小时要站起来在房里散散步，否则要害痨病翘辫子了！可惜，“一·二八”日本人一把火把东方图书馆焚毁了，他译的书，一本也没有出版。

我们那时在上海办了《儿童》半月刊和《师范生》杂志，我常常替杂志写些童话寓言之类的作品。他读了这些作品，似乎很感兴趣，见面就和我谈这方面的问题，之后又写了几封很长的信给我，叙述他对儿童读物的意见。后来，他打算出书信集，我又把那些信统统还他了。我们在这方面谈论得很多，几乎三五天在小饭店里见一次面，见面时就谈这些问题。不久我迁入横浜桥福星里住，他住在附近，就不时到我的住所来玩，也谈论着写作。我们之所以热心于写作并不是想成著作家，而是丧失了地盘，失去了自由之后，不得不隐蔽起来采用这种工作形式来继续为教育事业服务，继续进行反蒋反帝的工作，并且借以养活自己和帮

* 摘自《陶行知的生平及其学说》，人民教育出版社 1982 年版。本书写于 1947 年 10 月，1949 年 12 月由生活·读书·新知三联书店首次出版。

助在灾难中呼援的战友。这种靠著作过活和开展事业的生活，陶氏和我们在上海共同继续达六年之久。

我们那时候，提出写现实的抗争生活，但也不放弃那引人入胜、富于诱惑人去深思的理想。我认为理想是引人去出生入死英勇斗争的源泉之一。我说苏联在文艺理论方面虽反对浪漫主义，反对未来派，反对王尔德的艺术至上论，主张写现实，反映现实，但在艺术作品中，并不反对理想。他很同意这种说法。我们共同研究了北欧童话作家格林兄弟、安徒生等的作品，研究了伊索寓言，又研究英国现代作家吉卜林的作品和一位波兰革命作家写的童话。对已经过时了的公主王子之类的滥调，不必去提了，大部分是含着封建毒素的，一部分是怪诞无稽，想入非非的，但也有一部分表现了人民对当时权贵的憎恨讽刺和自己的愿望。旧童话之生动有趣，富于想象，是很合儿童蓬勃的生长力和好奇心理的。不过当时出版界所出的儿童读物，只迎合这一方面，竭力灌注封建、迷信、怪诞无稽的思想，都非常有害。我们根据写现实、暴露黑暗、引向光明、为理想而斗争的原则，开始写童话、寓言、散文、诗歌等。陶氏写了一篇童话《白鸽》，还写了不少儿歌。不久，他提出：我们写一篇东西，就要使这篇东西发生力量。因此，他认为第一流儿童读物，应该具备使儿童想了又想的力量，应该有使儿童想了就动手干的力量，应该使儿童想了、干了使他和社会都产生新的益处。

陶氏接着就去研究教科书，这是他多年没有解决的问题：民国十六年（1927 年），他在晓庄提出“教学做合一”，反对死读教科书，说书是一种工具，不能只读不用。例如，我们用刀，就要拿它去杀敌或切菜，如果我们一天到晚拿起刀来，光是念刀啊，刀啊，有什么益处？

可是，能够用的教科书太少了，那些书都是千篇一律的。比方甲家书馆是小小猫，快快跑，小小猫，快快跑；乙家书馆却是小小猫，小小猫，快快跑，快快跑。这些书都是以文字为中心，空空洞洞，毫无实际内容。就是退一步说，做什么事，用什么书，有书用了，但是支离破碎，既不能完整地、有系统地教给学生，也不合于学习的进度，这就逼使生活教育者不得不回过头去研究教科书的问题了。

陶氏研究的结果，认为我们须将一个现代社会的生活或应有的力量，一样一样地列举归类组成一个整个的生活系统，编成一套生活用书或教学做指导书，接着他又列举了七十条应该培养的生活力，组成康健生活、劳动生活、科学生活、艺术生活、社会改造生活五大类。他说，我们做什么总要有个目的，这种指导书的目的，就是指导儿童青年过现代生活，培养现代生活中必须有的力量。他又认为，要辨别这些书的好坏，就要：

一、看它有没有引导人动作的力量；

二、看它有没有引导人思想的力量；

三、看它有没有引导人产生新价值的力量。

他说：“中国教育之通病是教用脑的人不用手，教用手的人不用脑，所以一无所成。”他主张教人手脑双用，能动手又能动脑，所以才能开辟新世界，产生新价值。他有一首小诗：

人生两个宝，

双手与大脑，

宁做鲁滨逊，

单刀辟荒岛。

他的教育思想，着重在创造。他说：要把中国无能的亡国旧教育，变成新教育，只在念头之一转，双手之一动；只要我们大家从此下决心，左手拿着科学，右手开着机器生产、建设、创造，必能开辟一个新天地来。后来，他把这些思想写成一篇文章，题名《教学做合一下的教科书》，用笔名何日平发表在《中华教育界》上，现收在《知行教育论文选集》里。

这时候，他刚从日本回来，受日本科学发达因而富强的思想影响很深，我们虽不能说他陷入科学教育救国论的幻想，但他这时候对自然科学发生很浓烈的兴趣，而对政治斗争感到淡薄，确是事实。陶氏，以为要中国从古老的农业文明，过渡到工业文明上去，离开科学就做不到。这是千真万确的，但须等到我们打倒帝国主义和封建势力，实行土改之后，才有这个条件。帝国主义和封建势力存在一天，任凭你如何去提倡科学教育也不能把中国过渡到工业文明上去，创造出一个新天地来。陶氏说这些话未免过早一些，我想一二年之后，自卫战争彻底胜利了，全国都投入生产建设时，陶氏的话就有更大的决定意义。

不过，我们就他对教科书的认识来说，他的理论是对的：我们的一切教材，都必须从实际生活出发，向理想提高。这些教材是根据当地当时人民的需要和人民革命的需要，按照群众心理、学习进程编制起来，去启发和指引他们向敌人和自然进行斗争，以取得胜利的。因此，它就必须含有引导人去动作和思想的力量，它就必须有改变人思想的力量，它就必须有化思想为力量，因而使人民群众在斗争中取得胜利产生新价值的力量。这样的教科书正是我们今天所需要的。

陶氏有了这些想法之后，他就约了一批人组织了一个教科书编辑部，并找到了出版商，答应出版这部书，想把理想变为现实。他自己担任编国语。可是，这种工作很烦难，一年之后，我们没有交出一本，陶氏自己也未交卷，但在另外一方面，陶氏及其友人，却有了一些新收获。

新中国课程教材改造问题的研究提纲*

一、逐渐改造旧课程教材

立刻要我们公布一个新的课程纲要及全套新教科书，还不可能，但已由联合出版社把重要的有关于学生政治思想教育的教材临时编印出来，自然科仍暂时用指定的旧教本。

（一）旧教本中，如遇有反共、反人民、反苏、反世界人民民主运动，及违背人民政府法令政策，站在帝国主义及其走狗立场上讲话的地方，教师应自动删去。

（二）废除反动的课程，如公民、军训、童军及停授不必要的小学英语等。

（三）是不是实施了新教育，主要看课程内容，看对学生教些什么，这是改革的重要一点。

---

* 摘自《目前教育上几个问题的研究提纲》，本文写于 1949 年。载《戴伯韬教育文选》，人民教育出版社 1985 年版。现有标题为编者所加。

二、新的课程怎样

（一）新的各级学校的课程表已在研究，关于科目、分量、时间，不久可公布，但正式的课程标准和各科内容大纲，还有待于将来教育部正式公布；我们只能将旧教材加以选择，作为临时课本。

（二）根据什么来选择和修改旧课程教材？

1. 民族解放需要反对帝国主义，反对奴化思想，但一切于民族和人民大众有益的文化知识，首先是最进步的苏联的文化知识，此外不问哪一国，也均应吸收，这就是要站在正确的而不是狭隘的民族立场上去选择。

2. 人民解放需要反对封建主义，反对专制独裁的法西斯思想，反对反共反人民的反动思想，发扬人民民主，这就是站在人民立场上去选择。

3. 实事求是的科学思想和唯物观点，提倡自然科学，反对迷信落后，这就是以辩证唯物论的科学观点去选择。

4. 合于儿童青年生长需要的，凡是民族和人民虽然需要，但儿童青年不能接受的，可暂缓一步。

（三）新课程教材如何教法？

1. 新的教材还没编齐，只由联合书店出版了国、常、史、地、政治常识等临时教材。要把这些教材教好，教师须先做准备，因为许多事物也许对大家都还生疏。如国语课文中曾讲到老区的土改、换工小组、劳模运动等，就需要研究政府政策、老解放区发展史等。

2. 但最重要的还是观点、方法等问题。比方讲历史，你是站在历代皇帝的立场或蒋介石的立场讲话，还是站在人民立场？你研究问题，向学生解释问题是从现象到本质，还是只讲皮毛之见？这就靠大家虚心学习，努力加深修养。

3. 用新教材时，除教师应以教人者先教自己外，还必须联系实际，不能照本宣读。

（四）旧教材如何用法？

1. 一部分暂用旧教材，例如，初中外国地理，就有美国在日本广岛丢两颗原子弹而日本投降、德苏瓜分波兰等，这是站在美帝及其走狗的立场上讲话，差不多的史地教科书，都贯穿着这种有毒的思想，教师教时，必须加以批评，用批评的精神来教。

2. 自然科教材，全部都用旧的，如有违反前述原则的应即删去。

三、新的课程教材如何与生产、环境结合

（一）教课时须从实际出发，联系社会、家庭、环境等。比方讲到儿童团时就联系到本校儿童组织和学校秩序；讲到人人都要做工时，就研究家庭哪些人在做工，哪些人在改造；讲到帝国主义时，就联系目前帝国主义及其走狗的封锁。

（二）要引导儿童青年多到社会上参观、调研、参加活动等，并与各方取得密切联系，才能配合得好。

（三）怎样和生产结合以建设新中国，这是要从各方面来做的。例如，使生产劳动者受教育，增加生产，多训练各种生产建设事业上所需

要的干部，多做科学研究，直接间接改进生产技术等。至于我们教儿童青年，从小就培养劳动观点，多帮助学校家庭做事，也是一种生产劳动训练。例如，劳作课可改成劳动课，从事小的生产或制造模型等。如果能拟订小的生产计划，每一个青年儿童都有计划地增加生产，那就更有意义了。

四、新课程教材是否只着重政治思想教育

（一）儿童青年在校学习文化科学技术知识，是必不可少的，而且是必须认真学习的。谁要忽视或轻视这一点，谁就犯莫大的错误。有人以为新教育只重政治和活动，而不重视文化科学技术学习，完全是错误的。

（二）新区政治思想教育是重要的。除上课外，一切围绕着课程的课外活动及社会活动都是很好的政治思想教育，反对固不对，轻视也不该。

（三）这是由于政治思想教育是教育的灵魂与基础，是改造学校与旧教育的起点。

五、还要不要考试

（一）考试仍旧是要的，但它的意义在于：

1. 测验学生是否能吸收得了，是否完成了任务。

2. 测验教师的成绩如何，既考学生又考先生。

3. 鼓励学生前进。

4. 总结过去学习的经验与心得。

（二）如何才使考试合理?

1. 要多注意平时学习成绩和勤惰。

2. 要逐渐用批评、检讨的方式来考核。

3. 条件成熟时，用小组的方式，大家来评分。

4. 如果是品行考核，则可逐渐由自己提出优缺点，大家评，如此能指出改进方向。

5. 多加鼓励，常公布成绩，切忌借考试来压制学生，这是反动派的手腕。

6. 如此，学生时时看见自己有进步，教师又加鼓励，自然会不怕考试了。

关于中等学校的政治课教学*

实施政治思想教育，是新民主主义学校的灵魂与基础；发动学生改造思想是改造旧学校的起点和中心环节。因此，明确政治思想教育的目的与要求，统一政治思想教育的内容和进度，加强政治思想教育的组织和领导，改进政治思想教育的方法，纠正过去政治思想教育中的偏向，克服缺乏教员教材的困难，以便把中等学校的政治思想教育正确地贯彻与正确地建立起来，是十分必要的。政治思想教育的目的，在于用新民主主义的思想教育青年学生，与工农群众结合，为工农群众服务。

为贯彻上述政治思想教育的目的，兹规定以下各项。

（一）统一初高中各年级政治课的内容及进度。

1. 初中一年级上学期中国现状、下学期中国革命，二年级上学期世界现状、下学期社会常识，三年级上学期人生观、下学期社会调查（二年制中学可改为一年级上学期中国现状与世界现状，一年级下学期

* 摘自《关于中等学校的政治思想教育》。载《戴伯韬教育文选》，人民教育出版社 1985 年版。本文是作者 1949 年代当时山东省人民政府起草的关于中等学校政治思想教育的指示。现有标题为编者所加。

中国革命，二年级上学期社会常识，二年级下学期人生观与社会调查，内容可适当紧缩）。

2. 高中一年级上学期经济学，一年级下学期、二年级上学期政治学，二年级下学期思想方法论，三年级上学期新民主主义论，三年级下学期政策常识。前后师范，可参照初高中相当年级规定。

（二）在新解放区根据目前青年学生的一般思想情况，在今后半年内不论初高中或前后师范，要求在已有的基础上，继续消除隔阂与对立，认清目前中国革命与个人的前途，初步树立反帝反封建反官僚资本主义，拥护土改，跟着共产党走的革命思想，以便对初中三年级以上学生打下出校工作或入干部学校学习的思想基础。为此，必须统一进行下列各项政治思想教育。

1. 正确的学习观点。

2. 中国人民革命战争与新民主主义革命的性质和前途，中国各阶级在革命中的地位和为什么要由无产阶级领导，国共两党的本质，共产党的革命历史，国民党的由三大政策到反动的历史。

3. 苏美两国的性质及世界发展前途。

4. 土改政策、工商业政策与知识分子政策。

5. 青年的前途出路与革命的人生观。

以上内容应根据各个学校已有的教育基础、学生思想水平，找出学生的思想本质与思想规律，联系实际进行，重点应放在 2、3、4 各项上。完成以上教育内容以后，再按照前面所规定的课程进度来进行，老区学校基本上应按照正常进度进行，以上五项内容亦可作为补充教材。

（三）时事教育必须经常进行，在新解放区尤其重要，方法可在课外进行，有计划地发动和组织学生阅读报纸，定期（一周或半月）请人作时事报告，组织学生讨论，并建立定期的（两月一次）测验制度。

（四）政治课的授课时间，初高中及前后师范一般规定每周三小时，每星期两小时的周会必须很好用来进行思想教育。为了在实际活动中教育和锻炼学生，原则上规定学生课外活动与社会活动时间每周六至八小时，新区可适当地增加至每周 12 小时，因而上课时间就应适当减少至每周不超过 30 小时（周会在内），但停课活动在三天以上者，必须经行署教育处及直属市政府教育局之批准。

（五）政治思想教育，在实施上应首先注意较高年级与较大年龄之学生，凡新解放区今年夏季毕业的中学和师范生（尤其是高中和后师），为满足他们马上就要出校工作的需要，应适当增加或集中时间进行政治思想教育，务必完成前面五项教育内容的要求。

实施政治思想教育，必须依据下列各项原则。

1. 必须与实际结合，首先必须按照规定的课程内容及进度，认真地上政治课，使政治课的课堂教学，不仅有生动丰富的内容，而且要和当前的实际斗争结合起来，既要克服与实际脱节的空洞八股的政治说教，也要克服零碎的、无系统的、不联系理论的思想。

2. 必须大胆放手，引导学生发挥自由思想，开展自由争论，在思想斗争中暴露真实思想，加以分析，找出错误思想根源，对症下药，进行教育。

3. 必须有目的、有计划、有步骤地开展各种课外活动与社会活动，以课程为中心，组织歌咏、戏剧、壁报、演讲、辩论、各种学术研究。

4. 必须和组织工作结合起来，选择与培养大批成分较纯洁、思想进步快的积极分子，作为政治思想教育的助手，在学生会的领导下，进行各种学习活动。

5. 必须贯穿于各科教学之中，尤其国文、历史、地理和师范教育等课，更容易贯彻政治思想教育内容，必须予以适当的重视和运用。同时，各科教员都必须参加指导学生的课外学习与各科活动，因此政治思想教育又是全体教员的事，各科教员都应自觉地学习政治，提高自己的政治认识，树立正确的立场和观点，同时各级教育行政部门和在各学校工作的干部，也有责任帮助一切旧教师的进步与改造。

上海市对旧课程和教材的改造*

我们部分地改造了课程教材，取消了反动的公民、军训、童子军等课程，小学取消了英语，中学减少了英语课钟点，教会办的私校停止了宗教课，中学增设了政治课，小学增设了政治常识，中学每周平均 30 节至 31 节课，小学每周平均 30 节课以内（每节课中学不超过 50 分钟，小学 30 分钟至 45 分钟），这就使学生可以有时间和精力去吸收消化功课，也可以有时间去从事课外活动。但至今有不少学校，特别是有些私立学校，功课仍然是繁重的，必须根据政府规定加以改进。

在教材方面，中等以上学校除自然课及业务课大部分仍用旧教本外，关于文、史、地、政治等科，除一部分地理外，已全部改用临时编的新教本。但我们在这方面缺点仍然是很多的，新编的教材，因为时间急促，不够完备，教师用旧本者又多未能将旧思想、旧观点加以批评与删改。至于专科学校及技术学校的业务课，至今我们仍未能加以改造，使其更适合于目前人民革命和建设工作的实际需要。

---

* 摘自《上海市教育工作的一般情况与今后任务》。载上海《新教育》创刊号，1950 年 3 月。现有标题为编者所加。

这一学期我们要做些什么*

本学期总的工作方针，仍然是遵照中央人民政府“提高人民文化水平，培养国家建设人才，肃清封建的、买办的、法西斯主义的思想，发展为人民服务的思想为主要任务”这一方针，继续上学期的工作总方针，在现有基础上，继续稳步前进，积极地改造公私立学校，提高教学质量，团结与改造教师，有计划地开展职工教育，加强中等教育和初等教育。

（一）在总方针下，关于教师的自我改造。

1. 加强政治学习仍然是主要的，只有政治上提高，才能建立新的教学观点，改进业务，提高教学质量。因此政治学习是改进业务的基础，如认为学习政治与提高教学无关是不妥的。

2. 关于业务学习方面，在稍具规模的各级公私立学校及社教机关内，应发动教员组织各种教学研究小组。目前应加强文、史、地、政治及小学国语、常识、算术等研究小组，进行教材教法等研究和观摩教

* 摘自作者1950年8月在上海市暑期教育研究会上的报告。载上海《新教育》第2卷第1期，1950年9月。

学等。

（二）在总方针下本学期对中等教育总的要求希望达到：教职员在已有的政治认识基础上，加强培养新的教育观点与工作作风，改进教学内容和方法，认真教好各门功课，并在各种学科中，特别是文、史、地中，贯彻政治思想教育。其次是加强教导合一，巩固民主秩序和自觉的纪律，以提高教学效率。

1. 继续对学生加强政治思想教育，除进行规定的系统的政治课外，还须进行对土地改革、新爱国主义与国际主义的教育，而对土地改革教育，尤须注意深入。在政治思想教育中要克服生硬和刻板，应有机地与生动的事例联系起来，从各方面进行教育。

2. 在行政领导方面，应加强校内民主团结，贯彻群众路线，从政治上、思想上团结全体师生，反对官僚主义和形式主义，解决工作态度与工作作风问题。

3. 在各科教学方面应根据指定课本教，按进度教，认真把学生教懂教会。

（1）课前须作充分准备，事后须深入检查，建立课前准备制和平时成绩记录制。（2）一校或联合几校建立各科教学研究小组，并展开校内外观摩教学，建立教学研究制度。（3）仍须加强对文、史、地教学的研究，本学期仍以思想观点的改造为主。（4）帮助学生围绕正课组织各种研究会并加以指导，以补助正课之不足，并适当开展文娱活动。

4. 重视工农子弟入学及失学青年入学问题。

5. 对专科及一般技术学校的改进问题。

6. 适当注意青年学生的健康，不使过分疲劳。

（1）课程教材须作适当的、慎重的研究，加以改革，废除繁重和不必要的课程教材，增加必要的，由各校自行讨论，提出改进意见。

（2）对技术科学，与各有关部门研究，以便与实际结合。

（3）师范学校则根据本市社会教育和初等教育的需要，做必要的改革准备。

（三）在总方针下关于改进公私立初等教育的总任务是加强教师的学习，进一步树立革命人生观和新教育观点，改进业务，全心全意把儿童教好。

1. 各公私立小学必须继续重视儿童政治思想及品德教育，必须有计划地配合时事，生动活泼地进行反对美帝国主义侵略及土地改革等新爱国主义与国际主义教育。

2. 改进教学业务，大致与中学同，但须特别注意下列事项：

（1）根据指定教材教，既不能自编教材，也不能实行所谓单元制之类，以建立教学上的系统制度。

（2）教师要课前研究教材，明确规定每课目的，负责将学生教会教懂，并能牢固记住。建立课前准备制与对教学负责制。树立教课的目的性。

（3）课后必须检查学生的学习情况，学生的作业应认真加以批改。建立教学上的检查制度。同时要建立学生各科平时成绩与品德考查的记录制度。

（4）郊区学校有复式班级者，应特别注意研究复式教学法。

但今天仍以加强培养教师新的思想观点，充分学习新知识，为改进各科教学的当务之急。

3. 在行政领导上，须特别加强团结改造中的民主团结。

4. 各公私立小学应注意工农子弟及失学儿童入学。

5. 应重视私塾改造，发动小学儿童和私塾儿童做朋友，小学教师和塾师做朋友，去影响和改造他们，并通知他们用指定课本。

6. 继续研究幼儿教育，做解决教材的准备。

7. 注意儿童的健康和清洁卫生，不使过分疲劳。

（四）在总方针下关于加强社会教育方面，我们本学期主要任务为根据政务院指示，成立市职工业余教育委员会。依靠工会，有计划地开展职工业余教育。仍以产业工人为主要对象。因此我们须巩固与提高现有工校、厂校、工农学校，并依靠工会有计划地逐渐开展，本年内主要是建立统一领导，解决教材、师资与必要的制度等准备工作。

（五）关于私立学校的维持与改造方面，除我们在前面所说的一般中小学应做的工作均须进行外，特再指出私立学校总的工作方针，必须遵照政府法令指示，积极改造，争取师生家长更亲密地团结起来，以克服困难、维持学校。

继续深入开展新爱国主义教育*

自从去年11月开始开展抗美援朝的新爱国主义教育以来，我们已经有了辉煌的成就：激发了青年学生、儿童和工农仇视、鄙视和蔑视美帝的爱国情绪；支援了在朝鲜痛击美帝的我国志愿军和朝鲜人民军；涌现出了一批优秀的青年学生和青年工人参加国防建设。在这些巨大的成就中，我们已经把新民主主义教育推进了一步，已经创造了许多新的教学方法，积累了不少经验。新爱国主义教育是新教育最重要的一部分，是培养为人民和祖国的利益而英勇奋斗的年青一代所不可缺少的。

我们过去常说，要把旧教育改造成为人民服务、为人民的政治服务，现在大家才真正体验到这句话的意义和实践这个真理了。但我们的工作才开始不久，抗美援朝的新爱国主义思想在学生群众中还不够巩固，不够广泛与深入，还没有能更提高一步。这就是说，封建的、帝国主义的特别是美帝在各方面所散布的思想影响，还没有彻底铲除，美帝侵略还没制止，广大人民还需要再接再厉地推进爱国运动，养成高度的

---

* 摘自作者1951年在春季开学前各级学校及社教机关负责人大会上的报告。载上海《新教育》第3卷第1期，1951年3月。

民族自尊心、自信心及自豪感，和高度的爱国热情。因此，本学期我们各级学校的中心任务，也就是继续深入开展新爱国主义教育，把过去已有的成就巩固下来，而且提高到新的阶段，发展为爱国运动的更高潮。围绕着这一任务，开展各方面的改进工作，进一步提高师生的政治思想认识，以提高教学质量。

这就是说，本学期我们应在学校中继续展开有系统的政治思想教育，继续把抗美援朝的精神、爱祖国的感性认识提高到理性认识，而巩固下来。同时又有计划地进行时事教育和与各种中心任务或运动相结合的思想政治教育。过去已经开展得很好的，要继续巩固与提高；过去开展得不够好不够广泛的，要继续广泛深入每一位学生。

（一）本学期各级学校特别是中等学校和工人学校应着重进行下列各种教育，并初步达到这些要求。

1. 继续进行反帝教育，特别是反对美帝国主义的侵略和阴谋武装日本法西斯的罪行，掀起更大的爱国高潮。热烈支援中国人民志愿军和朝鲜人民军，彻底消灭美帝侵略军。并使学生深切了解这一战争对保卫祖国及世界人民和平民主的伟大意义。反对封建主义，拥护土地改革，充分认识这是推进我国走向进步繁荣、建设农村民主、发挥国家威力的必要措施。反对官僚资本主义，深切了解反动党团特务残害人民的暴行和对国家的危害。彻底消灭国民党反动派，肃清土匪特务，安定和巩固后方，保卫学校与工厂。这个三反教育，在目前非常重要，我们不仅要从思想和政治上认识这些革命工作的重要性及其伟大意义，而且要参加到这个革命运动中去。

2. 对学生进一步进行热爱祖国的教育，使他们了解祖国的伟大，胜利后祖国在国际地位上的崇高，祖国人民目前斗争的情形及将来的前途。充分认识到祖国幅员辽阔，山河壮丽，历史悠久，文化灿烂，人民英勇多智，打败了日帝，又打败了美帝和国民党反动派，获得了解放，成立了中华人民共和国，中国人民从此扬眉吐气，站起来了！一年多来，我们在军事、政治、经济、文化上已有了巨大成就。我们要保卫这个胜利果实；拥护人民民主专政；贯彻共同纲领；努力生产，争取财经根本好转；爱惜国家的公共财物；努力建设祖国。我们要争取在不久的将来，从新民主主义社会过渡到美好和幸福的社会主义社会。

3. 培养学生坚决拥护全世界无产者联合起来和世界劳动人民友好的思想。使他们了解我们祖国的人民百年以来就在反对帝国主义。百年来革命的经验告诉我们，帝国主义是世界人民的死敌；要彻底推翻帝国主义的统治压迫，必须联合世界上的劳动人民，把一切帝国主义的侵略阴谋粉碎，使祖国得到安全与和平，使全世界被压迫、被奴役的民族有了希望，而最后得到解放。因此，今天的新爱国主义是包含着这种国际主义精神的。

新爱国主义教育的内容如此丰富、宽阔，如此远大，这和过去任何狭隘的爱国主义不可比拟。我们对过去反动统治阶级所进行的、只有利于帝国主义与反动派的、有害的狭隘民族主义思想必须彻底肃清，从而把广大学生提高到新爱国主义水平。

从总的要求来说，我们进行这一系列的新爱国主义教育，就是要把工农群众和青少年儿童，从长期的封建主义和帝国主义的政治思想影响下解放出来，唤起伟大的民族觉醒，做一个伟大的爱国主义者又是国际主义者和进步社会的人道主义者。这就是新爱国主义教育。

（二）进行这一系列的新爱国主义教育，固然要把政治课和时事课上好，教师事先须进行充分准备和研究，但不能专靠政治教员和这些功课。这种新爱国主义教育是各种教育的综合，因此要把这种教育深入，就要深入各科教学里去。也就是说，其他各种功课必须贯彻新爱国主义思想，特别是历史和地理教学，其次是国文教学，再次是数理化教学。在这些教学中发扬祖国的伟大、祖国劳动人民的英勇斗争、伟大的发明与创造等。例如，在历史教学中讲述劳动人民如何创造世界，有了种种发明，二十多年来农民的英勇革命史和人民反抗外族侵略的斗争史等，以及社会历史发展规律。在地理教学中讲述祖国地大物博人多，风景优美等。又例如在数学教学中我们常讲到阿基米德的浮力定律，其实中国三国时代曹操儿子称象时就有了发现，例如，圆周率，中国古代即有发现等，充分运用中国材料，引起对祖国的光荣感。在国语教学中，应充分讲中国伟大的文艺作家、诗人、思想家，例如，孔子、孙子、杜甫、白居易、施耐庵、鲁迅等。这是一方面。其次是把这些教学和祖国正在进行中的各种斗争、各方面的建设结合起来，把学生学习的这些知识，引导到祖国的建设事业上去，使他们心向往之。但要防止牵强附会的单元教学或在本课之外加上一点爱国思想教育这些偏向，以免割裂系统的科学知识和有计划地进行教学。事实上如果我们用正确观点去教学，这些功课的本身就是最好的爱国主义教育。因此，本学期各科教师应本着这个新爱国主义教育精神，加紧自己的学习，加强各科教学研究会和小组，提高各科教学的思想性，达到改进教学的目的。

过去，我们中学方面的文、史、地、生物等研究会，及小学方面的国、常等研究会和研究组等，在批判旧思想观点、提高新思想观点以及吸收新知识方面，起了很大的作用，提高了教学质量。但过去教师的学习带勉强性，多流于形式。本学期应在自愿参加研究的原则下，努力从新爱国主义出发，改造自己的思想意识和观点，提高业务水平。这样才能把学习与工作结合起来。

（三）这个新爱国主义教育，不是口号与空洞的说教，而是有丰富的与生动的实践内容的。因此，我们不仅在课堂上进行理论教学，而且为了充实、提高与巩固这些教学，还必须适当进行各种爱国行动，履行爱国公约和课外活动。各级学校应使学生有充分的时间和精力，来从事这些活动。根据教育局规定的办法，适当地调整上课与作业时间，减少不必要的簿本作业。但中小学上课时数，本学期暂照旧。这些爱国活动和课外活动，应在教导处统一领导下有计划、有准备、有领导地为着巩固与提高新爱国主义教育而实施，课内和课外应很好地结合起来。例如，这次在市西中学举办的寒假俱乐部，静安区的儿童活动营，都很有教育意义。反对活动而死读书固然不对，但也不能搞很多活动而影响学业，妨碍上课。工人要加紧生产，我们师生要加紧教学，为国家培养建设人才。此外，为活动而活动，而不问教育意义与效果也不对。一般说，活动应在校内举行，尤其是小学。全市性或全区性的活动应在教育局许可下进行，每学期不能太多。本学期“五四”和“六一”两个节日，可能有全市或全区性活动。在这些活动中应把过去参干中涌现出来的积极分子加以培养与提高，作为骨干，并注意培养更多的积极分子。

（四）在上课和活动上适当调整时间之后，更应注意学生健康，重视体育卫生，不使学生过分疲劳，同时加强体格锻炼，注意早操和课间操，开展各种适合学生需要的与本校有条件的体育运动和游戏；尽可能添置必要的体育设备，如附近有空地可与业主协商借为操场。务使每一个学生都得到体格锻炼，成为一个健强的人，以巩固国防。参干运动以后，已引起学生重视体育，在高度爱国热情下，人人重视体格锻炼，加上教师适当的领导，我们的下一代将是世界上最健康的民族，将可以大大发挥祖国的威力。今年四五月本市可能举行全市运动大会，可作推动体育的开始，各校应做充分准备。

（五）在这种新爱国主义教育之下，我们行政方面要注意含有教育意义的环境布置，充实新爱国主义方面的图书和必要的设备。要领导师生爱惜公共财物，根绝贪污浪费、损坏公物等现象，同时动员大家的力量来建设自己的美好学校。在对学生品德培养方面，应把发扬新爱国主义的精神，作为每一个学生努力的目标和准绳。表扬平时表现好、成绩优者，而对表现恶劣、思想错误者加以耐心教育和适当的批评与自我批评。但须防止强迫坦白和其他粗暴方法。

（六）在新爱国主义教育之下，改进我们的教学方法，使理论与实践一致。过去数月，我们在教学方法上有了很大进步。开始我们常对学生讲大道理，作大报告，洋洋洒洒讲了一大套。可是青年儿童仇视不起、鄙视不起美帝来。什么缘故呢？这是由于他们长期在反动统治下受了敌人的小恩小惠和欺骗麻痹的教育，自己又没有直接身受过剥削压迫的痛苦，这就是说，他们缺乏感性知识，没有这些感性知识他们是接受不了理论知识的。后来改从感性知识出发，用控诉美帝暴行、新旧中国对比以及亲身参加斗争者的报告之后，大大提高了觉悟。有了这些感性认识，很快就提高了政治理论和思想水平。其次是把理性认识或革命理论拿来和自己的思想及过去的认识对照，因而认真检讨了过去的错误。

有些学校提出挖思想的根，使认识提高了。再次是举行展览、演戏、看革命电影，这些形象化的教育方法，在儿童教育上起的作用尤大。这些都是把教学水平提高到理论与实践一致的范例。本学期，我们应从多方面去提高与发挥这种理论与实践一致的教学方法，以克服教条主义和形式主义的老毛病。为了改进教学方法，对新的教材和每一门功课，事先均须进行研究，明确目的，预定计划。过去大家把做教案当作官样文章给视导看，而不诚心诚意去准备把功课教好，这是应该纠正的。教案可以不做，但课前必须做好充分准备，收集资料，准备教具，了解学生思想情况及接受程度与效果等。同时观摩教学在改进教学上有很大作用，可以几个人组成一小组进行，以熟练教师示教为主，不要大批人马拥到一个教室去，以致影响教学。互相听课可以随时总结经验，提高教学方法，是摆脱老一套教法的好办法。

下　编

在国统区工作时期
（1932—1939）

《儿童科学玩具》几句闲话代序*

这本书所述的，都是我所爱悦的一些富于兴趣的儿童科学玩具，大都经我亲自动手做过。书中不但叙述做的方法，玩的方法，并说明做的原理，所以是一部有思想、有动作、能够产生新价值的、合于教育上最新原理的书本。

儿童们看了，就能够依它做，依它玩，依它研究。即小学教师，不论指导工艺，指导科学，都可以拿它来作为指导书，家长们得着它，也可以用来指导子女，教他做有益的游戏。

---

* 载《儿童科学玩具》，儿童书局 1932 年版，署名白桃。

教学做合一下的课程及其他*

一、课程

在奉行“社会即学校”“生活即教育”的教学做合一之下，全部的生活就是全部的课程。没有课外的生活，也没有生活外的课。生活与课程是一而二，二而一的东西，它是分不开来的。

传达思想，把握人类精神交通之枢纽的语言文字——口述、阅读、书写——为社会生活的基本要素。人类生活一天都离不了它。清晰的语言表达，不仅能供我们一种方法，以转达经验于别人，而且可以使人类愈相接近，以达到共同合作，交换意见，而有了共同的了解、情感、标准、志趣等。简括地说，这就是真实社会生活的基本。而文字可以使语言的能力扩大推广。儿童在实际生活中，他必须学习，善用语言以适应环境的趋势。因此，实际生活中的语言，便成了课程中的一部分。

和语言文字居同等重要地位，而为社会生活基本要素之一者，是计

* 选自《教学做合一概论》“第八章　教学做合一下的课程及其他”，大华书局 1933 年 6 月版，署名白桃。

算和测量。在日常生活中，我们每天都离不开计算和测量。无论买卖食物、添置衣服，以及日常一切应用物品都要用到计算和测量。那些斗啦、升啦、尺啦、秤啦、亩啦、马力啦、斤啦、货币啦，在我们的生活上占着极重要的地位。自然儿童要适应环境，要在合作群居的人类中生活，他有学习这些的需要，这就是实际生活，也就是课程的一部分。

耳目所触的，四时所遇的，无往而非大的自然。儿童在大自然中，看见了日、月、星、辰、草、木、禽、兽、鱼、虫等，听到了雷震，遇到了风、霜、雨、雪，这一些自然现象，排在他的眼前，压在他的心头，时时都在要求他去解决，这成了他生活中的一部分，也就是课程中的一部分。

自然，儿童在大社会中，眼所看到的，耳所听到的，他自己亲身所参加的，都是他的生活，也就都是他的课程。

我把这些分开来说，并不是把生活分成许多段，说这一段是语言文字生活，那一段是计算和测量生活，再那一段又是自然生活……更不是把课程和实际生活分开。整个的生活，就是整个的课程，我为便于说明，才给这些生活分开来说的。目下教育上的一般错误，就是在生活之外，立出了课程，而规定了呆板的国语、算术、社会、自然、康乐等。这些呆板的课程与儿童的实际生活，漠不相关。他们似乎是专为儿童将来的生活在那里着想的，有人把这种课程称作预备生活。这种学校，可以称得起“明日之学校”，因为他所过的是明日的生活，所行的是明日的课程。我们要办今日之学校，要过今日的生活，要以今日的生活为课程。

有人很疑虑生活即教育下的生活即课程太狭窄！只在满足现实的生活；以现实的事物为限，则教育的效用微乎其微。因为在时间上过去与未来均极长，“现在”最短，而且递嬗不息，教育的活动如果只注意“现在”生活之应付，则现在递嬗太快，也应付不了。在事实上，过去为已往的陈迹，姑且不说，可是未来却无穷，且时时与生活发生密切的关系，如果在现在的生活上不预备将来，则将来无以应付新环境，势非至于受天然淘汰不可。因此，他们想出中庸之道来，而倡教育为两重的：一为满足现实生活，一为预备将来生活之说。

这句话听上去，似乎不错。但我们要问：教育者所干何事？教育的功效和目的何在？教育是帮助人生长。教育的根本概念是教人继续不断地重新组织经验，使经验的意义格外增大，使个人主宰后来经验的力量格外加强。我们是在现实生活中教儿童继续不断地组织经验，扩大经验，加强主宰后来经验的力量。最重要的是在教儿童自身获得这种经验的求得法，并且能够利用这种经验和理想来找出别的方法解决别的问题，这便是应付新环境了。所以得了这种经验和理想的方法，儿童应付环境的力，才能继续生长，才能取之不尽，用之不竭。而且人生的生活递嬗不息，未来的生活尤缥缈不可捉摸，就是要预备也无从预备起。

现实的生活是什么？就是整个的人生。这实际的生活，积时为日，积日为月，积月为年，积年而为终身，实际生活成了人生的一切，你能说它是暂时的吗？

教育如果是预备生活的，则儿童在“现在”的实际生活中，堆积了许多无用的死知识，犹如不兑现的钞票，等于废纸，欲将来不为新环境所淘汰者亦难矣。

所以最好的教育，是活教育，活教育的课程是现实的生活，是教人在活的多变化的现实生活中过活的生活，长活的知识，向活的未来的世界挺进。它不是预备未来，而是完全为了现在，继续地向上生长。

首先采用生活为课程的学校，是晓庄学校。它把生活约略分为五门：

1. 中心小学生活教学做；
2. 中心小学行政教学做；
3. 师范学校校务教学做；
4. 征服天然环境教学做；
5. 改造社会环境教学做。

它是师范学校，自然和一般的中小学不同。为了达到生活的目的，他们计划着把生活又分列为以下若干项：国语教学做；三民主义教学做；社会教学做；自然教学做；艺术教学做；音乐教育做；农事教学做；健康教学做；团体生活教学做；清洁教学做；整理校舍教学做；布置校景教学做；管理图书教学做；工艺教学做；医药卫生教学做；等等。

所谓整个的生活即整个的课程，这生活是有目的、有计划的，而且是一种合理的生活。把生活的内容分开来讲，约略可以归纳为五门：

1. 健康的生活；
2. 劳动的生活；
3. 科学的生活；
4. 艺术的生活；

5. 社会改造的生活。

教育所要培植的，是这五种生活的生活力。也就是课程上的五大门。按照这五门主要的生活，有目的、有计划地详细规列起来，编成了生活历，便是一部课程。

二、书本

有人以为奉行生活即课程，就是可以废除书本，而在教学做合一之下是不用书本的。这实在是一种误解，我们固然反对人死读书，做书呆子，但我们并不反对用书。书是一样工具，与种田的锄头犁耙、做工的斧头锯子一样，它能供给我们重要的参考资料，我们可以用它来帮助解决实际问题和实际困难，并不仅是读的。

在教学做合一之下，我们对于书本的方针是：做什么事，用什么书。做农事时，用关于农事上的书；养蜂时，用养蜂的书；看天空的星宿时，用天文的书；做菜烧饭时，用烹饪的书。为做事而用书，非为读书而读书。陶行知先生以为新旧时代学生之不同，只在一个死读书和一个活用书。他说：

旧时代之学生之生长的过程，有三个阶级：

1. 是读死书；

2. 是死读书；

3. 是读书死。

新时代之学生也离不了书，所不同的，他是：

用活书，

活用书，

用书活。

什么是活书？活书是活的智识之实库。花草是活书。树木是活书。飞禽走兽小虫微生物是活书。山川湖海、风云雨雪、天体运行都是活书。活的人，活的问题，活的文化，活的武功，活的世界，活的宇宙，活的变化，都是活的知识之实库，便都是活的书。

活的书只可以活用，而不可以死读。新时代的学生要用活书去生产，用活书去实验，用活书去建设，用活书去革命，用活书去树立一个比现在可爱可敬的社会。……

从这里看来，新旧教育对于书本的态度，根本不同之点只在一个活用和一个死读而已。

因为我们是用书，所以生活教育与教学做合一对于书本的总要求是：我们要活的书，不要死的书；要用的书，不要读的书；要真的书，不要假的书。中国大部分书籍，都是只可以读，而不可以用的。因为国人好弄文墨，滥发伪知识，所以结果被外人认为文字国。目前一般书坊里所出的教科书，也是以文字为中心，只可以读而不可以用的书。在教学做合一的生活教育之下，我们不要以文字为中心的教科书，而要以生活为中心的教学做指导书。

教学做合一的生活指导书，要怎样编法呢？我们先要问什么是现代的社会生活，或问什么是生在现代社会里所该有的力量。把这些一一列举起来，列成一个生活系统，然后编成一套生活用书。

对于这些书本，编的好不好，我们要看它：

1. 有没有引导人动作的力量；有没有引导人干了一个活动，又干一个动作的力量。

2. 有没有引导人思想的力量；有没有引导人想了又想的力量。

3. 有没有引导人运用动作思想以产生新价值的力量；有没有引导人运用动作思想以产生新益求新的力量。

合乎这三个标准的书本，便是好的书本。

三、工具

人生的生活要有工具才能表现出来：有了丰富的工具，才有丰富的生活表现出来；有了优美的工具，才有优美的生活表现出来。孔子说："工欲善其事，必先利其器。"器就是工具。有人把工具在教育上称作教具，似乎是教师专门拿来教学生用的。但我之所谓工具不是拿来教而是拿来表现生活的。旧教育只拿片面的书本和位置来表现生活，除书本文字片面的工具之外，它所有的设备讲台、黑板、粉笔、讲桌而已。中国教育之所以弄到山穷水尽，便是因为大家只靠书本文字来做唯一工具的缘故。

我们要匡正教育使它变为中国国民所需要的教育，必须承认书本文字只是人生生活工具之一种，除书本文字外，我们还需要很多的工具来达民之欲，顺民之情，所以今后的教育必须是教人在实际生活上，多多运用工具，制造工具，创造工具。

物质文明的反面就是精神文明，有了物质才有精神，物质所到之处，也就是精神所到之处。人之所以异于禽兽者，因为人能创造身体以外的工具，制造身体以外的工具，运用身体以外的工具。所谓文明人，便是因为他能把工具制造得更巧妙，运用得更广的缘故。从毛笔、鹅毛笔到自来水笔和打字机；从镰、铲到收割机、售货机；从手印机到圆印机；从牛车到汽车，从独木舟到汽船：这些工具发展所到的地方，也就是人类文明所及的地方。

生活教育之下的教育者，是教人在实际的生活中，充分地运用工具，制造工具，发明工具。空口谈教育，没有工具来实行是无效的。

例如，农事教学做，只有农事教科书，而无种子、土地、锄头、钉耙等耕种器，是无论如何实行不来的。我们的生活，离了工具几乎无法可以表现出来。所以教学做合一之下的教育，最要紧的是教师和儿童都有充分的工具可用。我们不但是运用工具，还要自己动手制造工具，创造工具，才能表现出教学做合一的真精神。

究竟要用些什么工具呢？我可以回答：做什么事，就用什么工具。种田除书本外要用土地、种子及锄头、钉耙等耕种器具，我们要用的工具也就是土地、种子、锄头、钉耙、书本。养蜂，除养蜂指导的书本外，要用蜂群、蜂箱、蜂场、摇蜜机、喷雾器、刮刀、面罩以及许多别的工具。我们要用的工具，也就是书本、蜂群、蜂箱、蜂场、摇蜜机、喷雾器、刮刀等。我们要用工具来达到我们的生活目的，发展我们的生活力量。

四、教师

怎样才可以在教学做合一之下，做一位好教师呢？也就是说，在这种教育之下教师所占的地位是什么？他应该持着哪一种态度？

很明显地可以看出，教师在做上教，学生在做上学，教师所居的地位是领导者的地位，他和学生站在一条战线上向前进攻，教师所过的生活，也就是学生所过的生活。他必须和学生共生活、共甘苦、共事、共做、共教、共学。凡是学生所要做的事，他都得去做；凡是学生所要守的规则，他都得遵守。如此则师生化为一体，大家都向着同一的目标进发，在同一的目标之下生活着，师生之间不再有什么隔阂，人格的感化也就可以收到宏大的效果。在这种共生活的团体之中，无论何人都不应该取武断的、强迫的、命令的、独行的态度。教师自然不能例外。他必须事事跑在学生前面，为这一群孩子之中的领导者，他所取的态度是与学生一致的，在各方面，他必须处处以身作则，以为学生的表率。学生受了他的品德的感化，必然个个都爱戴他，乐于和他共做、共学、共教。

教师除以身作则外，他必须拜儿童为导师。虚心接受儿童的问题和儿童的要求，处处在儿童身上着想。儿童是教师研究的对象，一个好教师的养成，必须拜儿童为导师。陶行知先生办晓庄师范的时候，曾经对全校的师生说过“小孩子是我们的总指导”的话。实际上，我们有许多地方不及孩子，做一个大人，尤其是做了父母或教师的人，是应该时时跟孩子们学习的。

综合起来说，教学做合一之下的教师，是儿童的朋友，是儿童的保姆，是儿童的领导者。他和儿童在一起共同生活，但他并不自居于主人的地位，儿童才是他的主人。他不是儿童的代言人，也不是儿童的代替工作者，他的职务在领导儿童干，在领导儿童过合理的、有计划的和有目的的生活。我们要知道一位教师的好或坏，只要看他能不能以身作则，能不能领导儿童过有意义的生活。

五、儿童

教学做合一之下的儿童是一个广义的小工人，也是一个小主人，他有全权管理他自己的生活。民主国家的国民都是主人翁，这些儿童便是小主人翁。我们要教这些小主人翁做自己的主人，做国家的主人，做机器的主人，做田地的主人。因此，教学做合一的教育，就是主人的教育。儿童便是我们的主人，他在学校里有完全的自由向上生长，有完全的自由用自己的意志来指挥自己的行动。这里的自由是含着自主、自决、自动、自得种种意义的。教师不过辅助他生长罢了。

在另一方面，我们承认新时代的儿童是一个广义的小工人。他是新时代的创造者，不是旧时代的承袭者；他是世界文化产业的创造者，不是世界文化产业的承继者。所以现代的儿童是创造的，生产的，建设的；不是承袭的，享受的，做公子小姐的。广义的小工人所过的生活，是一些小建设、小生产、小试验、小改革、小创造。小工人所需要的教育，是一些小建设、小生产、小试验、小改革、小创造的教育。

所以教学做合一之下的儿童是自由向上生长的，是过劳动的小工人生活的。他不以读书为日课，不囚于教室中生活。而常在大自然大社会里，自由地过着合理的生活。他所干的活动不是为教师干，也不是被别人压迫着干，而是为他自己干。他要解决他自己的小问题，干他自己的小建设，发展他自己的小生产，做他自己的小试验。教师在做上教他干，他在做上跟教师学。他也要用到书本，但不是往昔的讽诵和背书上的定理定则，而是为做某项事、为解决某项问题才来用书。

六、生活室

事在什么地方做，就在什么地方教。所以在教学做合一之下，宇宙就是我们的学校，也就是我们的生活室。旧教育有教室，儿童和教师终日都关在囚笼的教室里过书本生活。新教育没有一定的生活室，农事要在田里做，便在田里教，田野就是生活室；游泳要在池塘里做，便在池塘里教，池塘便是生活室；养蜂要在蜂场里做，便在蜂场里教，蜂场就是生活室；但为便于集会，讨论以及做其他别的团体活动起见，特依生活的需要而辟一二个以上的基本生活室。

所谓基本生活室是儿童的集会、休息、讨论，及做其他比较静一些的活动如写日记，做问题练习题，及学习语言计算等的地方。

我已经将教学做合一之下的课程、书本、工具、教师、儿童、生活室概括地叙述过了，要懂得教学做合一的生活法，自然对于这些东西所代表的意义，有明了的必要。

可供研究之问题：

1. 旧教育的课程是根据什么来的？它的缺点在哪里？

2. “生活即课程”是什么意思？应该怎样编订？

3. 你想，教学做合一之下需要哪一种书本？

4. 为什么要用书，把书读熟了记在心里不是也有用吗？教学做合一对于书本所取的是哪一种方针？

5. 工具对于教学做合一，究竟有何种重要性？试举例说明。

6. 在教学做合一之下的教师怎样？儿童怎样？

7. 教室是怎么来的？我们为什么要废除教室？

《教学做合一概论》编辑大意*

一、本书注重理论与实际两方面，将教学做合一作有系统的叙述。俾师范学校及一般教师采作教本或参考之用。

二、本书首述“生活教育”及“社会即学校”之原理原则，以冀研究或采用教学做合一者，得明了教学做合一下之整个的新教育观，以窥全豹。

三、全书分十二章，由新教育的理论说起，一直到教学做合一的新教育法，其间关于课程、学校组织、生活表、生活室、书本、教师、工具，等等，皆一一加以叙述。后数章尤注意于设施方面，除作扼要之申说外并举实例印证。

四、每章之后附有研究之问题若干，使用本书者，读了每章之后，在思想上作一次反省。

五、教学做合一系教育上新发现的教育法，关于本教育法之系统的著作，尚不多观，编者虽力求完备，然挂漏或不周之处，在所难免，望博雅君子，有以教焉！

---

* 选自《教学做合一概论》，大华书局 1933 年版，署名白桃。

幼稚园和小学低年级的科学指导*

幼稚园里的孩子也能研究科学，这是谁都要惊奇的吧！我们过去实在太看不起小孩了，以为科学是一门专门的高深学问，乳臭未干的孩子，懂得什么。许多学者先生，都以为对小孩谈科学，无异于对牛弹琴。这种牢不可破的迂腐观念，在一般自命谓新教育家的头脑里仍然存在着。我们跑进时髦的幼稚园里去，所能看到的只是歌和舞，其次是教他们识几个字，画几张自由画，在那里是看不到科学的影子的。

您不要以为孩子的智力不足以来研究科学。其实，每一个孩子生下来就是一位科学家。他有打破砂锅问到底的科学精神。他对自然界的一切事物，都要去追问。而且总是那么坚持到底，不追问到根由不止。我们有一个四岁的孩子，我见了他发问，是有些儿发慌的。因为他那副“入太庙每事问”的孔夫子的态度和坚持问到底的精神，我这位先生实在有点儿吃不消。“阿囡，你不须问！”的话既不敢说，可是马马虎虎欺骗他的话，自己又不愿说。要是一本正经地来和小阿囡谈科学大道理，

---

* 选自《戴伯韬教育文选》，人民教育出版社 1985 年版。原载《生活教育》第 2 卷第 1—9 期，1934 年 3—7 月，署名王醉霞、白桃。

那才真是对牛弹琴。我想，这事情可真有点儿难办。对这些不懂事的小阿囡，怎样才可以应付得下去啊？我的态度是不欺骗他们，也不压制他们。我用尽办法，在保护这科学的幼苗，使他好好地生长起来。尽量说他们可以听得懂的话，尽量把他们引入科学境地。

玩把戏是小阿囡最喜欢的。他可以不吃饭，但非把我所玩的把戏看完，或他自己的把戏玩完，是不会走开的。而且，无意中，许多家庭里的妈妈都教他们的孩子玩把戏，孩子们自己也就很有玩把戏的天分，许多小孩子都能自己创造出把戏来玩。

科学的种子一定要撒播在每一个小阿囡身上，科学的民族才会创造出来。许多天才的科学家，在他幼年的时代，已经被他的父母师长“枪毙”掉了。这真是人类的浩劫。

我们为要扶助孩子研究科学，帮助他们探究大自然的秘密，特地替他们预备了许多科学把戏。由白桃供给材料，由王醉霞在大场工学团亲自带领小孩玩，这工作从去年五月以来，已经十个月了。现在，把我们所用的材料和经过的情形公诸同好，希望读者诸君，不吝赐教。如能把这种科学生活供给您的孩子，与我们做同样的试验，那就格外好了。

在正文之前，我们还要说几句话。这也可以说是科学指导者所必须知道的一般通则。

1. 领导小朋友做，不同于大人做给小孩看　日下教育者最容易犯的毛病，是大人干，小孩袖手旁观。用这种方法来教小孩研究科学，真是一幕滑稽剧。我们要教小朋友自己亲自动手来干。他干了之后才会发生疑问，才会引起思想，才会引起连续的动作，也才会懂得明白。年纪太小的孩子，教师可以在旁帮助他玩，但切切不能越俎代庖。

2. 不要钱的仪器　价值昂贵的科学仪器，是玩科学把戏的大难关。攻破这道难关的唯一方法，是用不值钱的破铜烂铁，来代替那些昂贵的仪器。一只玻璃杯，一只墨水瓶，一枚铜子，一支蜡烛，一张纸，诸如此类的仪器，我想到处都可以得到。厨房里、旷场上都是玩科学把戏的自由舞台。

3. 把戏是打开自然之谜的一柄钥匙　您不要看不起把戏。“把戏是小孩子白相的，有啥稀奇!”抱了这种态度来指导儿童科学，那就无啥意思了。把戏！嗯！现代一切令人惊奇的科学大发明，都是从玩把戏玩出来的呢！法国的大科学家李特克博士用糖和硫酸铜做成种子，把它播种在胶和亚铁氰化钾的溶液里，因此破天荒创造出人造的生物来，也不过等于小阿囡在那里玩科学把戏罢了。

科学把戏是什么？是一柄打开自然之谜的钥匙。用了这把钥匙，可以帮助儿童了解自然界的一切神秘现象。也可以说，把戏是一柄向大自然进攻的斧头。

4. 教师是送这把钥匙的人　把这柄钥匙送给小孩的人，最好是教师，其次是父母。在这里，教师只指导他们怎样用这柄钥匙，并不是贩卖知识。真知识真学问，要教他们自己拿这把钥匙，开开神秘的箱子去寻找。

5. 科学地着重趣味化　科学一向是一个冷酷的、板着面孔的东西。一个不常笑、老是板着寡妇脸的教师，儿童见了是要怕的。倘若您板起面孔来，像煞有介事地谈科学，孩子一定是像见了鬼，闷着头骇慌了。这非但不足以引起小孩子的科学兴趣，反而把他的科学幼苗戕害掉了。我的数学不好，一直到现在我还恨那位数学先生，因为他太认真太像煞有介事了。我见了他怕，见了数学也怕！真是见数学如见鬼。

我们指导儿童研究科学，一定要着重科学的趣味。要使得他们来研究科学，就犹如拍皮球唱歌一样有趣，一样高兴才行。

6. 连续的活动　玩科学把戏的时候，教师应时常注意到连续的活动。玩了这个把戏之后，儿童会联想到另一个把戏，这样一个一个连续地玩下去，就是和本来的活动没有什么关系也不要紧。

有了一贯连续的活动之后，才会有继续不断的新知识、新价值、新发明产生。

7. 思想和行动　一般人都以为思想在行动之前，这是一种错误。行动是老子，思想是儿子，知识是孙子。这是万古不灭的定理。有了行动之后，才会有思想。那些不教小孩动手干，就希望儿童发问的人，是第一等的傻子。所以在玩的时候，不必先对他们说什么道理，只指导他们怎么干，怎么好玩。问他们这会得着怎样的结果。在玩的时候，可一面玩一面说道理。

8. 日常生活现象的解释　玩了这些把戏之后，可以把日常生活中所遇到的和这把戏有关的现象，解释给他们听，引导他们用这柄钥匙去攻破自然界的谜。

一、空气的把戏（一）

名称　有趣的烛火。

目的　引导儿童去研究空气。

材料　蜡烛一支，漏斗一只（无论铁的玻璃的都可以用，如果没有现成的漏斗，可用坚硬的纸做只纸漏斗来代替）。

玩法　点上烛，然后对小朋友说："你们想，我们用漏斗对着烛火吹，能把烛火吹灭吗?"他们的回答一定是说能够的。于是，你把漏斗交给他，教他把大口对着烛火，用嘴在小口上吹着，100 次里有 99 次是不会吹灭的。而且，奇怪的事情发生了，烛火不但不能吹得向外倒，反是向内斜了，如图 1A。图中的箭头表示空气，被吹之后，从漏斗口的边缘跑走了，那就是我们吹出来的空气，都沿着光滑的漏斗边缘面走掉了。因此，漏斗口的中央，成了真空，外面的空气便向漏斗口流去，烛火便向内斜了。

A　　B

图 1　有趣的烛火

你教他们在漏斗的大口上吹，把小口对着烛火。立刻烛火被吹得向外斜，如图 1B。而且用力一吹，就吹灭了烛火。这是因为吹出去的空气，集中地向着火焰的缘故。

实施经过　小朋友看见我手里拿只玻璃漏斗，他们都喊着说："王先生手里一个喇叭。"我就趁这机会教他们认识，这是个漏斗，不是喇叭。并教他们认识"漏斗"两个字。然后叫他们安心坐下来，说我们要来玩个把戏。玩把戏自然是他们最喜欢的，我把玩的方法说了一遍，大家都争着要玩。我先教他们拿住漏斗的小口吹，把大口对准蜡烛火。把漏斗口靠近火焰用力一吹，则见火焰向吹的方向歪了过来！他们都觉得很稀奇。我把这个道理讲给他们听了之后，继续教他们把小口对烛火吹，对准的人，一吹即熄。太小的小朋友有时不容易对准火头，就是很费力地吹，也是枉然。

儿童的话　十多个小孩子里，有一个较大的，他说大头的漏斗口对烛火吹时，这风都往边缘跑出去了，所以吹不灭。小口会吹灭火，是因为这头管子小，风就吹在烛头上面，所以火就熄了。

儿童自己引起的活动　没有。

儿童自干的情形　他们用大漏斗对烛火，太小的小朋友有些不容易对准，并且吹出去的气有些不足，烛火怎么也吹不灭。大的小朋友，结果是吹灭了烛火。

教师的感想　没有。

所费的时间　35 分钟。

二、空气的把戏（二）

名称　唇上挂瓶。

目的　引导儿童研究空气。

材料　十滴水瓶或无论什么小空瓶两三只，如果有铜笔套也可以用。

玩法　在没有玩之前，教师对小朋友说：“现在我要把这只瓶挂在唇上，但不用绳挂，也不用糨糊贴上去。你们想想看，应该用什么法子?”并让他们试试看。

试了之后，教师说，大家看我试试看。于是教师拿起小瓶，放在嘴上，用力将瓶内的空气吸掉，然后很快地把瓶口移到唇上去（注意：瓶内的空气吸去了之后，不能再使空气溜进去，否则便不灵了），如图 2。瓶便立刻挂在唇上了。教师需预先练习几次。

图 2　唇上挂瓶

道理　瓶内的空气被吸之后，瓶内的空气很少了，几乎成了真空。这时候，瓶外的空气，用着很大的力量压在瓶上，于是瓶便被压在唇上了。空气和水一样，它从空中压下来的力量也是很大的。这些道理暂时不谈也可以，只要引导他们去研究“空气”这个东西，使他们发生好奇心，肯去思索探究就行了。

实施经过　问他们这是什么瓶，小朋友都知道是药水瓶。他们知道，今天又有把戏玩了，都非常高兴。先由我做给他们看，以后教每个小朋友都做。只用一只瓶轮流做的，因为每个小朋友自己都有一只瓶是办不到的，只好在做过之后，用酒精来加以消毒，避免疾病的传染。

儿童问题　没有。

儿童的话　他们看我的瓶挂在嘴上，有五六个小朋友都说，我还会挂在耳朵边呢！

儿童自己引起的活动　从嘴上挂瓶的把戏，他们联想到杯水倒拿的把戏。有三个小朋友，抢着去拿茶杯，因为纸头太软了，未做成功。经我帮着他们，方用两张薄纸盖在杯口上，即成功了。

儿童自干的情形　有几个太小的小朋友，未做成功，因为他们不知道将瓶里的气吸空，或是手一歪瓶里跑进空气了。有六七个小朋友，能玩得很好，嘴把瓶里的空气吸空了，慢慢移往耳边或下颚，挂在上面。这个把戏，他们玩了还要玩，有做三四次的。

教师的感想　没有。

所费时间　35 分钟。

三、空气的把戏（三）

名称　空气爆竹。

目的　使儿童明了空气有压缩性并有弹性。

材料　坚韧的纸或废弃的纸袋。

制法　把纸做成纸袋，只留一口，其余的都用糨糊粘牢，使不漏气。

玩法　纸袋做好后，要候它干了之后，才能拿来玩。玩时把袋里吹满气，或用手在袋口扇，使袋内充满气。于是，突然用手一击，啪的一声，纸袋破裂，发出爆炸声来，如图 3。

图 3　空气爆竹

道理　空气的存在，儿童已经知道。这一个把戏是指示儿童空气有被压缩变密的性质。压缩的空气有弹性。但压缩的空气突然不能再压缩时，便会爆炸，于是纸袋被炸破了，空气也逃掉了。

因为压缩的空气有弹性，柔软而且舒适，所以能用它来做椅垫子。脚踏车、汽车的橡皮轮胎里，也打进压缩空气，轮子便变得有弹性了，转动起来，便平稳而且能更快地滚动了。

实施经过　先做好纸袋子。问小朋友这几只纸袋子有什么用，他们说是信封。叫他们看我吹，那纸袋子膨胀得很大。问他们这纸袋子里是什么，叫他们用手来摸摸看。我再把纸袋子吹得更大，叫他们注意我的手，听它有什么声音。忽然"啪"的一声，他们都惊奇起来，抢着要来做。因为没有这么多的纸袋子，只有五个袋子，所以只有五个人可做。

做这个把戏，最好同手工连起来，先教每个小朋友做一只 5 寸长、4 寸阔[①]的纸袋子（太大了，小孩子的气不容易吹足，气不足就不响了）。纸袋子要预先做好，否则，小朋友们都急着要玩这个把戏，不会耐着性子来等候纸袋子干燥。

---

① 本文选原稿中的单位公制、市制、英制混用。为尊重原著及方便读者，现一律将英制单位改为公制单位，市制单位仍予保留。

儿童问题　没有。

儿童的话　有的说纸袋子里是气，有的说是空气，也有说是风。“啪”的声音，他们都说纸袋子破了，气要往外跑，所以有啪的声音响。自然，教师要经过一番解释，他们才能彻底明了。

儿童自己引起的活动　没有。

儿童自干的情形　你们还未吹足气，就用没有力的小手去拍了，但始终没有声音出来，纸袋子便渐渐软瘪了。如果吹的次数太多了，纸袋子口又湿了。这是五六岁小朋友自干的情形。比他们稍大的小朋友知道吹足气，就很快地捏紧纸袋口，右手用力往上一拍。于是“啪”的一声，发出响声来，他们也快乐地张开口笑了。

教师的感想　他们能够把气吹得很足，有很大的爆炸声音，那他们便觉得有趣味。

所费时间　30 分钟。

四、空气的把戏（四）

名称　豆粒跳舞。

目的　引导儿童去研究空气。

材料　细竹管或麦秆或芦苇秆都可以，面粉少许。

做法　把细竹管切断，一端开口，另一端封口。在靠封口这一端不远的地方，开一个圆孔。然后用面粉搓成一个小圆球，要十分圆，放在孔口上，要不致落入为要。

玩法　把面粉圆球放在小孔上，于是用力在管的另一端吹，圆球便飞腾入空中，非常好玩。我们吹多久，球就在空中耽多久。不过竹管要保持水平才行，稍一倾斜便不行了，如图 4A。还有一个玩法，用一根两端都开口的细竹管，把面粉小球放在竹管的口上，而在竹管的另一端，仰起头来用力吹，球也会飞腾入空中，如图 4B。

A

把圆球放在小孔上。于是在另一端用力吹。

B

仰起头来吹呀吹的，球便在空中飞舞了。

图 4　豆粒跳舞

道理　我们嘴里吹出来的也是空气，空气一流动起来便是风。我们在竹管的一端吹，风便从另一端的孔里流出来。向上吹的风，有很大的力量，它能把小面粉球托在空中。这个把戏，可以使儿童明白台风为什么会把重的东西卷入空中，为什么巨大的雹会在空中逗留。这都是向上吹或向前吹的风，有很大的力量，这个力量能够托住物体的重量，所以物体不会落下来。

实施经过　用 3 寸长、食指粗的竹管一段，没有面粉，可以用冷饭搓成圆团，放在太阳下晒几分钟，就可以用了。这个圆团不能太大，也不能太小，要刚合管口。大了就吹不动，小了会陷入管口里去。小朋友们看见我来教他们玩这个把戏，他们都知道用麦秆来吹豌豆，可以吹得很高。他们每年在四五月里，都要玩这个把戏。这个道理就是很小的小朋友也会懂，只要他玩过几个空气把戏。

儿童的问题　没有。

儿童的话　小朋友们说嘴里吹出去的气，可以把这个小圆球托在空中。

儿童自己引起的活动　没有。

儿童自干的情形　有的小朋友，因为头没有向后仰平，竹管就成了斜形，管口的圆球团就掉了下去，结果，每人都有一次成功的。不过，有几个六七岁的小朋友，不知道接连地吹，所以圆球团刚被吹动的时候，就停止下来了。

教师的感想　麦秆和豌豆的把戏，我小的时候，很喜欢玩。常约几个同伴，到田里去，摘下较老的豌豆，剥取它的肉，再取一根最好约 4 寸长的麦秆，麦秆管要与豌豆大小相配合，大的豌豆不容易吹得高。然后再把麦秆管的一头撕成四片，把它向外边展开。于是仰起头来，把豌豆放进去，就可以玩了。这个把戏，还可以比赛，看哪个吹得高，哪个吹的时间长。我觉得拿这一类的把戏来教孩子玩，使他们明了其中的道理，是很好的。

所费时间　35 分钟。

五、空气的把戏（五）

名称　萝卜吸盘。

目的　使儿童明了空气有压力。

材料　圆好的萝卜一只，铁碟一只或电木碟一只。

玩法　用刀把萝卜齐中央一切两段。然后把有尾巴一端的萝卜，齐切面放到碟中央去，使切开的萝卜面密切地贴在碟子上。拿住萝卜尾巴一提，奇怪，连碟子也提起来了，如图5。

图5　萝卜吸盘

道理　这是什么缘故呀？谁能说出来？不要慌，问他们从前玩过的空气把戏还记得吗？空气把戏中，有用纸做底，倒拿杯水的把戏。① 这个把戏和那个相同。

这是因为切开的萝卜面与碟面之间，没有空气了。而外面的空气，从高空向地面压下来，有很大的力量，这力量把萝卜压在碟上。这样一来，萝卜便吸在碟面上很紧了，因此能把碟子提起来。

实施经过　放午学的时候，我对小朋友说："今天下午我们要来玩个有趣的把戏。哪个小朋友家里有萝卜，带一个来，好不好？"每个小朋友都争着要带来。我告诉他们，只要一个萝卜就够了。后来决定，请一位住在学校附近的小朋友带来。

---

① 杯水倒拿的把戏是用一只玻璃杯，使杯里盛满水，然后用一张纸（不能用太薄和见水即化的纸）盖在杯口上，使纸很紧密地贴在杯口的水面上，中间不留一点空气。于是一手拿住杯底，一手扶住纸，慢慢地把杯子倒拿过来。纸盖做了杯底，水仍然不会落出来。可参阅儿童科学丛书中的《空气的科学把戏》（儿童书局出版）。

“没有红的萝卜，是一个白萝卜。”小朋友这么喊着说。我接过萝卜来，把萝卜头切下（约1寸多长）。在未玩把戏之前，我对他们说：“这一小段萝卜，会把盘子吸起来，你们想一想看，用什么法子？哪个愿意先来试一试看？”来先试的小朋友，用劲地将萝卜往盘子上压。无论怎样地用劲，盘子还是很倔强似的不会被吸住。这个小朋友很失望似地退到自己的位子上去了。连试了三个小朋友，都没成功，其余的小朋友都摇着头，表示不愿意来试了。

“好，你们没有法子使萝卜吸住盘子，现在让我来做，好不好？”他们齐声喊着说：“好，好。”我叫他们留神看我怎么做，我的右手掐住萝卜头很快地在电木盘子的底部圆圈上摩擦，摩擦了几下，盘子底有点儿萝卜汁出来了，我慢慢地停下来，将盘子提得高高的叫他们看。小朋友们看得哈哈地笑了：“啊！原来是这样的，我会来，我会来。”他们都急得要自己来做了。

儿童的问题　没有。

儿童的话　他们说萝卜与盘子互相擦出水来，就粘住了。这话自然不确，我便把空气压力趁机告诉他们。

儿童自己引起的活动　没有。

儿童自干的情形　每个人做了三次，有的每次都做成功，有的三次里只有两次或一次成功，不过每个小朋友都会做。如果接连地轮流着做下去，不摩擦，萝卜也会粘住盘子了。

教师的感想　做这个把戏，最好是电木盘子或搪瓷盘子。因为它较瓷盘子轻，又不会跌碎，使小朋友做的时候，可以放人胆去做。不然，他们就会当心着怕盘子打碎了，不会很放心地争着要来做了。

所费时间　30分钟。

六、空气的把戏（六）

名称　水过桥。

目的　使儿童明白虹吸的道理和它的用处。

材料　面盆两只，三四尺长的橡皮管一根。

玩法　打一面盆水，放在高的桌上。然后把橡皮管完全放在水里，等到管里完全充满水之后，就用手捏住管的一端，把另一端用左手压在水里，不使露出水面。于是，右手将管的一端拿出盆外，向下拖，如图6。立刻，水就从管里流出来了。管放得越低，则管中射出来的水越高。水能跨过高的面盆的边沿流出来，那是多么有趣啊！

图6　水过桥

道理　虹吸的道理，比较复杂，幼小的孩子一时恐不易完全懂得，你只告诉他这是大气的压力，压在盆里的水面上，便把水压得流过盆边出来了。

虹吸有许多用处。例如，我们要把一只大船里的水倒出来，不必把船翻倒，可以用虹吸把水吸出来。又例如我们可以用虹吸，使山那一面的水，翻过山顶流过来。虹吸还有许多用处，可以教小朋友随时随地去观察。

实施经过　打了半面盆水放在桌上，告诉小朋友们，我们现在要把面盆里的水放到另一只面盆里去，不许拿住面盆倒，也不许在面盆上打洞，问他们可有什么法子，能使水流出来。他们都呆了，有的说，拿杯子去舀，有的说用根管子把它吸出来。我告诉他们也不许用杯子去舀，但可以用管子去吸。可是，怎么吸法呢？他们告诉我怎样怎样的吸法。于是，我拿出一根橡皮管来，叫他们来干。他们把橡皮管的一端放在水里，把另一端拖下来，但水并不流出来。有一个聪明的小朋友说："不对，不对，要用嘴在橡皮管的下端吸。"并立刻自告奋勇，跑来一吸。真的，水便源源不绝地流出来了。这个新发现，使得他们都快乐地笑起来。我问他们，为什么要拿住橡皮管的下端吸一下，才会有水流出来？我指示他们用玩法中所述的方法来干，结果也成功了。

于是，我告诉他们，我们从橡皮管里吸走了空气，因此，水立刻就从盆里流出来。因为，盆里的水面上，空气用着极大的压力压在上面，水便被它压得从管里源源不绝地流出来了。

儿童的问题　没有。

儿童的话　有一个小朋友说，他看见从前有一位先生用这个法子，换金鱼缸里的水。

儿童自己引起的活动　没有。

儿童自干的情形　他们都喜欢用嘴去吸，因为这样容易成功。

教师的感想　这个把戏，用弯曲的玻璃管来做，可以不用嘴吸，只要使玻璃管里注满水，然后用手指抵住玻璃管口，慢慢地拿出盆沿来，就会流出水来了。用玻璃管来代替橡皮管比较卫生而且容易些。

所费时间　30 分钟。

七、空气的把戏（七）

名称　玩具降落伞。

目的　使儿童知道航空员逃生的方法和降落伞的原理。

材料　坚实的包裹纸，棉线，玩具娃娃。

做法　把边长约一尺的四方形包裹纸，照图 7A（1）（2）（3）那样折起来，然后用剪刀剪成图 7A（3）那样，展开之后，如图 7A（4），用线系在边缘上，注意所系的线不必过多，大约每隔一格，系一根即

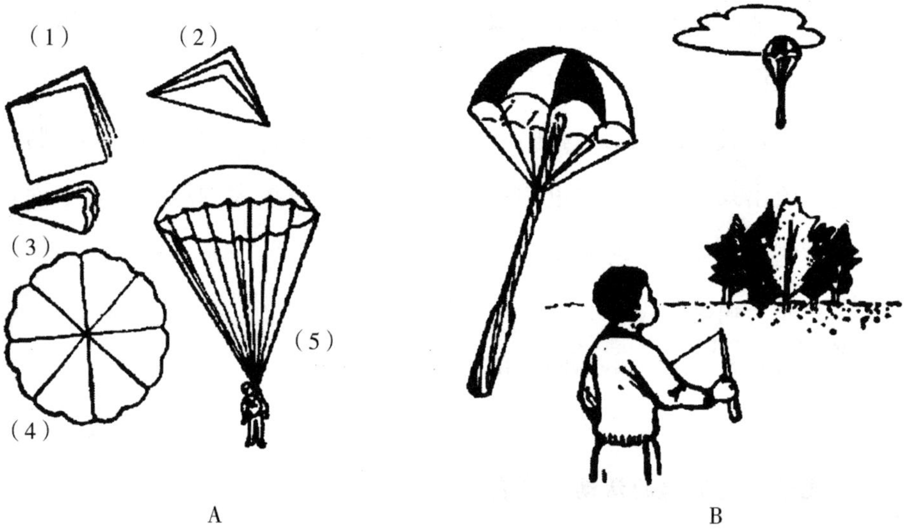

图 7　玩具降落伞

行。这柄伞做好了之后，然后把玩具娃娃系在线的下端，如图 7A（5）。便完成了。

又一做法　如果用薄绸剪成一块一块，缝成一柄伞，边缘系上线。再用一根长木板，长约 1 尺，阔约 1.5 寸，在箭杆上刻一深槽，然后把绸伞系在箭上，如图 7B。这些完成之后，再用根棒，棒的一端系上麻绳，绳的一端打个结，做把弓。

玩法　先和小朋友说，现在我们把玩具娃娃从楼上扔下去，或用长竹竿把玩具娃娃送上高空，要它跳下来，你们想它怎样才不致于跳坏身子？我们在它的身上缚把纸伞试试看。于是，教师辅导小朋友干。先把纸伞折叠好，绕在玩具娃娃背上，然后用竹竿把玩具娃娃送上高空，或叫一个小朋友把玩具娃娃从高楼上放下来。立刻，玩具娃娃身上的纸伞张开，飘飘然地平安落下来了。

教师这时候可以告诉小朋友，飞机上的人，有时遇到危险，例如，飞机失火，飞机坏了的时候，他们就和玩具娃娃一样，用伞落下来。

如果是用绸做的箭伞，可把绳搭在箭杆的深口上，把伞折好，套在箭头上。放时，左手捏住箭柄，右手拿住弓，向空中一摔，同时放开左手，则箭伞升入空中。向下落时，伞便张开，如图 7B。

道理　因为空气有浮力，就和水一样。当伞向下落时，就有风（即空气）抵住伞，不使它很快地落下来。当刮大风的时候，我们如果张伞，风会有力地把伞吹跑。

实施经过　我拿红的油光纸，做好降落伞，先自己试了一试。木头人重了些，又系偏斜了。扔上去，不能撑得十分大，重新改正了一下。扔上去，就撑开，慢慢地落下来。越扔得高，越好玩。就像一个人，撑着一把红伞子。在空中摇摇摆摆地落下来似的。

我一走进生活室，小朋友看见我的手里拿着东西，就都惊奇地跑到我面前来，要我把手里的东西给他们看一看。我请他们坐下来，不坐下来的，就不给他看。他们急需要看我背后藏着的纸伞，立刻一个个都坐下来了。

当我拿出来的时候，他们都睁大了小眼睛看着，我问他们这东西有什么用处，那可答不出来了。我在黑板上将“降落伞”几个字写给他们认识。随手在墙壁上，指着一张从飞机上背降落伞跳下来的画给他们看。我问他们，飞机上的人，如果不撑伞跳下来，会怎样？他们知道，会跌死的。我便把飞行家遇难时，用降落伞逃生的事告诉他们。

他们是不会耐着性子听你慢慢说下去的，所以说了，就带他们到场地上去玩。我把他们排成两队，看哪一队扔得最好。先由我扔给他们看。然后帮助他们，把纸伞折好，玩具娃娃和纸伞捏在一起，把纸伞顶向上扔。扔得越高，伞就撑得越大，玩具娃娃撑着伞，就会慢慢地下来了。他们照我的法子去实行。大的小朋友扔得还撑得开伞，小的小朋友可不行了。纸伞张开一二片纸，就跌下来了。轮流做了几次，我当场把道理讲给他们听。

儿童的问题　他们问，我们从高的地方撑伞跳下来，会跌死吗？

儿童的话　他们说，这把小伞落下，是风把它抵住，所以只好慢慢地落下来。我告诉他们，所谓风，便是空气流动的现象。

儿童自己引起的活动　没有。

儿童自干的情形　有几个大的小朋友用劲扔，还能撑开伞。五六岁的小朋友，他不管哪一头向上，拿起来就扔，总没有好结果。

教师的感想　教大的小朋友做这个把戏，更有意思。每个小朋友，做一顶颜色纸的降落伞，到旷场上去，可以比赛。看哪一个扔得高，伞张得大。如果在放风筝的时候，把降落伞带到高空，从风筝上落下来，那就更有趣了。

所费时间　40 分钟。

八、空气的把戏（八）

名称　吹不动的纸片。

目的　使儿童明了大气压力。

材料　线轴一只，卡片一张（或无论什么硬纸片），针一枚。

玩法　用一根针穿过卡片纸把针插入线轴的孔内。于是右手拿住线轴，把线轴拿平，仰起头来吹，如图 8。你问问小朋友看，谁能把线轴上方的卡片纸吹掉？

图 8　吹不动的纸片

道理　无论如何，线轴上的纸片都吹不掉。初看起来很奇怪。但说明了，便不稀奇。因为当我们吹的时候，线轴孔里的空气被吹走了，但它并不一直地流出去。而沿卡片纸面向四边分散地流出去。线轴孔内的空气既然一部分被吹走，便变稀薄了，而外面的空气用着极大的力量想冲进来，这力量压在卡片纸上，因此，无论如何都吹不动它了。这种力量就是大气压力，平均每一平方厘米上的大气压力是 1.02 千克。你想想啊！要把这种大压力吹走，那是多么困难呀。

实施经过　一上来，我就问小朋友，如果我把针穿过卡片纸，向线轴的孔里一插，用嘴在下面的孔里吹，会不会把线轴上的卡片纸吹掉。有半数的小朋友坚决地回答说“不会的”。其余的都说“会的”。我就叫他们看我做，究竟是哪些人猜得对。但毕竟吹不下来。于是，那些猜卡片纸会吹掉下来的小朋友说我没有用力吹。然后，我用药水消毒吹过的一端，由他们自己来吹。但无论怎么用劲吹，都吹不下来。这时候，便是我讲道理的时候了。我画图来解说，又教他们重复地玩了几次，他们才懂得其中的道理。

儿童的问题　没有。

儿童的话　他们说，线轴的孔太小了，所以卡片纸吹不下来。但经我解释之后，他们才懂。

儿童自干的情形　小朋友们都用劲吹，想把这张卡片纸吹下来。结果，头仰平的，无论怎么用劲吹，也不会吹掉一次。有几个小朋友头没有向后仰平，就直吹，卡片纸滑下来了。他们以为是吹下来的，都责问我说：“王先生说吹不下来的，为什么他吹下来了呢?”经我解释了，叫他重新做。他们都知道，是吹不下来的。

教师的感想　用一只线轴轮流做，这是太不卫生了，容易传染疾病，这是辅导的人应该注意的。最好，在未玩这个把戏之前，就告诉小朋友，叫他向母亲讨几只用完的线轴，带来玩把戏。如果大的小朋友，可以在做手工的时候，锯一段像线轴大小的木头，锉成圆形，当中钻个圆孔，来代替线轴。注意，放卡片纸的一头，要平滑。不然，就会吹跌下来的。

所费时间　30 分钟。

九、燃烧的把戏（一）

名称　纸上现黑圈。

目的　引导儿童去研究燃烧的道理。

材料　烛，纸，火柴。

玩法　拿张白纸，拿平了放到火焰上去，移动几下，立刻就拿过来，你就可以在纸上，看到一个黑圆圈，圆圈外边已经烧得焦枯了，但里面只是一个煤黑的黑圈，如图 9。

图 9　纸上现黑圈

道理　那烧焦的圈，是被火焰最热的外圈烧成的。那煤黑的黑圈，是从烛光最亮的部分飞上来的煤烟熏成的。这煤黑的东西，就是炭粒。黑圈的中央，是烛油刚化成的蒸汽，还没有烧着。

实施经过　先点着蜡烛，教每个小朋友来看烛的火焰，问他们烛焰的中央，是不是比较外层暗淡些，他们一一都看清楚了，我便拿张纸，两手并举，等到火焰笔直的时候，立刻就把纸向火焰上一压，很快地拿过来，给他们看，纸上是不是有个黑圆圈。我试了之后，便依照座位排下去，每位小朋友都发了一张纸，再重头说一遍，教他们照我做的方法，自己动手试试看。有些稍微不用心的小朋友，要做两三次，才能成功，但大多数试一次就成功了。

玩过之后，我问他们，看见过烟囱里的黑灰没有？他们都说，看见过的。我便对他们说："这纸上的黑灰和你们家里烟囱里的黑煤灰是一样的。"我教他们用手摸摸纸上的灰看。哈哈，把他们的小指头都染黑了。"这黑的细灰，叫作炭。"我说。他们问我，为什么纸上是个黑圈圈呢？这可难答了。我说："在没玩这把戏之前，你们不是看过烛焰吗？烛焰当中，是黑黑的影子，烛焰外圈是红红的火焰，对吗？烛焰中央，是烛油刚化成的蒸汽，还没有变成炭。因为烛焰外圈的热度来得高，烛油蒸汽变成细小的炭粒（即煤灰）烧着了，所以炭粒落在纸上，现出一个黑圈。这个黑灰就是未曾烧了的炭粒。"

儿童的问题　没有。

儿童的话　他们对我说："这是烟囱里的烟，一冲冲黑的。"

儿童自己引起的活动　没有。

儿童自干的情形　有些小朋友不会拿纸，常用一只手拿纸而且拿得不平。我教他们用两只手把纸拿平正了，放上去。有几个小朋友把纸压上火焰的时候，不立刻拿开，就烧枯焦了，或是把整张纸都烧了，因此引得全体小朋友都哈哈大笑起来。有的小朋友当火焰摇动的时候，把纸压下去，所以试验没有成功。我都一一地纠正了。

教师的感想　向他们解释道理的时候，他们都不十分有兴趣。他们的兴趣，是喜欢自己动手干。就是很简单的道理，因为他们年龄小的关系，也难以懂。对他们说道理，要把意思编得浅显而又简单，仿照他们的话，去告诉他们。那样，他们才觉得有兴趣。不然，他们是不耐烦坐着听你说的。

所费时间　30 分钟。

十、燃烧的把戏（二）

名称　火上点火。

目的　使儿童明了烛火燃烧的经过，引导他去研究燃烧的道理。

材料　玻璃管，烛，夹，火柴。

玩法　把烛点着，然后用夹子挟住尖头的玻璃管，伸到烛焰的中央部分，那发着蓝光的地方能把没有烧过的烛油蒸气，引了出来。擦根火柴，向着冒出来的白蒸气上一点，就能烧着了，这是非常有趣的，如图 10。

道理　当烛燃烧的时候，固体的烛油先溶解成液体，液体从烛芯升上火去，就化成蒸气，蒸气再化成细小的炭粒，于是就着火燃烧了。烛焰中央近烛芯的地方，还是烛油的蒸气，只要拿一块玻璃板向烛焰下方

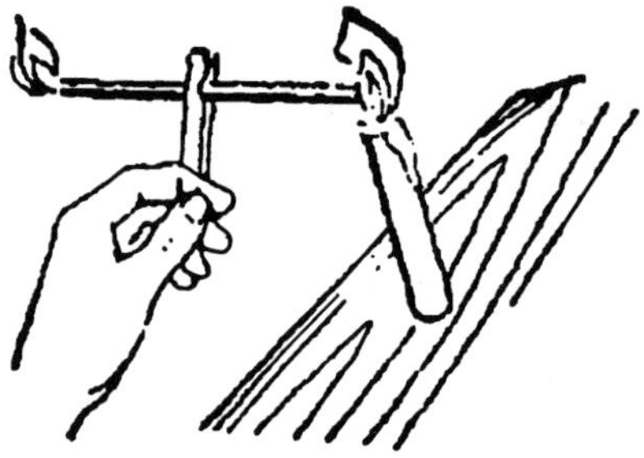

图 10　火上点火

一压，拿起来一看，就可以看到烛油在玻璃板上，又凝成固体。烛中央现蓝色的地方，是没有燃烧过的蒸气和蒸气变成的细微炭粒。所以我们把它引出来，仍能燃烧。

实施经过　玩把戏的材料，小朋友们都是知道的，所以我也不问他们这是什么，那是什么了。我叫他们都坐好，嘴里不说话，眼睛看好我。他们因为急需要我玩给他们看，就是很顽皮的小朋友，也很守规矩了。

先点上蜡烛，然后用表芯纸，搓成纸卷，再把弯曲的玻璃管上裹上几层纸，免得烫手。于是，把玻璃管的一端插进正在燃烧着的火焰，另一端的玻璃管口就有白蓬蓬的烟，好像一条尾巴似地流出来了。点着纸卷，一触白蓬蓬的烟，小朋友们都喊着说："烧着了，烧着了。"只要拿玻璃管这只手对准了烛焰的心，就不断地会有白烟流出来。白烟头上的火可以看得很明显。每个小朋友都要做，因为玻璃管太短，容易烫着手，所以没有全体试做。他们问我这是什么缘故？我告诉他们烛油要先化为蒸气，再变成细微的炭粒，才会燃烧。这白烟是没有燃烧过的烛油蒸气，还杂着一些炭粒。所以我们用玻璃管把白烟集中在一起，就会燃烧起来了。

儿童的问题　烛的白烟，为什么会烧着？抽香烟的人，吐出来的烟，也是白的，也可以烧着的吗？

儿童的话　第一个小朋友立起来说："这白烟是烛里出来的。"第二个带着疑问地说："玻璃管里有塞在里面的棉花烧着了，所以透出烟来。"我就把玻璃管吹得呜呜地响。教他看清楚了，并没有棉花塞在里面。

儿童自己引起的活动　他们向我要纸，自己来做上次玩过的把戏。

儿童自干的情形　他们拿着玻璃管，一不当心，就对不准烛焰的心，还是我帮着他们做，才会流出浓的烟来。不然，就很难着火了。

教师的感想　最好在没有做这个把戏之前，教师多预备几支蜡烛和玻璃管，教他们分组去玩这个把戏。教师轮流去指导他们做。一组里如果有个大的小朋友帮着教师，就更好。那样，可以免去好多照顾不及的地方了。

所费时间　40 分钟。

十一、热的把戏

名称　能吹灭火的铜丝。

目的　使儿童明了金属能传导热，并明了烛火要热到一定的温度，才能着火。

材料　铜丝一条或铁丝网一方，烛，火柴。

玩法　对小朋友说，如果我们用嘴吹烛火，当然一吹就熄了。可是，我们不用嘴吹，用铜丝也能把火吹灭掉。你把铜丝烧成螺旋形，或用铁丝网，罩到火上去，立刻火就熄掉了，如图 11。

图 11　能吹灭火的铜丝

道理　这是因为铜丝把火焰上的热气吸收去了，烛上的热度减低了，因此便烧不着了。倘若你先把铜丝烧热，再罩到烛火上去就不会熄灭了。

实施经过　我用铅丝卷成宝塔形，做了好几次的试验，都没有成功，这大概是铅丝卷得太稀了的缘故。候铅丝冷却后，再把它卷得密些，大约有 1 寸来长，拿去一试，较第一次要灵些了。不过，不能把火焰完全弄灭掉。我连做了几次，结果，都是一样。于是我换了个方法，在抽屉内找着了一块铁纱，便剪了一块 1 寸半见方的铁纱来，把它做成帽形。拿它往烛焰上罩下去，果然灵了，火不见了。就马上把铁纱罩提起，火焰又白光光地亮了。不过当铁纱罩压下去的时候，不能过于用力向烛下压，而且立刻就要拿上来。不然，烛火就会灭掉，不能再着了。

我试验成功后，再教他们去玩。这个把戏连很小很小的小朋友都会玩。他们都很惊奇地问我，为什么铁纱罩罩下去，火就会熄了呢？我便告诉他们说，当铁纱罩下去的时候，它把火焰的热吸收去了。你不信，拿住火上的铁纱罩，一定觉得烫手吧，这是因为铁啦铜啦，容易把热传来的缘故。烛火上的热，既然被铁纱罩传走，烛上的热度低了下来，便烧不着了。

儿童的问题　铁纱罩往火上一罩，为什么火会熄掉？

儿童的话　有的小朋友说，火焰没有熄，是罩在铁丝里面。有的说，一盖把它盖熄了。

儿童自己引起的活动　没有。

儿童自干的情形　会玩的小朋友，罩子拿平了盖下，火焰就灭了。把罩子提起，又复烧着了。不注意人家做的小朋友，叫他来试做，把罩子偏斜地盖下，烛火还是着的，并不会熄。太过于用力盖下，火焰也不会复燃了。

教师的感想　这个把戏的道理，我很简单地告诉他们，他们很高兴地懂了。不然，他们玩过把戏之后，是不耐烦听你说什么道理的。他们玩把戏，只是以为好玩罢了。

所费时间　30 分钟。

十二、毛细管的把戏（一）

名称　纽扣自动入瓶。

材料　普通用的墨水瓶或酒瓶一只，中等大小的骨纽扣一只（要能自由进出瓶口才行），火柴数十根。

玩法　教师把火柴杆折弯，但不能折断，也不能折得太厉害。把折弯过来的火柴杆，搁在瓶口上，再把纽扣很轻巧地搁在火柴杆上。这时候，纽扣很稳固地搁在上面，如图 12。教师问小朋友说：“现在，谁能使这纽扣落到瓶里去？但是，第一不能用手推纽扣，也不准推火柴杆；第二不能摇动瓶或桌子。大家想想法子看。”

图 12　纽扣自动入瓶

教师等候小朋友想了一下，于是用纸或用手指蘸上水，滴一滴水在火柴杆的弯曲处。火柴杆得水之后，立刻便伸展开来，那纽扣便自动地“扑”的一声，落入瓶中去了。

道理　我们所知道的一切东西都有孔。一块石头，一支粉笔，一张纸，同样都有孔。不过孔隙的大小，随着物质的不同而不同罢了。你们看起石头来，以为它总是没有孔隙的了。其实，就是坚实的大理石，它也和粉笔一样地有小孔。

我们有时把一些东西，叫作不透水的。例如，黏土、橡皮等。说这些东西不透水，意思是说这些东西非常紧密，它的孔太小了，小得使水透不过去，并不是说它们没有孔隙。

一只用黏土制成的花盆，烘干之后，它是会漏水的，不过迟缓些罢了。如果，把盆外涂上一层釉料，水便不能漏出来了。

我们早已看到，如果把多孔的东西放在液体里，例如，放在水里，水就会从物体的小孔里向上升。科学家把这种事实称为“微管吸力”或称“毛细管现象”。意思是说，水从那细得像毛发似的管中上升。

在前面的试验里，当我们把一滴水，滴在火柴杆折弯的地方的时候，火柴杆吸收水，渐渐地扩张，折弯的角也渐渐张开，支持不住纽扣，所以纽扣落下去了。

实验经过　我叫小朋友们围成圆圈，然后把火柴杆折弯，放在墨水瓶口上，把纽扣搁在火柴杆子上。告诉他们，我们不用动手，也不许推动桌子和瓶子，要使这个纽扣跌入瓶子里，可有什么方法。他们想了好几个方法，但都想不出什么好方法来。于是，我就用指头滴了一点冷水在火柴杆的折断处，火柴杆就慢慢地涨开来了，纽扣也立刻跌到瓶里去了。小朋友们都说是我用嘴吹下去的。“那么你们自己来做吧。”我说了，许多小朋友就都抢着来做。

儿童的问题　没有。

儿童的话　有几个小朋友说，水滴在折断处，那个地方就重啦，所以扣子会跌入瓶里。有的说，火柴杆吸了水涨开啦，才跌下去的。我再把前面的道理说一遍，并教他们做其他的试验，他们就更懂了。

儿童自己引起的活动　没有。

儿童自干的情形　细心的小朋友，很有把握做成功。粗心爱笑的孩子，五次里不能做成功一次。一笑手就发抖，纽扣又掉下去了。

教师的感想　在未玩这把戏之前，我以为他们不会有多大兴趣的。但出我意料之外，每个小朋友都很有兴趣。尤其是手指滴水的时候，觉得好笑。一笑，小手发抖，纽扣撞落了。于是引起全生活室里的小朋友都哈哈大笑起来了。他们的笑，就是表示对于这个把戏很有兴趣。每个做的小朋友，都要牺牲三四根火柴杆，他们还顾惜到火柴的浪费呢！

所费时间　30分钟。

十三、毛细管的把戏（二）

名称　射过纸板的水。

目的　使儿童明白毛细管吸力的现象。

材料　厚纸板一小块（不要太厚），两只玻璃杯。

玩法　拿一只玻璃杯，盛满大半杯极热的开水，杯口上覆一块拍纸簿或信纸后面的厚纸。然后在厚纸上盖只空杯。空杯须揩得十分清洁。不久，盖在纸上的空杯的壁上就现出一层白色薄雾，再过一会儿，就凝结成一滴滴的水珠，滚下来了，如图13。

图13　射过纸板的水

道理　这证明，厚纸也是有孔的。水变成的水蒸气，能够从厚纸板的小孔里穿透过去，而在上面的杯里凝结成水。

实施经过　我对他们说，水汽能够从厚纸板上穿过去，问他们信不信，他们都表示怀疑。于是，我把这个把戏说了一遍，教他们把盖在上面的一只杯子，擦得亮光光的。然后，我把盛在热水瓶里的开水，倒了半杯多水，马上盖上厚纸板，叫小朋友们注意上面的杯子里，有些什么东西上来了。他们都喊着说："有水汽，有水汽。"一会儿，玻璃杯壁上凝成厚厚的一层水蒸气，变成汽，流下来了。我告诉他们，这证明纸板上也有很小很小的细孔。因为上面盖着杯子，气不能往外发散，所以都凝聚在杯壁上了。像薄雾样的水汽积得太多了，又变为水流下来。有的小朋友不能自己做，在未做把戏之前，我叫他们把桌子搬开，堆在一旁，将小凳子围成圆圈，当中放张小桌子和小凳子。这样，小朋友们就能看得很清楚了。

儿童的问题　没有。

儿童的话　有的小朋友说是把水汽吸上来的。我告诉他们，因为纸板上有细孔，所以才能把水汽吸上来。

儿童自己引起的活动　没有。

儿童自干的情形　他们怕开水烫了手，很当心地将纸板放在杯口上，再把上面的杯子盖下。因为纸板比杯口大，盖上面一只杯的时候，看不着下面杯子的杯口，没有我帮他们盖，很不容易盖中，不过就是稍微偏斜一些，也是不妨的。

教师的感想　玩这个把戏，需要很热的开水。教师要留心着他们倒开水。不然，恐怕会泼出水来，烫痛了他们的小嫩手。

所费时间　30 分钟。

十四、比重的把戏（一）

名称　红黄对流。

目的　引导儿童去研究物体的比重。

材料　玻璃管（或瓶），红水，煤油或豆油。

玩法　用玻璃管，盛一管煤油或酒精。用碘染成红色（无碘可用红颜料试试），再另用一管，盛满清水，两管口相对，倒置时，即上下对流，如图 14。

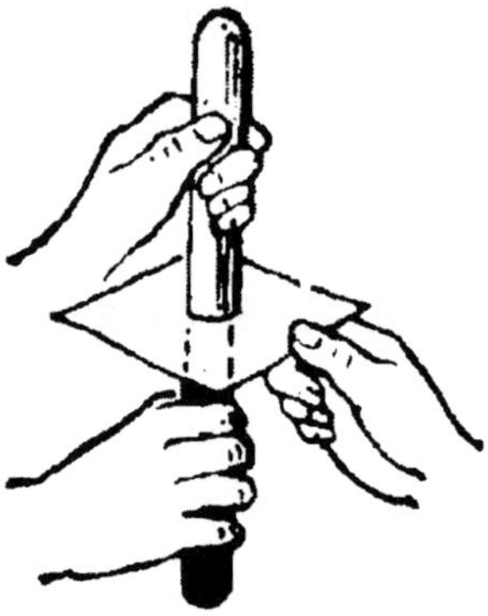

图 14　红黄对流

又一法，一管盛豆油，一管盛染成红色的水，两管口相对，油管在下水管在上。

道理　因为各种物体的重量不同，水比油重，重的要下沉，而轻的要上升。因此，水和油便起上下对流。

实施经过　在未上课之前，我把材料预备好，一只玻璃管放豆油，另一只放水，水里加一滴红墨水。

开始做时，我问他们，玻璃管里是些什么东西。有的说，这是豆油，那是水。说明管里的东西之后，便把一张不吸水的纸，盖在下面一只的管口上。左手拿着下面管口盖着的纸，两只管子都斜一些，就合上去了。另请一个较大的小朋友帮忙把夹在管口的纸抽出。油和水就上下对流起来了。油和水分得很清楚。对流了三四次，问他们是油往上的呢，还是水往上。他们都说，油往上，水往下。问他们为什么油是往上的，他们都知道豆油比水轻。那时有几个小朋友说，煤油也是比水轻的，滴几滴煤油在水上，也会浮的。我教他们自己亲自去试试看。

儿童的问题　小朋友试过了，问我别的油是不是都比水轻，我教他们拿各种油去做试验，便知道了。

儿童的话　大的说："我也会玩，我也会玩，是油比水轻。"他们玩了很高兴。

儿童自己引起的活动　他们想起水杯倒拿的把戏，他们自己跑去拿喝茶的杯子，舀了一杯水，来问我要纸。做成功的小朋友，都很高兴。

儿童自干的情形　一个小朋友做，要另一个小朋友帮着他抽玻璃管口上的纸，不当心，就会泼出油和红水。两个人还互相抱怨呢。

教师的感想　没有。

所费时间　30分钟。

十五、比重的把戏（二）

名称　浮沉的蛋。

目的　使儿童明白物体的比重。

材料　玻璃杯一只，鸡蛋一只，漏斗一只，盐一小包。

玩法　玩时，先使杯内盛半杯水，然后把鸡蛋放进去，蛋就沉到水底下去了，如图 15。问孩子为什么蛋会沉下去？他们的回答一定是因为蛋重的缘故。问他们可有法子，把蛋弄得浮起来？如果没有人会，教师动手，把盐放在另一杯水内，使水变得很咸很咸，一直到盐放进水不能溶解时为止。再把漏斗口上接上一段橡皮管（或纸管），插入右图的杯底。于是，把盐水从漏斗里倒进杯去。立刻，蛋便渐渐地浮起来了。咸水重，在水的底部，淡水轻浮在杯的上半部。鸡蛋比咸水轻，所以浮在咸水和淡水交界的杯中央。

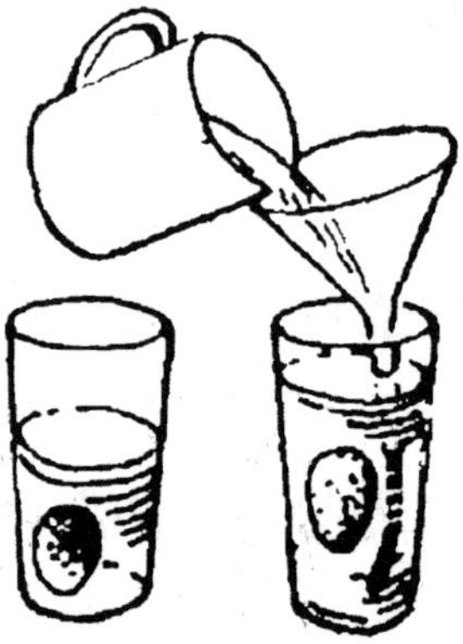

图 15　浮沉的蛋

道理　使儿童明了，鸡蛋比淡水重，所以沉在淡水底里。但咸水比淡水重，也比鸡蛋重，所以鸡蛋便能浮在咸水面上了。

实施经过　蛋的浮沉，一试即灵。我做了两次给他们看。先将一只玻璃杯里盛了半杯清水，他们说是热水都要用小手来探探看，我要打破他们这个疑问，就让他们用手来摸摸看，究竟是冷水还是热水。等他们都知道是冷水，然后我教他们眼睛看好茶杯，我把这个鸡蛋放下去，是沉还是浮呢？在茶杯外面看出是沉的。再把另一只碗里的盐水倒下去。他们就都喊着说：“鸡蛋浮到水上来了。”这是第一次的试验。有几个小朋友还怀疑着说：“并不是盐水倒下去使它浮的。”假如清水是满满的一杯，鸡蛋放下去也会浮。我立刻叫他拿了一只玻璃杯，到水缸里去盛一杯清水来。叫他们把原来这只鸡蛋放下清水，依旧是沉的。他们才知道鸡蛋比清水重，盐水是比鸡蛋重。连很小很小的小朋友都知道重的东西是往下沉的，而且知道轻重是要比较的。

儿童的问题　有个六岁的小孩子问我，鸭蛋是不是和鸡蛋一样的会浮？我叫他们回家去拿个鸭蛋来试试看，是不是也会浮。

儿童的话　他们都知道，比水重的东西往下沉的。比水轻的就会浮。但咸水比淡水重，也比鸡蛋重，所以鸡蛋在咸水里是浮的。

儿童自己引起的活动　没有。

儿童自干的情形　因为所费的盐太多，没有给个个小朋友做试验，只教他们分组做。

教师的感想　没有。

所费时间　35 分钟。

十六，表面张力的把戏

名称　针会浮在水上。

目的　使儿童明白，水面上也有一层皮，这层表面的皮，是因为一切液体的表面都有一种张力造成的。

材料　茶杯一只，针一枚，草纸一小张。

玩法　使杯里盛满水，然后，裁一张小的草纸（表芯纸），把针放在纸上，一起放在杯内的水面上。等到草纸吸了水湿了，沉下杯底，而针仍然浮在水面上，如图 16。玩时，要细心，把草纸和针放上水面时，要平稳地、轻轻地放，不可太粗心。否则，一把水面的表皮戳破了，针便会落下去的。

图 16　针会浮在水上

道理　因为水面的水，互相吸引，要缩得聚积在一起，密密地集起来，就成了一层表面的皮。这层表面的皮很有力，如果不把它戳破，它竟能把针抬住呢。

实施经过　因为有几个小朋友看见我做过这个把戏，所以他们知道针会浮在水面上。没有看见过的小朋友，他们都很惊奇，有的不相信似的。要我做给他们看，我便叫会做的小朋友，把桌子放平，来做给他们看。他们把玻璃杯倒满水，慢慢地将针拿着平放下去，针便浮在水面上了。叫未曾看过的小朋友仔细看清，他们都急需自己来一试。我就指导他们自己来做。大多数的小朋友，都会做成功。我问他们，针是钢做的，为什么会浮在水上呢？他们都张着嘴，说不出来了。我告诉他们，水上面也有一层皮子，它的皮子，可不像我们身上的皮子那么厚。我们不把针斜放下去，是不会损坏它的皮子的。水的极小极小的小点，都紧紧地挤在一起，就结成一层皮子了。这层皮子能把我们的针抵住，不使它沉下去呢。

儿童的问题　没有。

儿童的话　有的小朋友问我，水有一层很薄的表皮，不戳破它，它不会破，所以针能浮在水面。假如不当心，戳了表皮，那么，针放下去，就会沉下去了。对吗?

儿童自己引起的活动　没有。

儿童自干的情形　粗心的孩子，针拿得不平，连自己手指都戳着水了。针一放下去，就沉了。大的小朋友知道用两个指尖拿住针平平地放在水面上，这样做的，都会成功。

教师的感想　没有。

所费时间　30 分钟。

十七、惯性的把戏（一）

名称　拉不动的杯。

目的　引导儿童去研究惯性，使他们明白动的东西会一直不停地动下去，而静的东西，会一直地静止下去。

材料　一条包裹纸或别种牢固的纸，一只玻璃杯或碗。

玩法　杯里盛三分之一的水，然后把纸条放在一张光滑的桌子边上，再把杯子放在纸条上，如图 17。教师可对小朋友说："谁能把杯子底下的纸条拿开，丝毫不移动杯子?"叫他们来试试看。试了之后，如果不行，教师可自己来做给他们看一下。右手拿住纸条的下端，很快地用力把纸条一抽，纸条拿开了，杯子却依然在桌上，丝毫没有移动。注意，玩时一定要拣光滑的桌子，而且要把杯放在桌边上。抽纸的时候，应该很快地用力向下一抽。

用力把纸一抽，纸抽掉了，杯子仍然在原处，丝毫没有移动。

图 17　拉不动的杯

道理　动的东西，它要一直动下去。如果有一个人用力向前奔跑，突然要他停住脚不动，他一定要向前冲了几步之后，才能停住。一部走得很快的汽车，要它一下子刹住车不动，它也办不到，所以常常撞死人。我们下电车或下火车的时候，如果电车火车还没有完全停住就下来，就会向前冲出去跌倒。这都是因为动的东西要一直动下去的缘故。

静止不动的东西，它老是很懒惰地静止下去的。你要想它动，就要用很大的气力。这都是一切东西的古怪脾气。科学家把这种怪脾气叫作惯性。

也许有人要问，一个东西既然动了之后，为什么又会停止下来呢？譬如我们抛了一块石子，抛出去的时候很有力，为什么不久就会落下来？这是因为我们脚底下所踏着的地，有一种吸力，它的吸力极大，把地面上的一切东西都吸住，不给它跑掉。所以石子抛出去之后，力量渐渐地薄弱了，最后便被地球的吸力吸得落下来。而且空中的空气，也阻止石子，不使它跑出去。倘若没有地球的吸力，你所抛出去的石子，一定会继续不变地、一直地射出去。没有地球的吸力，地面上的树木、屋子、桌椅、人畜就都会飞掉。我们这一课堂的小朋友、教师，就都会在空中飘飘荡荡地飞升起来。倘若你要停止下来，坐下来休息休息。那是办不到的了。

惯性把戏，让小朋友们玩了，可以明白惯性的道理。

实施经过　这个把戏是在开周会时玩的。大小朋友都要来试试。那时大的小朋友抢前来试，一试就成功。接着，许多小朋友都玩过了，他们都能做。

儿童的问题　小朋友来试做的时候，问我茶杯会不会滑跌在地上。我告诉他们，很快地用力抽这张纸条，茶杯就不会滑跌下来；倘若你慢慢地拉，茶杯就会被你拖得跌下来。他们问我，这是什么道理？我告诉他们，一切东西静止不动的，它要一直静止下去，你要它动，一定要用力推它。现在，你很快地用力一抽，你所用的力只在纸条上，没有走到杯上去。倘若你慢慢地拉，你所用的力气，就从纸条上传到杯上去了，杯子也就会动起来的。

儿童的话　他们说，茶杯重，纸条子所以就会抽出来。我告诉他们不对，为什么慢慢地拉纸条，杯子就会动起来呢？可见得，不是因为杯重。我把道理又说了一遍，他们才懂。

儿童自己所引起的活动　没有。

儿童自干的情形　每个小朋友都喜欢玩，但他们又怕把茶杯打碎。

所以手拿着纸条，不敢用力抽，而是慢慢地拉，反而把茶杯拉得向桌边移来。我叫他们放大胆用力抽，茶杯是不会打碎的。当他们做第二次的时候，就可以很敏捷地把纸条抽出来。

教师的感想　没有。

所费时间　20 分钟。

十八、惯性的把戏（二）

名称　拉不动的铜子。

目的　和前同。

材料　铜子四枚，牢固的纸条一张。

玩法　先把四枚铜子用糨糊粘合起来，成了一个能直立在桌上的厚铜子。注意，四枚铜子，要同样大小才行。玩时，把纸条放在光滑的桌边上，然后在纸条上放上铜子，如图 18A。这时候，可以把铜子故意放

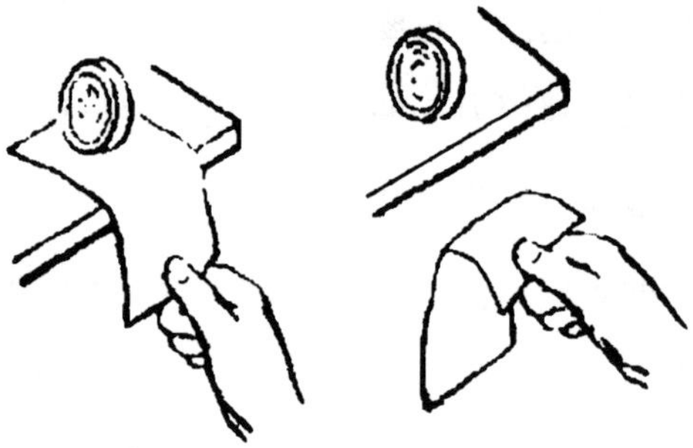

A　　B

纸条抽去了，铜子仍然直立在桌边上，

并不会滚下来。

图 18　拉不动的铜子

在桌边上，好像要滚下来似的。问小朋友，谁能把铜子下面的纸条抽掉，但不能把纸上的铜子带得滚落下来。让他们先来试试看。不行。然后教师说，让我来试试看。于是，教师用手拿住纸条，急速向下一抽，纸抽掉了，铜子仍然直立在桌边上（如图 18B）。注意，抽时不能把纸条拿得和桌面成水平，要低些。

道理　和前同。因为我们把纸条抽得很快，所用的力气，没有从纸条转达到铜子上去。这也是因为铜子有静止不动的惯性。

实施经过　我手里拿了几个铜子，一走进生活室，他们就问我，这是拿来做什么的？我告诉他们，我们要把四个铜子用糨糊粘起来，玩一个有趣的把戏。叫他们回去的时候，只要向妈妈借三四个铜子，就可以来玩这个把戏了。说了，我就在一张小桌子上玩给他们看。立刻，他们就像很有把握似的，要求我说："让我们自己轮流来玩玩看！"我便让他们自己去玩了。

儿童的话　他们说，铜子重，纸条轻，所以一抽就抽出来了。这个错误的观念，在他们心里牢不可破，我反复地叫他们做了几次试验，告诉他们并不是铜子重、纸条轻的缘故。譬如，你们慢慢地拉动纸条，纸条上的铜子就会滚落下来，可见得和重轻没有关系。而是因为铜子静止不动时，懒惰怕动，不用力推它，它是要一直静止下去的。现在，把纸条抽得很快，用的力气没有转达到铜子上去，所以铜子仍静止不动。

儿童自干的情形　每一个小朋友都以为这个把戏是很容易做成功的，结果，出他们意料之外，竟有三分之二的人做错了。他们把铜子横放，一抽纸条，铜子就跌倒了。并且，大多数小朋友，都用左手拉纸条，左手比右手来得笨。用右手拉纸条，要容易成功些。

所费时间　30 分钟。

十九、惯性的把戏（三）

名称　弹不动的铜子。

目的　和前面的相同。

材料　铜子一枚，卡片一张（或剪一块硬板纸代替）。

玩法　把卡片顶在左手的食指上。卡片上再放一枚铜子，如图 19A。于是，举起右手，用中指很快地向卡片上一弹。立刻，卡片飞出去了，但铜子仍然顶在指尖上，并没有飞出去。

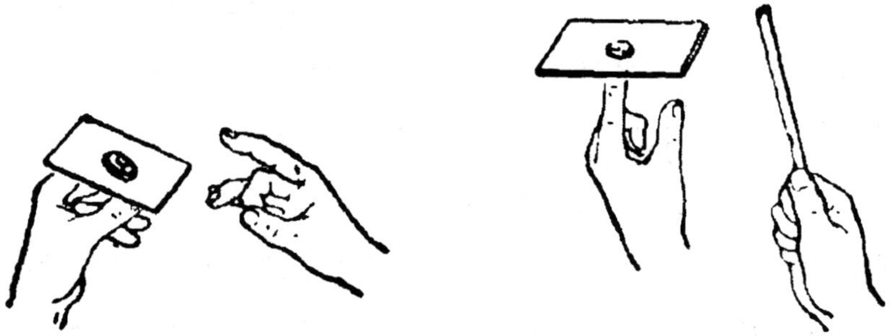

A　用手指一弹，卡片飞出去了，铜子仍顶在指头上呢！

B　你用这个法子来试试看，怎样？

图 19　弹不动的铜子

又一个玩法　把卡片和铜子顶在左手食指顶端之后，不用右手弹，而用一把尺，轻轻地但很快地向卡片纸沿上一击，卡片飞出去了，铜子仍然顶在指尖上，如图 19B。

这两个玩法，都要预先练习几次，才能做成功。否则，一时不易熟练，心越急，越做不成功。可以叫小朋友慢慢地练习，一直到他们可以做成功为止，如图 19。

道理　和前面两个把戏的道理相同，也是因为静止的铜子有惯性，不去推动它，它是不会动起来的。当我们很快地把纸片弹出去的时候，所用的力没有转达到铜子上去，所以铜子仍静止不动。

实施经过　我把四张方桌子，并在一起，叫小朋友围坐着。我先告诉他们说，我把这张小方块硬板纸顶在食指上，再把铜子放在硬板纸上，然后用这把尺一敲，纸敲出去了，但铜子仍会顶在指头上。问他们信不信？他们说："相信!"我问他们为什么相信？他们回答不出来了，我告诉他们没有亲自动手做过的实验，万万不要轻易相信。

我先做给他们看了，他们都抢着要做。我就教他们照座位排下去，轮流做。第一个小朋友，做第一次的时候，失败了。但当他做第二次的时候，一做就成功。未做的小朋友，都以为这个把戏很容易的。可是，一个个地做下去，全班小朋友里只有三四个小朋友做成功，其余的都失败了。就是已经做成功的小朋友，当他自己以为很有把握似的，再来做时，往往也得不到成功。

儿童的话　他们不再说，这是纸比铜子轻，所以一敲就飞出去的话了。

儿童自干的情形　小朋友把硬板纸放在指端的时候，不能放得十分端正，尺又拿得歪斜的，敲在不适当的地方，所以一敲，纸和铜子都滑下来了。有许多小朋友爱笑，一笑手便发抖，一抖，铜子和纸便落下来了。

教师的感想　这个把戏不适合幼稚园里的小朋友玩。低年级的小朋友，也不能全班都做成功。倘若三四年级的小朋友做，就容易做成功。但低年级和幼稚园的小朋友，都表示欢迎，都相信这个把戏容易做，自己是会做成功的。

所费时间　30分钟。

二十、惯性的把戏（四）

名称　摔不动的银角。

目的　和前面所玩的惯性把戏相同。

材料　硬板纸，银角一枚（或铜纽扣一只），瓶一只（瓶口要能放进银角才行），尺一把。

玩法　先把硬板纸裁成长条，把两端黏接起来，做成一个纸环。于是，拿只瓶来，这只瓶的口，要大得能够使银角落进瓶去。如果瓶口太小，不妨用铜纽扣或骨纽扣来代替银角。把硬板纸环放在瓶口上，再在纸环的顶上，放一只银角。注意，银角要对准瓶的口。然后，拿把尺或棒，很快地一摔，把纸环摔出去。于是，“镗”的一声，银角落进瓶里去了，并没有被纸环带走。这个把戏要预先练习几次，才会成功。但并不难，只要练习三四次就会了。当然，银角要对准瓶口，用尺摔纸环的时候要快。如果慢，纸环已经把力转给银角，银角便也动起来了，如图20。

道理　和前面几个惯性把戏相同。纸环上的银角是静止着不动的，它很懒惰，如果没有力去推动它，它永远不会动起来。现在，我们很快地用力把纸环摔出去，用在纸环上的力气，并没有转达到银角上去，所以它仍懒懒地停在那儿不动。但被地球的吸力一吸，就落到瓶里去了。

用力把纸环一摔，纸环飞出去了，但银角却落在瓶里。

图 20　摔不动的银角

实施经过　我把材料预备好。走进生活室之后，他们知道今天又有好把戏玩儿了，大家都看着我。我把纸环放在瓶口上，再把银角放在纸环顶上。问他们："谁能把纸环摔出去，但不能把银角摔走。"他们要求我先试试看。于是，我把手里的一根竹棒拿起来，放到纸环里去。把棒放在纸环的中央，左右一晃动，立刻用劲一摔，纸环摔出去了，但银角却落在瓶里。他们看我做了两三次，银角都没有落到瓶外去。他们很高兴，马上要求让他们自己来做。

儿童的话　他们玩了几个惯性把戏之后，都知道摔纸环的时候，所用的力没有转达到银角上去，所以银角落在瓶里。

儿童自干的情形　大多数小朋友的手都摔不准，他们都往上摔，于是连纸环带银角都往自己的头后摔出去了。有些小朋友因为力气太小，不能一下子把纸环摔出去，所以银角子滑得落下来了。还有一两个小朋友，因为竹棒拿得不好，还没有摔，竹棒已触动纸环边，银角便滑下来了。十个小朋友里只有三四个小朋友能做成功，这是少练习的缘故。

所费时间　30分钟。

二十一、音的把戏（一）

名称　听音乐。

目的　引导儿童去研究音，使他们明白音从固体上传过，比从空气里传得快而且清晰。

材料　棉线或丝线一根，铜匙一柄（如无铜匙，无论什么金属器具，只要能响便行）。

玩法　教小朋友把棉线系在铜匙的柄上，然后把线的两端塞在耳朵里听。于是，把铜匙碰击桌边，立刻就可以很清楚地听到铜匙的响声，如图21。就是碰得很轻，也可以听见。要比不用线听得清楚。您可以教小朋友用线听了之后，不用线来听听看，一定没有刚才那么清晰了。

把铜匙碰击桌边，就可以听到很好听的声音。

图21　听音乐

道理　声音这个东西，从线上传过，既快又清楚。这是因为声音一直从线上传来，不向四面八方扩散出去的缘故。如果声音从空气里传到我们耳朵里来，它从发音的地方起，便向四面八方扩散出去，传到我们耳朵里来的时候，变得很弱了。所以听起来没有线上清楚。

实施经过　我找了好久，找不到铜匙，便用热水壶上的铁盖子来代替。用线把壶盖缚牢，把线的两端用食指塞在耳朵里听。当盖子撞在凳子上的时候，就有很粗响的声音传到耳朵里来。我做给他们看，他们也自动地做了好几次，觉得非常有趣味。

儿童的话　他们说，这个声音像敲锣似的那么响，一定是从线上传来的时候，声音变大了。我告诉他们，这是因为声音从线上传来，没有散失掉，所以觉得特别响。

儿童自干的情形　两只食指上，各绕住一端线，往耳朵里一塞，才能听到大的响声。他们把线绕在食指上的时候，需要别人帮忙，才能做成功。

所费时间　30分钟。

二十二、音的把戏（二）

名称　听雷。

目的　与前面的把戏相同。

材料　长的线一根。

玩法　先叫一个小朋友用两手按住耳朵。于是，叫另一位小朋友用根长线，把他的头和手绕起来，自己用左手拉紧线的另一端，用右手指不断地在线上轻轻地刮。那个蒙着耳朵的小朋友，立刻就可以听到隆隆的响声，像打雷似的，如图 22。

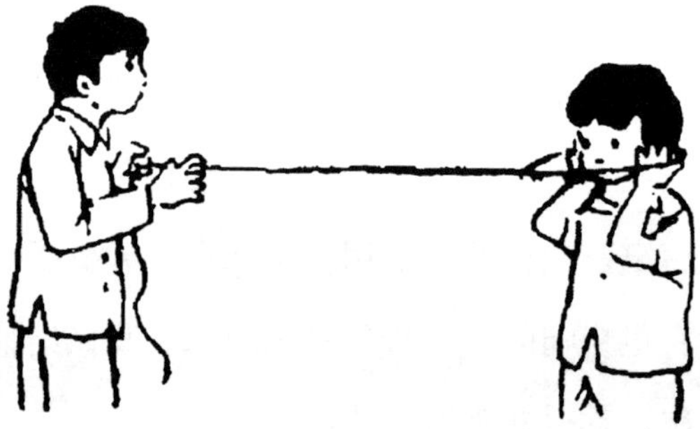

听呀！好大的声音从线上滚滚而来！

图 22　听雷

道理　这也是因为声音从线上和手上传到耳朵里来的时候，能使声音不散的缘故。声音从固体上传来不散开，都集中在一起，所以很响。如果从空气中传来，声音向四面八方散开，便变得很微弱了。

实施经过　我先和章月秋先生试做。她用两只手掩住耳朵，我用一根细线围住她的头，在当中打个结。于是，我左手拿住线轴，由近而远，用右手的大拇指和食指弹线。可以把线拉得很长，听的人还是能听到弹线的声音。

我指导小朋友，两个人一组，互相交换来试验。每个小朋友都觉得很有兴趣。做过的人，还想要做。我教他们回去向妈妈要根线来，自己在家里和小朋友们玩玩，并把我告诉他的道理，告诉别的学校里的朋友。

儿童的话　他们说，好像打鼓的声音一样，声音是那一端的弹线声，沿着线传到耳朵里来的。

儿童自干的情形　这个把戏，五六岁的小朋友都能干得来。他们用两只手，把线往头上绕过，然后用手掩住耳朵听。不过，小朋友一定要把线拉紧，声音才会响。

所费时间　30分钟。

二十三、音的把戏（三）

名称　打电话。

目的　和前面的两个把戏相同。

材料　长的线一根，竹筒两个（用马粪纸做的或用香烟罐做的，都可以用）。

做法　锯两段粗竹筒（两端相通），或用马粪纸做两个纸筒，或找两只香烟罐，把罐盖罐底一起除掉。于是，在筒的一端，蒙上一层薄纸做底（注意，纸要坚固的才能用，但不可太厚）。再用一根长三四丈的线，穿过两筒的纸底，各在线端打个结，或缚一个小篾片，防止线脱落掉。这只电话机便做成功了。

图23　打电话

玩法　两人各拿一筒，远远离开，把线拉紧。一个向着筒内说话，另一个把筒放在耳朵上听。虽然说很低的话，也能听见。现在，两个人可以互相谈话了，无论谈什么话，别人是听不见的，如图 23。

道理　和前面两个把戏的道理相同。因为线很能传声音，它能使声音不致向四面八方散开，而很快地把它传到另一端去。这就是说，声音从线上经过，它一直传到另一端去，并不会向四面八方散开，所以只有在线另一端的人才能听见，别人是听不见的。如果我们把线的中端用手指或用别的东西搁住，不让声音传过去。那么，在另一端听的人，也就听不见了。教师可叫小朋友试试看。

实施经过　有几个小朋友是玩过这个把戏的。他们一看见我手里拿着两只马粪纸做的圆筒，一端用白纸糊住，当中穿一根很长的线，就知道这个玩具，是打电话的。那时，我教小朋友到小运动场上去，排成队，两个人为一组。一个人听，另一个人说。彼此互相交换地谈着。他们都觉得怪有趣的。这个把戏的道理和听雷的把戏相同。一说，他们就懂了。

儿童的话　他们说，说话人的声音，沿着线跑到听的人的耳朵里来，所以就听见了。

儿童自干的情形　大多数的小朋友，声音都说得太高了。有几个在说话时笑，所以听的人听不清楚。如果说得低而清楚，就格外有兴趣。

有几个小朋友觉得这个东西很好玩，他们自己回到家里，做了来玩。第二天带进学校来，自己觉得很得意似的。

所费时间　30 分钟。

二十四、音的把戏（四）

名称　打电报。

目的　使儿童明白声音从木板通过，比从空气中通过容易。

材料　一块长的木板，或无论什么铁板、铁管子、长木头都可以。如校中有跷跷板更好。

玩法　叫一个孩子用铅笔或用手指在木板的一端轻轻敲击。叫另一个孩子把耳朵伏在木板的另一端谛听。例如，孩子在一端敲“一，二，三”三下，教师叫听的孩子回答出敲击的数目来，如图 24。

图 24　打电报

教孩子把耳朵离开木板听着，还能听得见吗？听不见了。为什么？

道理　因为音波在固体如木板、铁条等上通过，要比从空气中通过容易。而且从固体上通过的声音，不易散失掉，如果从空气中通过，声音便向四面八方扩散出去，因此声音变弱了，听不见了。再则，声音从固体上通过，要比通过空气时快得多。

实施经过　我叫小朋友到运动场上去排队，然后拿了1丈来长、4寸8分厚的木板，一端放在高凳上，另一端放在小凳子上，由我和一个大的小朋友做给他们看。我拿了一支铅笔在小凳子上的一端木板上，用铅笔尖轻轻地刻画着，并且教听的小朋友注意我画的数目。他一说就说准我画了几下。然后叫两个小朋友作为一组来做，两个做毕后，再叫另一组试做。

儿童的问题　没有。

儿童的话　声音从木板上通过来就听见了。

儿童自干的情形　每个小朋友都会做，不过有几个小的小朋友他画的次数太多，又太快，听的人，记不清楚画的次数。

教师的感想　对他们说道理的时候，都不很愿意听，所以我带点强迫的手段。我说过后去考问每个小朋友，说得出道理的，先去玩。这样一来，他们都很用心听了，怕自己说不出来。

所费时间　30分钟。

二十五、电的把戏（一）

名称　纸蝶飞舞。

目的　引导儿童对电发生兴趣并研究它。

材料　普通的白报纸或信纸，马粪纸，厚的棕皮纸（例如包裹用的棕色厚纸），极细的丝线，火漆（可用蜡烛代）。

玩法　把信纸剪成一个一个纸蝴蝶，用很细的细丝线把蝴蝶扎起来，丝线的一端，用火漆粘牢在一块马粪纸板上。没有火漆，可以用烛油代，如图 25。现在，你把一张厚的棕皮纸，先在火上烘热，再放到木桌上去，用刷衣服的毛刷，剧烈地在纸上刷（要向同一个方向刷）。如果您身上穿的是毛织物的衣服，那么，可用衣袖很快地在纸上刷。刷一两分钟后，立刻就把这张刷过的纸放到纸蝶上方去。哈哈，纸蝶马上就向这张纸飞起来了。

图 25　纸蝶飞舞

注意　这个试验要在干燥的天气做，天气潮湿不易成功。

道理　因为毛织衣服或毛刷和纸摩擦以后，就发生了一种奇怪的东西，这东西叫作“电”。那张棕皮纸上带了电，电会吸引纸，所以纸蝶飞起来了。

实施经过　这个把戏不一定是天气干燥的时候做。就是在下雨天也能做成功的。我有几次试验，把纸烤得很热了，用板刷刷了一二分钟，反而把我的兴趣都弄得没有了。因为做了好多次，都没有做成功。经我再三地试验，把煤油灯火头弄得大点，棕皮纸放在灯罩外面烤得很热，用刷子很重地刷了六七下，放在纸蝶上，三只小蝴蝶都粘在棕皮纸上面了。靠在我四周围坐着的小朋友都高兴得跳起来，他们抢着要做。大概有半数小朋友做成功了。

儿童的问题　用布擦纸也可以生电吗?

儿童的话　他们说这热纸头把纸蝴蝶吸上去的。我问他们为什么烘热的纸，如果不用刷子擦，就吸不起纸蝶来呢? 可见得不是纸烘热的缘故。原来，我们用纸和毛刷子摩擦之后，就发生一个奇怪东西。这东西叫作电。能吸起纸蝶来的，就是这种电。

儿童自干的情形　有一个小朋友做了四次，每次三只纸蝶都被吸住。有的只能吸住一二只纸蝶，因为他们烤的时间短，动作慢，并且刷子刷得太轻。不断地继续做下去，有时停了些时候，把纸放上去仍会吸起两只纸蝶儿。

所费时间　30 分钟。

二十六、电的把戏（二）

名称　会旋转的纸。

目的　使儿童明白电的性质，诱导也能生电。

材料　纸，软木塞，针。

做法　用一张纸把它剪成一分多宽、一寸二三分长的剑形，把剑的长短两臂都折叠起来，如图 26。

于是再把针有眼的一端插入软木塞。把纸剑两条折纸相交的地方，放在针尖上，使它成水平，不能有一点歪斜。

图 26　会旋转的纸

玩法　玩时，您拿张新闻纸条在火上烘热，立刻用指甲拼命摩擦。摩擦之后，指甲上便带电了。当您把指甲拿得靠近纸剑时，奇怪得很，指甲上的电竟能把纸剑引得生相反的电了。正负两电互相吸引。所以当你把手指绕着纸剑画一个圈，纸剑也跟着旋转起来。如果不用指甲，用摩擦后的纸条也行，如图 26。

实施经过　今天到的小朋友很多，用四张方桌子拼拢，叫小朋友围住桌面坐。我坐在小朋友的当中，先问昨天到的小朋友，还记得昨天所玩的把戏吗？有几个记性好的，他们记得昨天玩的是电的把戏。我用剪子在白纸上，剪了个十字，问他们这个是什么字？他们都喊着说是“十字”。我将这个十字放到针头上去，然后又在白纸上裁了一张纸条下来。对他们说要使这十字在针头上跟着我手里这张纸条走：“现在，你们看好，我把这纸条放到十字边上去，看它会不会使十字跟着纸条走。”他们都说：“不会不会。”我叫他们留意看我怎么做。我把纸条放到烛火上去烤，因为没有当心，纸条被火烧了。小朋友都哈哈大笑起来。候他们笑声停止后，再叫他们留意。我用另一纸条，烤了一下，立刻放在桌上的一本簿子上，用指甲摩擦。擦了之后，拿近十字，这十字便跟着纸条，拼命地跑起来了。

儿童的问题　他们问过用刷子来玩，行不行。我叫他们试试看。

儿童的话　他们说这纸条上有电，所以把这十字纸吸得跟着它跑。

儿童自干的情形　这把戏只有一二个小朋友做成功，不过还不能像我做时跑得那么快。他们做不成功的原因有两个。第一个原因是怕纸条被火烧了，不能烤得很热。第二是大拇指的指甲不会在纸条上摩擦，只有指甲尖在纸条上摩擦。

教师的感想　没有。

所费时间　30 分钟。

二十七、电的把戏（三）

名称　小纸人跳舞。

目的　与前同。

材料　假象牙筷或火漆棒一根，呢绒一块。

玩法　把假象牙筷拿来和呢绒摩擦，假象牙筷上便生了电。把筷靠近小朋友的头发，小朋友的头发便被吸得竖起来，好像有什么人拉住头发似的。

如果用骨头梳子（普通的电木梳也行）拼命梳头发，梳上也会生电。把这梳子靠近小朋友的头，他的头发也会被梳子吸得竖起来。倘若用纸剪成许多小纸人，把摩擦后的筷放到小纸人的上方去，它就会把小纸人吸得跳跃起来，非常有趣，如图 27。

图 27　小纸人跳舞（一）

实施经过　先叫小朋友围成一个圆圈坐下，圆圈内放一张小桌子，我自己也坐下来，拿出一只假象牙筷子，问他们这只筷子与你们家里吃饭的筷子有什么不同？有几个小朋友没有看见这种筷子过，他们摇头表示不知道。我就告诉他们，这是假象牙筷。这筷子放在绒布上，或是你们头上的绒线帽子上摩擦几下，就会把头上的头发或纸片吸起来。你们相信吗？因为前一次做过纸蝶飞舞的把戏，所以他们说“相信”，我就开始做给他们看。我先在自己的绒衣服上摩擦，虽然筷子摩擦得很热了，把筷子放到一个小女孩子的头发上去，只能吸住几根头发。因为只能吸住几根头发，不容易引起他们的兴趣。马上去拿了一把剪子来，将白报纸剪成许多小纸人，放在一张白纸上，然后由每个小朋友轮流做。他们都用自己头上的绒线帽子摩擦筷子，每个小朋友都做得很开心。

儿童的问题　他们问过，为什么要用假象牙筷，用别的东西也可以吗？

儿童的话　有一两个小朋友说，是因为筷子发热，所以会把小纸人吸住。但立刻有小朋友起来说，这是因为摩擦之后生了电，电把纸吸起来的。

儿童自干的情形　每个小朋友，拿下自己的绒帽子来摩擦筷子。就是很小的小朋友，也会把帽子卷住筷子抽动着。抽动了几下，就会吸住小纸人了。

教师的感想　这个把戏非常有趣，不但小孩子喜欢玩，连大人也喜欢。我们玩了之后，有几个在旁边看的大人也来和孩子一同玩。孩子们提了许多很难回答的问题，但立刻就引起我想到另一个把戏，孩子们也就可以更进一步来玩他们所要知道的把戏了。

所费时间　30 分钟。

二十八、电的把戏（四）

名称　吸在壁上的纸条。

目的　引导儿童来研究电。

材料　纸条一张（新闻纸、棕皮纸等都可用）。

玩法　裁一张纸条，先在火焰上略为烘一烘，然后放在桌面上，用指甲拼命摩擦，或用毛刷，或用呢制服的袖子擦。擦了一会儿，纸条上便带电了。你立刻把纸条向壁上一放，它便会贴在壁上，不会落下来，如图 28。

道理　这是因为纸条经过指甲摩擦之后，便带电了。电和壁上的异性电相吸，纸便被吸得粘在壁上。

实施经过　我裁了一张新闻纸条，放在蜡烛的火焰上烤了烤，用大

图 28　吸在壁上的纸条

拇指的指甲使劲地在纸条上摩擦十来下，无论把它放在板壁上、桌子沿或别的东西上，都能粘得牢牢的。要自己先做得很熟练了再去指导小朋友们做。不然有时会使他们失望。我第一次去教他们，未成功，我想是有手汗和纸条子没有烤得十分热的缘故。第二次我自己试得很熟，小朋友们也都争着要来试。大的小朋友还可以做成功，五六岁的小朋友，因为他不会把大拇指指甲放在纸上好好地摩擦，同时纸条也烤得不热而做不成功，或把纸拿得太近烛焰而被烧掉。

城市里的小朋友家里都是有电灯的，所以他们知道电这个东西不当心就会打死人。我们一触到电，就会觉得手指发麻，我告诉他们：我们所玩的电和电灯厂里流出来供给我们的电相同。不过，纸条上所带的电太微了了，所以我们拿了不觉得手发麻。但带着电的纸条，靠近各种东西，它们就会互相吸住了。

儿童的问题　他们问纸条上为什么会生电？为什么要把纸烤热了才会生电？这电是不是和电灯里的电相同？

儿童的话　他们说纸条子会粘在板上，是电把它粘住的。

儿童自干的情形　当他们干的时候，我告诉他们，要做得快，否则，就不容易成功。他们听了我这么说，就急急忙忙地忘了用大拇指甲来摩擦，只拿指甲刮了几下，以为就可成功了。无论大的或小的小朋友都会犯这个毛病。经过一次纠正以后，大一些的小朋友就有希望做成功。小朋友因指甲太小，手指没有力，或纸条太近火焰被烧掉了，不容易做成功。

教师的感想　这个把戏，不费钱又稀奇，小朋友回到家里去可以自己做着玩。没有蜡烛，用煤油灯和炉里的火都可以做。太小的小朋友做时，可以拿毛刷来代替，那就比用指甲摩擦来得灵了。许多小朋友玩了这个把戏之后，常常一个人拿了纸条去玩，比玩有趣的玩具还要来得起劲。我在小学低年级和劳工幼儿园里都玩过，他们都表示非常欢迎。

所费时间　20 分钟。

二十九、电的把戏（五）

名称　小纸人跳舞。

目的　引导儿童研究电，使他们对于电发生兴趣。

材料　丝手帕，玻璃板，纸，书。

玩法　用纸剪成小纸人，把小纸人放在桌上。然后，用块玻璃板，把它放在小纸人的上方，用书搁起来，大约离开小纸人五厘米高。

于是用条丝手帕，使劲在玻璃板上摩擦。不久，你就可以看到，玻璃下方的小纸人个个都向玻璃板跳来。有的跳跃几下便不动了，有的把头挂在玻璃板上，非常有趣，如图 29。

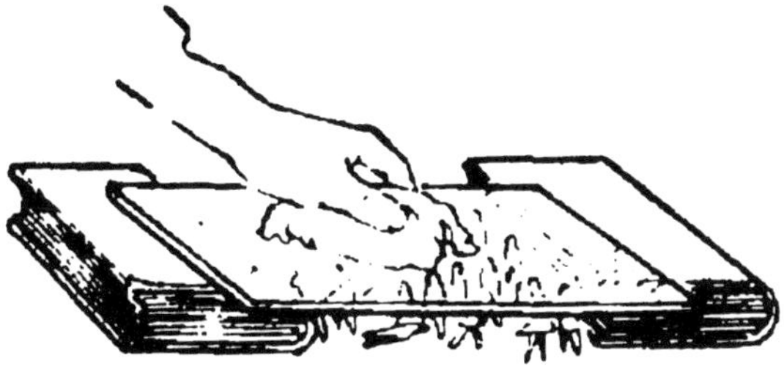

图 29　小纸人跳舞（二）

注意，玩这个把戏时，要用力急速地摩擦，在晴天比雨天容易成功。

道理　因丝织品和玻璃摩擦之后，就会发生电。玻璃板上带了电之后，小纸人便会被板上的电吸得跳跃起来。

实施经过　我用报纸剪成许多小纸人（剪成纸屑也行），放在一张纸上，然后，拿两本书（约厚 4 分）放在小纸人的两边，书上搁一块玻璃板。于是，用一块绸使劲地摩擦十几下，下面的小纸人有点儿活动起来了。再继续摩擦，小纸人摇摇摆摆地都要向玻璃上冲来，有的就粘住了。我自己连试了几次都很灵。我因要跑到很远的地方去教小朋友，时间又很短促，我没有剪纸人，只剪了些纸屑，把小朋友们分成五组来看我玩，每组里我只拣了一个比较大的小朋友，叫他们领导别的小朋友玩。因为摩擦的时候很费力，所以没有要他们全部都玩。可是就是较大的小朋友，有些也没有做成功。

我告诉他们说，这个把戏的道理和上次玩的把戏相同。玻璃和丝绢摩擦之后，也会发生电。玻璃上的电，就会把下面的小纸人吸起来了。

儿童的问题　他们问玻璃上生电，丝绢上是不是也有电？这个电，是不是也可以用来点灯？

儿童自干的情形　我没有让每个小朋友动手玩，我只拣了几个比较大的小朋友来玩。有些小朋友把丝绢卷得紧紧地压在玻璃上摩擦，因为他没有接连地摩擦下去，所以没有成功。

教师的感想　我以为玩这个把戏所用的玻璃和丝绢，如果都大些，把纸人也散开些，一定会比我所玩得更好玩些。小朋友们也会更有兴趣些。

所费时间　25 分钟。

三十、电的把戏（六）

名称　活动的纸蝴蝶。

目的　引导儿童研究电，使他们对电发生兴趣。

材料　纸，玻璃棒，丝线，假象牙筷，骆驼绒，毛刷，烛，剪子。

玩法　用剪刀剪两只小纸蝶，把小纸蝶用丝线系起来，挂在玻璃棒上，两只纸蝶相距约两寸。然后，把玻璃棒插在壁上或无论什么架上，使纸蝶垂直地挂起来，如图 30。

于是，用骆驼绒包住假象牙筷，使劲摩擦。摩了之后，立刻靠近纸蝶，两只纸蝶立刻就被吸引得靠起来。

如果把纸条放在烛焰上，烘热后立刻用毛刷刷，刷了之后，把纸条靠近纸蝶，纸蝶也会立刻被吸引得互相集拢起来。

道理　因为骆驼绒和假象牙摩擦，纸条和毛刷摩擦，都会发生电，所以都能吸引纸蝴蝶。

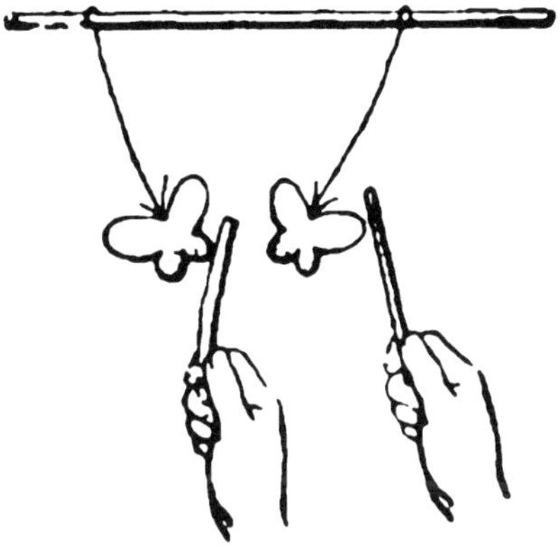

图 30　活动的纸蝴蝶

实施经过　我教他们剪了两只小蝴蝶，用一根 8 寸来长的细丝线，系在纸蝶的头上，然后把它挂在一根玻璃棒上，两只纸蝶相距大约 2 寸。再把一根假象牙筷子包在骆驼绒里面使劲摩擦，擦了一两分钟之后，马上拿近纸蝶去，假象牙筷子便吸住纸蝴蝶了。因为用筷子摩擦太费力，我教他们用报纸裁了一张纸条，放在烛火上烘热，然后用毛刷很快地刷了十多下，拿到两只纸蝴蝶中间去。哈哈，两只纸蝴蝶都被吸住了。我叫小朋友把手放开，纸条便牢牢地粘挂在纸蝴蝶上了。小的小朋友做的时候，我稍微帮了一下忙，这样，他们之中多半能做成功。

假象牙筷和驼绒摩擦生电，纸条子和毛刷摩擦之后，也生同样的电。因此，靠近纸蝶，都会吸引纸蝶。我这样重复地告诉他们。

儿童的问题　他们问我纸条上和假象牙筷上所生的电是不是相同？怎样知道它是相同的？

儿童自干的情形　用刷子摩擦纸条子不用费力，不过，他们把纸条放在火焰上烘的时候，一不留心，就烧着了。五六岁的小朋友，烘纸条和用刷子刷的时候，都需要我帮助。

教师的感想　我常常感到时间太短，不够细细地来和他们说明道理。因为玩的时候容易，讲起道理来，可就很费力了。太小的小朋友，他们的理解力不够，我只求他们会玩，觉得玩把戏很有趣味就够了。并不一定苛求他们，要他们懂得其中奥妙的道理。

所费时间　30 分钟。

三十一、电的把戏（七）

名称　活的纸蝴蝶。

目的　引导儿童研究电，并使他们明白正负两种电的性质。

材料　玻璃棒，纸蝶，丝线，丝手帕，毛刷，假象牙筷，驼绒，等等。

玩法　把戏越玩越多。现在，我们要玩一些较深的把戏了。在这个把戏里，教师应该告诉儿童正负两电的性质，使他们对于电有更进一步的认识。

图 31　活的纸蝴蝶

用前一个把戏所用的装置，把纸蝶用丝线挂在玻璃棒上。然后，把纸条烘热，用毛刷使劲刷。刷了之后，把纸条靠近纸蝶，两只纸蝶被吸近了。这和前面所玩的把戏相同，没有什么稀奇。可是，当你把纸条拿开之后，再把它拿近纸蝶，纸蝶非但不会吸拢来，反而远远地逃开了。好像两个东西之间，有一种力，互相排斥似的。如果你把这张纸条，放到两只纸蝶中间去，两只纸蝶就互相分离，如图 31。

这是为什么呀？因为纸条上的电已经传到纸蝶上去了。这时候，纸蝶和纸条上，都带着性质相同的电。电有一个古怪脾气：凡是两个同性质的电相遇时，就互相排斥；凡是两个不同性质的电相遇时，就互相吸引。我们知道，纸条和毛刷摩擦之后，纸条上便带一种电，叫作“负电”。所以从纸条上传到纸蝶上去的，也是“负电”。负电和负电相遇，就互相排斥。还有一种电，叫做“正电”。我们知道玻璃棒和丝绢摩擦之后，玻璃棒便带“正电”。凡是异性电相遇时，就是正负两电相遇时，就互相吸引。

你可以做个试验来证明。教你的朋友用纸条和毛刷摩擦，你用丝手帕和玻璃棒摩擦，两个人同时把棒和纸条靠近纸蝶，则纸蝶互相吸引。这证明正负两电互相吸引。如果你单用了纸条（或玻璃棒）吸引纸蝶之后，再用它靠近纸蝶去，则纸蝶和它互相排斥。这是因为它们都带着同性的负电（或正电）的缘故。假象牙筷和驼绒摩擦之后，假象牙筷上所带的，也是“负电”。所以，你和你的朋友同时把假象牙筷和纸条靠近纸蝶，两只纸蝶也立刻互相分离。

记牢，电有一个古怪脾气：异性相吸，同性相拒。

道理　请看前面的玩法。

实施经过　和上次一样，我教他们剪成两只小纸蝶，用丝线挂在玻璃棒上。不过，前一次是小纸蝶被假象牙筷和纸条吸住。这一次可不同了。我把纸条像上次一样，放在火上烘热，立刻用毛刷刷了几下，便把它拿得靠近纸蝶去，立刻又把它拿了开去。但当我第二次把纸条放到两纸蝶之间去的时候，哈哈，两只纸蝶互相成八字形地分离了。当我把纸条拿到这边，纸蝶便逃到那边；拿到那边，它又逃到这边。小朋友们觉得奇怪极了，大家都要求来玩，我便让他们自己来玩。他们问我，纸条本来会吸住纸蝶的，为什么第二次再靠上去，就不会再吸了。这是什么缘故？

我告诉他们，因为纸条上的电传到纸蝶上去了，所以这时候纸条和纸蝶上带同样的电。电有一个怪脾气，就是同性质的电相遇时，互相排斥，异性质的电相遇时，互相吸引。

我又告诉他们，纸条和毛刷摩擦之后，纸条上便带负电。因此，从纸条传到纸蝶上去的，也是负电，所以负电和负电相遇，就互相排斥。我还告诉他们，另外还有一种电，叫做“正电”。如果负电和正电一相遇，立刻就会互相吸引的。玻璃棒和丝手帕摩擦之后，棒上便带正电。

我说了之后，立刻就带他们来玩。教两个大的小朋友，一个用毛刷和纸条摩擦，另一个用玻璃棒和丝绢摩擦，两个人同时拿它们靠近两只纸蝶，立刻那两只纸蝶便互相吸得紧紧地。这证明正负两电相吸。但当他们单拿纸条或玻璃棒去触动纸蝶，因纸蝶受到相同的电，再靠近时，就互相排斥。他们玩了好久，觉得十分有趣。

儿童的问题　为什么纸蝶被吸了之后，又会分开呢？负电是什么东西？正电是什么东西？

儿童自干的情形　因为要试验正负两电，所以要用玻璃棒来摩擦。但玻璃棒不容易摩擦，所以小的小朋友，都是需要我来帮忙的。我还教几个较大的小朋友，来试验给那些年幼的小朋友看。

教师的感想　没有。

所费时间　35分钟。

教育短评：改变课程问题*

改变平时课程为战时课程，绝不是在平时课程之外，加上一点战时常识，例如，防空放毒就行。我们在改变课程时，必须依据战时生活的需要和情形而定。所谓战时课程不过是根据有计划、有目的的战时生活计划做成战时教育计划罢了。这些课程的规定，都要为抗战而设，为增加抗战的力量而设，才不至于徒然消耗我们的人力和物力。在这里的课程改变，必须是整个课程的改造。这个问题决非寥寥数语，所能说得明白。本刊不久当有更具体的意见提出。

* 载《战时教育》创刊号，1937年9月。

抗战教育下的活教科书*

一、抗战教育的特质

自从“抗战教育”被提出之后，各地纷纷响应。一般从事实际教育工作的文化人，立刻就都感到教材缺乏，无法实施。这的确是一个亟待解决的实际问题。不过，我们不能太看重教材，教材只不过是抗战教育中的工具之一罢了。

过去，我们一提到教育就联想到书本。所以有人说，过去的教育是书本教育。书本教育一遇到实际生活，便碰壁。它在平时就表现出庸碌无能，在民族生死的抗战期内，当然要被人所唾弃，我们要明白目前如何创造新的教材，如何运用这些材料来达到抗战教育的目的，就得明白抗战教育的特质是些什么。

关于抗战教育的特质，本刊前几期，已发表过一些。兹择其重要者，列举如下。第一，抗战教育的目的是单纯的，它的唯一的目的，在

* 载《战时教育》1937 年第 7 期，署名白桃。

于保卫祖国国土主权之完整。第二，它是全民族的，它绝不是教育少数人，而是要教育四万万五千万同胞，使全民族变成一个整的战斗体，来解决民族的生死问题。因此它不是从前为解决个人生活问题的个人主义教育。第三，它是行动的，它要立刻就用行动来支持抗战，充实抗战。因此，它不是空谈的书本教育，而是把教育和工作打成一片的新教育。第四，它是世界的，课堂里读死书的教育，既不能适合目前的生活需要，又容不下广大的群众。我们只有把整个社会当作学校：弄堂、街头、茶馆、店铺、工厂、乡村、战场、难民收容所、伤兵医院等，都是我们生活所在的地方，也都是我们的教育场所。第五，它是经常的抗战期内，瞬息万变，今天所教的，也许到了明天就变成陈旧无用的。我们既不能根据死的课程，也不能定出毕业年限，只有跟着抗战的开展，不断地教育下去。最后，还有最重要的一点，就是抗战教育是生活的：它出之于生活，它在抗战生活的斗争里，不断地追求真理，发现真理，再把真理运用到生活上来，指示行动。因此，它为抗战的实际生活所需要而能不断地创造新文化。

二、配合着这些特质的活教科书

抗战教育的特质，既如上述。那么，哪一种教材，才能和它配合起来呢？我们认为需具备以下几个条件。

第一，必须能配合着抗战生活的需要；第二，取材必须是抗战生活中的事；第三，必须是随着抗战不断地向前进展的；第四，必须能引导行动，发展行动；第五，必须能广泛地拿来运用，而且能迅速地传播开去。

平常的教科书，决不能担负起这个责任。因为它是死的，一成不变的；它不能随着抗战把新的经验、新的知识，很快地反映出来，也不能很快地传播到大众队伍里去。

我个人认为能负起这个责任的，莫过于报纸，壁报、日刊、三日刊、五日刊、周刊，都可以说是活的教科书。因为它们能随着抗战的进展而进展，而且在战争时期，全国大众，地不分东南西北，人不分男女老幼，个个都担心前线消息和国内外大事。一般识字的人，固然把报纸当作每天必读的教科书，就是那些识字不多的工农，也热望着想读到一种浅近的报纸。至于不识字的人，如果有人每天读报给他听，把报上的新闻告诉他，那他也是求之不得的。所以，报纸在目前，无形中已经成了大众的活教科书了。

三、如何运用这些活教科书

如何来运用这些活教科书呢？要运用报纸，第一，就得从许多杂乱的消息中，选出主要的几点把它加以有系统的叙述。目前的报纸，尤其是各种大报，只是像记账那样，把一条条新闻记下来，没有系统，没有分析，没有更进一步指出这些发生的现象和大众的生活有什么关系。这一事件的前因后果怎样，我们从这里得到些什么教训，怎样来改进，等等，都没有说出。因此，我们要利用报纸来做教材，必须加一番提炼的工夫。把某些重要的新闻提出来加以有目的、有方法、有计划的编排。美国纽约最近有一所学校，曾废除课本，用报纸来代替。试验结果，成绩很好。他们采取报纸上的新闻，重新加以编排，编成活的脚本。至于可以看得懂大报的学生，便由教师指导他们阅读，和他们共同讨论，共同研究。

在目前，我个人认为可以多多利用壁报，从编辑壁报、抄写壁报、出版壁报上，就可以展开我们的教育工作。这些壁报，也就成了我们很好的活教科书。此外，还可以尽量利用大小报、儿童报和大众阅读的刊物，来作为活的教本。我们很希望大报能够改变作风，负起教育民众的责任来，成为大众最好的活教科书。

至于一字不识的人，我们也可以把报纸当作活教科书，来进行教育。那就是“活报”或叫作“活动新闻”，用人的嘴来念给他们听。如果组合五六人成一“活报队”，有人报告时事，有人分析时事，有人朗诵诗歌，有人讲抗战故事，有人唱抗战歌曲。甚至于演街头剧，那也是一个最好的教育活动。上面所说的那一套，也都是活的课本。

从读报上，分析时事，研究时事，不但可以提高一般大众的政治水平，而且可以更广泛地展开到社会科学、自然科学、文艺等部门去。例如，从死守山西这一消息上，我们可以展开到这一争夺战，在整个战略上有什么重大意义，在国际形势上有什么重大意义，我们可以研究到军事、政治、经济、外交，山西的地理、历史、物产、气候，等等。从这些研究上，我们可以明白过去的失败在哪里，今后应该怎样改正，我们应该做些什么。认清教训，立刻纠正，不但民众的文化水平，越来越提高，新的文化基础，渐渐有了根；就是在民族的战斗力上，也越来越坚强，最后胜利，才有了保证。

运用这些活的教科书，很快地让抗战教育广泛地到达民众里面去，我们不能等待什么教材。我们也只有这样，才能解决教科书的恐慌和节省大批金钱。行动是最好的教育，只读读报，清谈时事，不能抗敌救国，好在报上每一条消息，都是活生生的事实，都是最易打入每一个人心灵里的上好作品，我们要从这里，引起更好的行动来。行动产生思想，思想再产生行动，如此循环不绝。我们的新文化基础，才能越来越牢固；我们民族的战斗力量，也才能越打越坚强。

战时小学教育中的课程改造*

小学教育，在目前抗战期内，所负的使命很大。首先，在文化落后的我国，小学在目前应该担负起训练民众、组织民众的中心任务来，在过去，已有人提倡把小学，特别是乡村小学，作为改造社会的中心；此刻小学更应是启发农工参加抗战的大本营。其次，在抗战期内小学教育所教育的儿童，不但要参加艰苦困难的长期抗战生活，而且是创造新中国的小主人。在这伟大的时代之前，我们应该把儿童好好地教育起来，使他们可以担当这一伟大的任务。记得普法战争时，普鲁士大胜之后，毛奇将军并不归功于军人，而归功于小学教育。日俄战争时，得胜的日本军人也归功于小学教育。可见小学教育关系国家存亡颇大。我们要负担起前面所说的两大任务，绝不是平时小学教育所能胜任；而且，自从全面抗战爆发之后，一切事业都进入了战时状态，学校在目前要照常上课，事实上，许多地方已经办不到。因此不论在学校机构方面、课程方面，都须整个改造，使它适合目前抗战生活的需要。

---

* 摘自《怎样办战时的小学教育》，载《戴伯韬教育文选》，人民教育出版社 1985 年版。原载《战时教育》1937 年第 5 期，署名白桃。现有标题为编者所加。

平时的学校机构，不适合战时的环境；平时的学校课程，更不适合目前的需要。在全面抗战的炮火之下，要教小孩子静坐在课堂里读“大狗叫，小狗跳”，不但学生无趣学习，而且是一种浪费，是一种麻醉儿童的罪恶。在抗战期内，应该上抗战的课，读抗战的书。学校里的全部课程，都要为抗战而设，都要适合战时生活的需要。当然，这不是加添一点防空防毒等常识，要把课程全部改造。我们可以根据战时生活的需要和情形，做成有目的、有计划的战时生活计划，来作为课程纲领。在实施方面，有两点必须注意。

（一）抓住每一个机会

在抗战生活中，教育者必须抓住每一个机会，来展开教育工作，例如，挖防空壕，它的本身是一件劳动工作，从这一个动作开头，立刻就可以展开各部门学科的研究：在军事方面可以研究空袭的作用和空袭的作战策略，以及防空的设备和组织等；在自然方面，可以研究飞机、炸弹、高射炮等；在社会方面可以研究这次抗战的意义，日本帝国主义内部的危机，甚至于可以研究国际形势、社会主义和法西斯主义等；在国语方面，可以写防空标语，写壁报，对人民演讲防空办法，唱空军歌，画日本飞机被击落的情形，计算飞机飞的速度和行程，估计敌团的损失，等等。

（二）举行集体主义的自我教育

前面已经说过，根据各地环境的需要，可以有计划地把儿童分组或分团组织起来。在这些组或团里，举行集体的自我教育，大家对于某一个问题或某一件事，互相研究，互相讨论，然后得出一个正确的结论。教师也是其中一员，不过负有指导的责任而已。

总结一句，在课程方面，我们要特别注意到抗战期内儿童生活上的需要和建立新国家的新精神。因此，对于前者，我们要求学校帮助儿童解除战时困难，并增加儿童抗战技能。对于后者，我们要求各校立即加强一般小学生的政治教育，使他们对抗战前途、国际形势，都有一个正确的认识。

推行战时课程的改进*

要推行战时课程，就要看过去的课程有什么缺点。好的保留，不好的除掉，不够的充实起来。谈起缺点：第一是过去的课程抄袭欧美资本主义国家的，不合实际生活需要，因此造成学非所用、用非所学的怪现象，不能有效地造就大批抗战建国的干部人才；第二是所订的课程太空洞，太繁杂，完全是一种书本子的士大夫教育，它教农人的子弟离开了田园，教工人的子弟离开了工厂，教一切受教育的人变成了书生。因为它太繁杂，就变成什么都懂，什么都不懂。据说，1936 年、1937 年，中央大学和中央政治学校招生的时候，出了一个题目，教大家画一张中华民国地图，写明所有的省市，六七千张试卷中，全对的不及 10%。有人竟把江苏画到陕西之西去，把湖北画在热河的东边。真够骇人听闻了。又听说，口试的时候主考的人问张居正是什么人，回答是司法院长；又问于谦是什么人，答是监察院长！这真是千古奇闻。这说明过去的课程完全是离开现实的死读书，好高骛远，繁而不实。最后，有一个

---

* 摘自《对学校实施抗战教育的几个具体意见》，载《战时教育》第 2 卷第 7 期，1938 年 4 月，署名白桃。现有标题为编者所加。

极大的缺点，就是所有的课程一盘散沙，没有一个中心把它连贯起来。

要推行战时课程，首先就要除掉这些毛病，第一是把一切课程的内容都和抗战建国联系起来，使教育内容和政治目标密切配合。这并不是不要基本知识，而是把基本知识尽可能地通过抗战建国这一观念建立起来。改造的办法如下。

（一）改变课程内容

改变课程内容，比方中小学的国语，不必再读“大狗叫，小狗跳”或《醉翁亭记》之类的文章，尽可到报章杂志上去找《大战台儿庄》《北战场观战记》等战地通讯，以及各种宣言，各种抗战文艺，如戏剧、诗歌、小说等拿来读。学校里的作文，也不必再出无聊的题目，命令学生做，可以指导他们编辑壁报，组织宣传队，来练习用语文发表意见。这种工作，一举两得，既教育了学生，又尽了救国的责任。算术，可根据报章杂志的数目，例如，敌人的军费、敌人所发行的公债、敌人的损失、世界各国的军备竞赛等数目，编辑新的教材。如果一时不能自编又无新教本；最低限度教师要根据这种与时事有关的数目，来编一些补充教材或练习题。历史课，不必再从三皇五帝读起，可从中国近百年史追溯下去。在目前，特别要注重日本帝国主义侵略我国史。此外，帝国主义侵略中国史、中国革命史、资本主义发展史、弱小民族反抗帝国主义史、社会发展史，等等，都应该教。地理课，从目前几个主要战场的地理形势说起，读到我国一般军事地理、日本的政治经济地理、远东的政治经济地理、国际的政治经济地理等。着重在地形、交通、工业、军事等方面。自然课，可从近代的新兵器，如飞机、大炮、坦克车、装甲车、毒气、毒菌，以及因战事而发生的与科学有关的事实出发，向多方面发展出去，因而研究到动植物、气象、物理、化学、医药等基本知识上去。程度较高的多研究一点，程度低的少研究一点，但必须和目前防空、防毒、救护、新武器等发生密切关系，至少要使学生明了我们学习这些，是为了增加抗战建国的力量，来提高他们学习的兴趣。

劳作课能参加国防生产或帮助出征军人家属生产更好。此外，还可以制造宣传用具、演戏用具或制造军器模型等。

公民课，过去在小学里面，制成若干条目，分若干中心周来实施，中学虽非如此，但大都空虚，不切实际生活。改革之道，首在着重实践。例如，抗敌周、建国周等中心周活动办法，仍可实行，但须切实做到。轮到抗敌周，一定要做到抗敌宣传来鼓励后方的民众，踊跃输将或投军抗敌。最好能和当地军政机关和救国团体所规定出来的民众活动配合起来。中学的公民，应特别着重三民主义和目前民族解放的政治理论的研究，例如，抗日民族统一战线、抗日必胜的基础、八个月来抗战所得的教训等研究。

童子军或军事训练，除开步走、左右转等基本教练外，小学应提高而为跑步、爬山、行军、测候、守卫、射击等训练。中学应提高为射击、新兵器使用、打野外、战术实施、游击战、战略战史等研究。

至于唱歌，应唱抗战之歌，略去乐理，加上指挥群众歌唱的方法。图画可画抗战宣传画，游戏可玩抗战游戏。

（二）减少不必要的课程，缩短上课时间

过去的课程太繁杂，大中小学都是如此，变成多而不精。以后要少而精，不必要的可少读或不读。例如，初中的英文尽可少读或不读。体育可以和军训合并；高中的伦理学可和公民合并；而且要着重方法论的研究，用目前的具体时事来研究伦理学。中小学的国语、自然、数学等，可减少若干钟点。

此外，有许多学校里的课程都是重复的。例如，在初中读过的课程，到了高中一、二年级又读一次，不过比前略深一点；到了大学一年级，又要把高中的许多课程再读一次。这样，不过浪费时间罢了。我们要用最经济、最有效的方法来教养我们的后一代，非把这些重复的地方除掉不可。

把不必要的课程，可删者删，可并者并，可减少者减少之后，剩出一部分时间来让学生参加抗战建国工作或增加别的研究。

（三）增加抗战课程

增加抗战课程，必须加的有如下几种。

(1) 各校应该按照需要，增设时事研究。

(2) 大中学校得按照需要，增设民运理论与方法之研究及民族解放政治的研究。

(3) 增设和抗战有关的各种技术课程，例如，防空、防毒、驾驶、军用化学、看护、医药等课程，让学生按照自己的兴趣来选读，以加速他们的学习和训练。目前一般中学，除部颁课程外，没有选修科，未免太抹杀个性。这样，也可以得到一个补救办法。

(4) 增加抗战建国活动，担负起宣传、募捐、慰劳及普及教育等社会服务工作。

目前社会教育的中心任务及其他*

一、目前的紧急任务

目前社会教育的主要任务，是把一般落后的民众教育起来，动员起来，个个都变成为民族自由解放而斗争的战士！

中国目前有一个极大的危机，这个危机从第一期抗战，第二期抗战，一直到第三期抗战都没有解决。这个危机是什么？就是一直到现在，民众还没有动员起来参加抗战建国。我们在上海大战场上，就听到艰苦奋斗的将士们喊“到处都有汉奸，找不到民众帮助”的痛苦。一直到最近，在武汉附近作战的将士们，仍旧以得不到民众帮助为最大的痛苦。凡军队所到之处，民众逃避一空，以致军粮无从购买，油盐无法补给，民夫无从雇用，向导无从解决，简直如入不毛之地，像在大沙漠中和敌人作战似的。据说，在星子洲一带作战的士兵，因买不到吃的东西，曾采当地的南瓜和芋头来吃。

---

* 选自《戴伯韬教育文选》，人民教育出版社 1985 年版。原载《战时教育》第 3 卷第 3 期，1938 年 9 月，署名白桃。

民众既没有动员，于是拉夫子、捉壮丁、买壮丁，便成普遍的现象。而民众的积怨也就一天天加深起来了。许多老百姓都抱着“现在做老百姓，日本人来了，也一样做老百姓”的态度，置身于抗战建国之外。这种危机是十分严重的。

抗战建国大业，是建筑在民众基础上面的。无论前方军队的给养，士兵的补充，辎重的运输，后方军火的制造，粮食的来源，交通的开辟，新经济的建立，都要依赖民众。要执行持久战，要达到抗战必胜，建国必成，都非发动广大的民众来参加不可。这是抗战以来大家所公认的事实。因此，在目前，客观环境所给予社会教育的紧急任务和主要内容，是如何教育民众，动员民众，把民众团结到抗战建国的队伍里来。这是一种动员工作，如果有人把它当平时民众教育那么办，那就大错了。

目前，办社会教育的目标，既然这样浅显明白，就再不容我们犹豫了。过去，社会教育目标非常空洞、含糊、不切实际，大家凭着主观的幻想，在那里试验。现在形势已经完全不同，今天客观的环境，已经不允许我们空洞地喊什么“提高社会文化”，而是切实地和一个显明的政治要求配合起来，坚决地来执行为缔造独立自主的新国家而努力了！

二、我们的对象是工农和士兵

过去的社会教育仍在知识分子里打圈子，没有深入到民众队伍里去。如果我们今天不把自私的、迷信的、愚昧的、武断的、散漫的、没有民族国家意识的、担任生产的最大多数的民众教育起来。如果我们今天不把在前线担任民族生死斗争的士兵教育起来，提高其认识，加强其信心，那么要巩固和增强国力，来驱逐日寇，建设国家，就不容易。没有普遍地深入勤劳大众的公共教育，新的政治生活和新的经济建设是不可能建立起来的。因此，目前的社会教育必须向农村、工厂和战壕里发展，把图书馆、识字班、俱乐部、教育馆、教育车、文化室以及一切新的文化资料，用各种各样的方式，带到每一个农村，每一个战壕里去。用密集的火力来扫除文盲。这在目前不但必要，而且可能，因为战争已经提高了多数国民的求知欲，已经提供了一个很适合的环境。

三、把据点变成网

要很快地把国民教育推广到工农队伍和士兵群众里面去，而且用密集的火力，来扫除文盲，那就绝非平时所办的社会教育所能胜任。过去的社会教育，例如图书馆、民众教育馆、农民教育馆之类，只是一些据点，死守这些据点，是无法开展，而且是无法和民众打成一片的。如今，必须从点向面发展，布置成网，才能迅速地把民众教育起来。这不是说不要据点，相反地我们要多建立据点，不过这些据点必须用种种方式和方法向四周发展，把它的须根深入到每一个角落去，布置成网。现在，教育部已经通令各校兼办社会教育，全国各地添了许多据点，我们深信这种社会教育网不久便可以建立起来。

四、主要的内容是政治教育

不论是学校，或是图书馆，或是其他的名目，都应该是动员民众和组训民众的中心机关。不再是专供书呆子看书和读书的场所。当然，在大的任务之下，教育内容和形式也起了变化。首先，一切社会教育的内容，当以政治教育为基础，这里主要的是要告诉国民我们为什么要抗战？抗日必胜的基本条件是什么？以及日寇侵略中国史、目前国内外军事经济政治等发展形势，等等。在这种政治教育基础上，首先是建立起组织教育，其次是军事教育和技术教育。这里并不是说不要识字教育，不过把它当作次要的罢了。事实上，要民众懂得政治，能管理国家大事，起来参加抗战建国，文字是决不可缺少的工具，因此我们在进行上述教育时，必须仍努力文字教育的普及。

今后，社会教育除普遍的向一般国民发展，使他们动员起来而外，为培养抗战建国中高级干部人才起见，还必须举办中高级训练班。这些训练班可附设在专门以上学校及民众教育馆内，或创办如民众大学和中学那一类的教育机构，来吸收民众中优秀的青年，加以特殊训练。以便一面提高社会文化水平，一面于短期内培养大批干部人才。

五、完成任务的方法

要想前面所说的社会教育，迅速收效，在方法方面，我还想提供一点意见。

首先，一切教育都以“从生活出发”为最高原则。现在有一种人以为只要教育民众，或把保甲长户长训练一番，民众就会动员起来，下级政治机构，也就可以变好。事实上，如果我们不从改善民众生活入手，把握住民众的要求来实施教育，非但民众不会动员起来，就是连普及文字教育，也不易收到效果。根据我们的经验，帮助民众解除生活上的痛苦，是最好的教育。只有这种教育才能得到民众的欢迎而收实效。也只有这样，民众们自己才知道如何去改善生活，下级政治机构，才能逐步改进，而抗战建国的基础，也才会巩固起来。

其次，在工作上实施教育。抗战时期救国如救火，万万不能等待我们把全体民众都教育好了，再来抗战建国，我们必须在抗战建国的实际工作中去教育民众。这种实践的教育，不只一面做了救国工作，一面又受了教育，而且在教育效能上，也是最经济最易收效的。如果我们只有服役的工作，没有教育，这种服役就变成无意义的苦役，如果只凭口说耳听，停留在宣传和书本教育上面，不去组织他们，不去动手干，那么，说了也就等于白说，于事无补。这种静止的教育，是永远动不起来的。

再次，教民众自己办。过去许多事情，民众都是被动的。现在，我们必须启发民众的自动性和自觉性，教他们自己起来创办文化团体，设立学校，组织各种各样的救国团体或服务团体。在这些团体里，来实施普遍的民主教育，提高其组织能力、政治认识，普及近代科学常识。而且不断地在这些团体里实施自我教育，以便日日新又日新地使民众的知识与日俱进。如此，才能完成我们的教育任务。

最后，我对一般学校兼办社会教育，还想提出三点意见：第一，把学校公开给民众，使民众把它作一个交换意见、获得知识、取得娱乐的公共场所，做成动员民众的中心。第二，师生共同来干。第三，把以动员民众为主的社会教育工作当作正课，划出一定的时间，指定指导员，并时时加以考核，评定成绩。

总结一句：目前的社会教育是动员民众起来抗战建国，一切办法和内容都要以此为旨归。

抗战以来转变中的小学课程*

我国自从办新教育以来，再没有比目前的教育目标更明朗、更确切和执行得更彻底、更坚决的了。“抗战建国”成了全民的要求，同时也成了今日教育界所一致努力的目标。这在教育上，是一个极大的革命：第一，它推翻了过去跟人家抄袭的、不切实际需要的空洞教育，而和半殖民地的民族解放运动配合起来；第二，因为它要配合民族解放运动，它就必须打破学校的围墙，跳到社会里来，和社会打成一片，把整个社会当作一个伟大的学校；第三，因为它着重现实社会，要变革现实，它就必须从空洞的书本教育解放出来，把教育和生活打成一片。

这种变革现实的革命教育，在本质上它已把过去凭着主观、超脱现实的唯心派教育扫除了。它将在现实生活中，照着一定的目标，造就出抗战建国的人才来。教育已经不是为了将来，儿童也不是超脱现实社会的儿童，他将在现实生活中长大起来，学习起来。所谓学校也不再是儿童过渡到社会里去的桥梁，而是为了便利集中起来，共同工作，共同提

---

* 摘自《抗战以来中国儿童教育之发展及其前途》，载《战时教育》第 3 卷第 4 期，1938 年 10 月，署名白桃。现有标题为编者所加。

炼经验、获得知识的地方了。

当然，这个主要的改革，只不过刚开始罢了。

随着这种革命，我们来看一看，这一年多来，在儿童教育内容上，有些什么成就。

反映在教育内容上的一个巨大的成就，便是为半殖民地国家所必需的组织教育与政治教育，已经在新儿童教育上占着极重要的地位。在战区和接近战区地方的儿童识字班、儿童干部训练班、儿童救国团、儿童歌咏队里，不必说了，就是在后方的许多小学里也有儿童宣传队、儿童团等组织。而且加上了时事报告、国难讲话、抗战常识这一类政治教育。在这种教育之下所产生的：第一，民族意识在一般儿童群里，得到高度的发展。一个四五岁的小孩子，会唱《义勇军进行曲》，高呼打倒日本帝国主义。成群的小朋友，在田野、工厂、街头、医院、兵营，慰劳士兵，宣传抗战意义，而且个个都有民族自信心。第二，集体主义的教育开始抬头了。从前完全是个人主义的教育，特别注重个性。在这种教育下所造就的国民，大都是一些自私自利的、贪婪的、怯懦的家伙。要击败有组织、有高度文明的日寇，要复兴民族，造成一个自由独立平等的新国家，非把后一代的子孙，造成钢铁一样的集体不可。这种集体教育，在小学校里所反映出来的便是各种儿童团体的建立，使儿童自发地过团体生活，守团体纪律，能够普遍地懂得民主，过着民主的团体生活，以养成一种为民族国家、为大众的集体意识。第三，儿童的见识扩大了。新兴教育的内容，非常生动丰富。不再是枯燥的书本教育，不再在狭隘的世界里过活。因为他们在现实生活里受教育，生活上所发生的事，成了他们最新鲜最活泼的教育。今年 2 月，各地儿童都举行会议和游行，来响应世界反侵略大会。今年9月，武汉儿童星期日座谈会，曾发表宣言，主张要求国联实施盟约十七条，并号召全世界儿童，团结一致，要求各国政府援华制日。从这些事件上，反映出新兴的中国儿童教育已经把儿童带到广大的世界里去，认清了中国，也认清了世界。使他们懂得生活，懂得他们周围的世界。

基于以上种种，目前儿童教育的课程，已不是预备将来，而是把人类所积累的经验，和目前千变万化一日千里的新经验和新知识，都贯通起来，用到生活的实践中去，从这里来学习种种系统的知识。为了适应这个需要，教育部已拟将小学原有课程加以修改，许多新的教科书，也正在编印中。

对于目前改革学制的具体意见*

抗战发动以后，我国教育上种种缺陷，暴露无遗，于是改革教育之呼声遍及全国。到今年三月中国国民党临时代表大会，决定抗战建国纲领，始在纲领中规定改订教育制度及教材，等等。迄今半年有余，吾人虽未见政府正式公布学制改革办法，但政府已在逐渐推行中，例如最近改设师范学院等。而国内许多教育家对于改革中学制度之意见，亦屡发表于文字和口头，向政府建议。吾人于此，愿对整个教育制度之改革，提出具体意见，一面向政府建议，一面提供给全国教育界，供大家参考。

在没有提出改革办法之前，先把目前教育制度上的种种缺点说一说，我国教育制度，根本抄自欧美各国，清末民初，一意模仿日本。迨“五四”以后，从美国留学回来的人很多，大家想介绍一点新制度到中国来，刚好那时候在美国有“六三三”制的运动。于是我国有民国十一年（1922年）新学制的改革。

---

* 选自《戴伯韬教育文选》，人民教育出版社1985年版。原载《战时教育》第3卷第5期，1938年10月，署名白桃。

事实上，中国是一个半封建半殖民地的国家，从资本主义国家抄袭来的东西，是无法安下根来的。这种制度在抗战前，已为社会上一般人士所不满，抗战而后，更觉有立即改革之必要。

第一，现行学制规定小学六年、中学六年、大学四年。中学六年期限太长，使得一般中下阶层人家的子弟，负担不了教育费，特别是在战时，因而直接减少他们受中等教育的机会，间接切断了他们踏上高等教育的门路。这不但有失国家提高国民文化造就人才之本旨，使多数英才儿童得不到培养，而且违反了民主国家的精神。使得多数出了钱的农家子弟，不能受到均等的教育机会，反而给少数有钱人家的子弟去享受，这是最不公平的事。

第二，当此抗战建国时期，国家急需大批中高级干部人才，但依照目前的制度，年限太长。何况读了初中，根本无用，做不了社会上的中级干部。就是读完高中，除升大学而外，也未必能担当起社会上中级干部的工作。

第三，现行学制，浪费之处太多。初中读的东西，往往和高中差不多。而大学一、二年级读的东西，又常常和高中差不多。其他无谓的功课，亦复不少。如此重床叠架，既浪费国家公帑，又加重学生家长负担，更浪费青年可贵之时间与精力。夫教育之本旨，原在用最经济最有效的办法来造就人才，如今完全失去这种精神。

第四，现行学制，不能满足国家有计划地去造就人才，也不能发展青年的特长。（一）小学毕业生有力升初中者，毕业后多想进高中。但高中是预备升大学的，既无力升大学，便造成中学生过剩现象，造成失业知识阶级，降低国家生产能力。同时，使无数青年，不能充分发展特长。抗战建国时期，特别在建设现代新的工业国家这一点上，国家急需要大批开创工业的劳动干部。但现行学制是妨碍了这一点的。（二）高中本应设置各种学科备学生选修，现今学分制和选修制已取消；即有少数高中设工、农、商等科，但多数因经济、人力关系，只有普通科，因此学生无自由选修学科机会，不能发展特长。（三）受这种制度毒害最深者为师范教育。因为高中师范限制招收初中毕业生，无法吸收有志于教育之平民子弟。而初中毕业生无法时才投考师范，因此影响师范教育之素质。

第五，现行学制限制高等教育之发展，因为它限制大学院数，很勉强地把大学和学院区别开来。这有两个弊病：（一）各省因经费人才之缺乏，便不能设立大学，因而使地方青年缺少受大学教育的机会；（二）因大学地位较学院为高，使得有些大学勉强凑合各学院为一大学，而以办理一院为主，其余为陪衬。因此影响大学教育素质之改进。

第六，现行学制不能满足目前国家民族之需要。值此抗战建国时期，国家所要求于教育者，有两大任务：一为立即普及抗战教育，提高国民知能，以增厚国力；其二即加速培养青年干部人才。但综上所观，现行学制很难满足此项要求。

现在，根据上列种种缺点，揆诸一般国民经济状况及目前国家民族的需要，把我们改革学制的具体办法，胪列于后：

改革后的学制系统

	研究院			成人教育
	↑			
20—21 19—20 18—19 17—18	师范学院	大学校 （二至四年）	专门学校 （二至四年）	各种训练班
	↑			
16—17 15—16 14—15 13—14	师范学校	中学校	职业学校	各种补习学校
	↑			
12—13 11—12 10—11	高级中学 （三年）			
9—10	↑			民众学校
8—9 7—8	初级小学 （三年）			
6—7	↑			
5—6 4—5	幼儿学校 （包括幼稚园）			

（甲）改革学制的原则

改革这个学制系统的最高原则，是配合目前整个国策，即抗战建国的需要而定的。因此：

第一，要能发展和提高一般国民文化，以应抗战建国之需要；并使教育机会均等。

第二，要能节省金钱、时间及青年精力，以期用最经济最有效的办法来造就人才，借以适应抗战建国时期国家对人才的迫切需要及一般人民经济状况，这就必须在教育内容上采取少而精的办法把不必要的功课除掉，以缩短在学年限。

第三，要能于较短期间内造就各种抗战建国的上中级干部人才，就必须使学制富于弹性；第一，时间可以伸缩；第二，可以根据自己的兴趣和家庭状况，来选择所要学习的东西。

（乙）上列学制系统表的说明

这个学制，有一个极大的特点，就是竭力向下发展，以求提高一般国民文化水准。目前，许多教育家，例如，庄泽宣和常导之等先生，都主张仿效欧美各国，将高小二年归并到初中方面去，把中学增长为八年。这种向上发展的精神，刚刚和我们所主张的相反。我们认为向下发展，其优点有三：第一，缩短中学为四年，把初中二年，归并到高级小学里去，可以提高小学程度，以提高国民文化；第二，高级小学比初中多，容易普及，增加了儿童入学的机会；第三，初中大都设在城市内，乡村儿童进都市读书，增加家庭负担；而高级小学，遍设各乡镇，学生求学容易，家庭负担也减轻，所以有很多中下阶层人家的子弟，都可以有机会受到较高级的教育。现在如果把高级小学归并到初中去，把中学延长为八年，所得结果刚刚相反。恐怕能够进得起八年中学的，除少数富贵人家的子弟而外，多数人家的子弟都不敢问津了。而且事实上，中学年限加长，国家所耗的金钱必增多，在此抗战建国时期，国家需款孔急，怕亦无力做到；何况是违反民主国家教育机会均等这一精神的。现在，为使大家明了起见，详细说明如下：

（一）增设幼儿学校，其目的：第一，增加儿童受教时期，以提高儿童教育。第二，延长小学入学年龄，一则，因儿童年龄过小，即读完小学，亦所得无几。这是因为年龄太幼，须注重身体教育，功课不能太重的缘故；二则，把幼稚园和幼儿学校合并后，可以使幼稚园的学生和小学相衔接。

（二）改小学为三三制，即初级小学三年，高级小学三年。过去小学里，有许多浪费，现在要缩短期间，必须把抗战建国必要的知识教给儿童，而把不必要的统统除掉。据一些研究的结果，认为初级小学四年教育，可于三年内完成。所以初小改成三年，实质上高小还有三年可以受较高的教育。事实上，过去初中一、二年级的教育日常常和高级小学重复。现在把初中一、二两年合并到高级小学里来，除去不必要的英文等课，加重抗战建国时期必需的各种知识。提高小学毕业程度有现在初中毕业那么高，那么，儿童读完小学，能学到普通国民所应有的知识，到社会上去，也可以做些工作了。倘若有力进中学更好，无力进中学，要求上进，也可以进各种补习学校。我们并主张小学为义务教育，免除一切学费及书籍费。

（三）改中等教育为四年制。中等教育包括现在的初高级中学、初高级职业学校和师范学校等，而师范学校又分高中师范、乡村师范、简易师范，在学制系统上，支离破碎。今一律改成四年制，小学毕业后，可自由选择学校，一则可以发展儿童特长；二则可以多予儿童入学机会。因现行学制高级师范和职业学校，入学资格都限制初中毕业。小学毕业，无法问津。总结一句，现行中等教育制度，有两大弊端：第一，年限太长，使一般中下阶层子弟，无法读完六年；第二，初中毕业一无用处，即高中毕业除升大学外，亦无大用，不能造就干部，已在前面说过。现在，为节省时间和经济，将中等教育改为四年。办法如下：第一，把初中一、二两年合并到高小去可以避免过去互相重复的浪费，来节省经济和时间。第二，把不必要的功课删去，中学一、二年级加强共同基本训练。只教授必需的国文、社会、自然、算术、英文等。每天，上课总数不得超过四小时，其余时间，予以特种训练，及社会服务等。中学三、四年级则设分科或选修科，让学生自由发展特长。准备升大学的，可以侧重国文、英文、社会、自然、数学方面的训练，务期在中学内即把学科基础打好，进了大学便可以作真正的学术研究或受高级专门教育，免除过去大学一、二年级和高中的重复。不打算升学的，注重养成社会中级干部，或设各种技术人才养成科。如此，中学时间虽缩短二年，而程度却提高了，因为所学的比较精粹，不是博而寡要，所以容易成功。这样一改革，有三大优点：第一，中等职业师范等校可以招收小学毕业生，增加贫苦儿童入学机会，改进师范教育素质；第二，年限缩短两年，减轻学生负担，中下层以下的子弟，都有机会受中等教育；第三，可以迅速造就抗战建国的中级干部，免除过去初中毕业无用的弊害。

同时，我们主张中等教育，不论师范职业等校的年限，都应有伸缩性，以适应目前环境需要。最好在三四年级，实行学分制，不必限定毕业年限。

（四）改专门学校和大学校的年限为二至四年，以适应目前环境之需要。大学普通为四年毕业，但得参照科别及国家需要，延长或缩短期限。

（五）研究院非专为大学毕业生而设，凡专门学校，师范学院，及有同等学识之青年，皆可入院研究，以求深造，如在学术研究上有特殊贡献者，研究院得发给学位。

（六）大规模开设初高级民众学校、识字班，等等，以普及战时民众教育。提高国民文化，毕业后可升入各种补习学校，受各种技能训练。

（七）增设各种补习学校，收纳小学毕业、民众学校毕业及失学失业之青年，授以中学程度之各种补习教育及技术训练。修完规定学程后，发给正式文凭，有力升学者，可升入正规中等学校之三四年级，或进入专门学校，或升入特种训练班。无力升学，亦可造就中低级干部人才。

（八）增设各种训练班，招收中学毕业及失学失业之青年或受过补习教育之青年，加以训练，例如，军政干部训练团、军官干部训练团或特种技术干训团，等等。按照目前抗战建国之需要，得多设，这种训练班，以造就较高级之干部人才。

总结起来，这个学制有以下几个优点：

（一）切合目前抗战建国需要。

（二）注重教育机会均等。竭力向下发展，以提高一般国民文化。

（三）缩短了在学年限。现制从小学到大学毕业须十六年，如今只须十二年至十四年。因此减轻了国家和人民的负担，并能于较短期内，造就抗战建国干部人才。

（四）年限虽缩短，但着重少而精，免除过去重复与浪费，直接节省经济时间，间接促进教育质量之改进。

（五）把各种社会教育，例如补习学校及训练等也列入学制，不但可以充分发挥社会教育的功能，而且适应了目前的需要。

最后，我们希望政府立即废除会考制，来坚决改进学制，以配合目前民族解放革命之需要。

立即改造学校课程*

伟大的时代已经到来，可是目前的教育，仍旧停留在平时的状态中，不合实际的需要。这里首先要把整个教育体系加以改造，例如，学校机构的改造、课程的改造、学制的缩短，等等。这一切都必须配合目前抗战的需要。

可是，抗战以来，全国教育界，大半还是依照旧章，教师照样上课下课；在课堂里死教书，照样的开校务会议；照样的考学生，记分数；照样的强迫学生上他们不愿意上的课。空袭一来，大家躲入避难室，警报一解除，天下太平，大家又照样上办公室。至于在学生方面，仍旧落在死读书读死书的圈套里，读古文，记公式，应大考、小考、月考、期终考、会考。在繁重的功课和会考的制度下，逼得透不过气来。一个中学生每周要上 48 小时的课，还要加上自修，加上做笔记、做课外练习。大学中，特别是理工科的学生，终日埋头于实验室和烦琐的数学练习中。他们的精力消磨光了，他们的光阴浪费完了，大家要工作而不能工

---

* 选自《戴伯韬教育文选》，人民教育出版社 1985 年版。原载《青年团结》1938 年第 5 期，署名白桃。

作，要救国而不能救国。眼看着自己的国家民族，快要被敌人吞灭下去了，自己的家乡沦亡了，自己的父母弟妹失踪的失踪，死的死了；而在自己的头顶上，敌人的飞机都在肆意轰炸。在这样的情况之下，要把一个年轻人，一个年富力强的年轻人，关在课室里，读 ABC，读 X+Y 等于 Z 呀。读《太上感应篇》，读英国浪漫诗人的诗，研究古化石。这不是白痴，准是发疯，一个年轻人，他是忍受不住的。他们不得不发出沉痛的呼声，一致要求政府和学校当局，立即实施抗战教育，来增强他们的战斗力量。

可是对这沉痛的呼声，有的学校是把那些不重要的功课，例如，西洋文学史、西洋古代史等每周减少了三四课时，然而这点点时间够什么用。何况那些教授说，在名义上这些功课减少了，但要大家做笔记。有些开明的学校当局，虽然允许了同学请假，但要同学读满了学分，才能毕业或升级。因此，许多学生仍不能积极从事救亡工作。更有一些学校，根本否认抗战教育之重要，认为战时教育与平时教育没有两样，而且要加紧功课，延长上课时间，他们不准学生出来，认为学生在外参加救国工作是胡闹，是浪费光阴，是逃避学校的功课。因此，除例假外不准学生出校，甚至有的学生不满学校当局之所为，因参加救国工作，而被开除了！开除的名义是他违背校规，不求学业之长进。

拭目看看，这种教育是什么教育？这是奴隶教育，只能造就一些没有思想、没有胆量、没有反抗精神、只知道服从命令的驯良奴隶。在敌人已占领的区域内，那些凶横的敌寇和汉奸，实施这种亡国奴教育，是无足为奇的。我们今天是在反抗敌人！不是准备做日本顺民，不是准备做汉奸和奴隶呀！

我们有权要求政府和学校当局，把中华民国的优秀青年，立刻在思想和行动上武装起来。保卫中华民国，我们有权要求政府和学校当局立刻实施抗战教育。

减少功课和告假出校，我个人认为都不是好的办法。要把教育彻底加以改造才行。在学校机构方面，要从死的变成活的有机体，在课程方面，要变成目前每一个学生所必须学习的抗战知识。

课程的改造，在目前非常迫切。青年人要从事救国工作，不论是从事民众运动，从事游击战，现在都需要学习。据说有些学生，下乡向民众宣传，被民众打了回来。苏联革命时期，也有前进的知识分子因对农民宣传，而被农民打死的故事。可见下乡宣传，不是一件容易的事，也需要学习。最近许多学生都自动地组织各种救亡团体，各种研究班，如政治研究班、民众运动研究班、游击战术研究班等。这在目前情势之下，是非常必要的。这些研究班和实际工作相配合，将来就逐渐可以拿研究班研究的课程来正式代替学校的陈旧课程。

过去学校里的课程有三大缺点：第一是和实践脱离，学生所学的，往往所学非所用，不适合实际生活的需要；第二是所有的课程一盘散沙，没有一个中心；第三是有许多不必要的功课，浪费了光阴。我们目前所需要的教育，是以民族解放、民主自由、民生幸福为内容的革命的三民主义教育。

在课程方面，要有一个根本的改造。我们最近有一个一致的意见，认为课程的改造，在原则上应拿民族解放的政治教育做基础，在民族解放的政治教育基础上，进行组织教育、史地教育、语文教育、技术教育、军事教育，就是一切知识，都要以民族解放的政治教育为中心，而以达到完成民族解放、民主自由、民生幸福的三民主义革命为目的。

民族解放的政治课程，是大、中、小学生必须学习的课程。一个中学生必须学习民族解放的政治民运工作、军事训练，特别是游击战术，等等，这是他的必修课。其他各课都必须根据“以民族解放的政治教育为基础”这一原则，重新改订；取消不必要的功课，增加与抗战直接有关的各种功课。功课一改订之后，所有各科内容和教科书，都必须大加改变。我们认为，目前中等学校应以培养民族解放的中级干部人才为目的。在课程方面，详细说起来，关于基础的政治教育，应包含以下内容。（一）世界大势之认识：社会发展史，资本主义向外发展及侵略的必然性，社会主义的经济结构，帝国主义和殖民地及本国大众的关系，各国外交的基本政策及其对立之情形；侵略阵线和和平阵线，弱小民族反抗帝国主义史；等等。（二）中国之认识：帝国主义侵略中国史，尤其是日本帝国侵略中国史；中国的经济结构；中国历次革命的经验与教训，中国目前民族革命的性质与任务；中国抗日与国内各民族的关系；中国目前抗日救国的民族统一战线；中国必胜日本的条件。（三）日本之认识：日本社会发展史；日本政治经济文化之现状；日本侵略中国和各国的关系；日本侵略和他本国民众的关系等。（四）如何发动民众，从事全面全民的抗战；民众工作之经验与理论等。（五）经常研究时事之发生、发展及其前途。

关于课程之编排，如下。

（一）各学校，可以把公民改成民族解放的政治课程，并尽量增加时间。

（二）运用纪念周。在总理纪念周中，开展时事讨论，从国内外的时事讨论深入到政治的讨论。

（三）把英语科、例假及其他空余时间，改为全体会议、小组会议及民众工作的时间，进行民众工作及生活检讨，来执行组织教育和政治教育。

（四）把物理、化学、数学、生物、工艺等科改为技术课程；依各人性之所近，分别学习防空、防毒、消防、驾驶、机械工程、军事工程、军用化学、无线电、测量、简单医药知识、谍报、缝纫、烹饪等。

（五）改变历史地理科的内容，侧重研究帝国主义侵略中国史、日本侵略中国史、近三十年来的国耻史和革命史、资本主义发展史、弱小民族反抗史等；在地理方面，应着重研究目前主要战场之形势、中国兵要地理、日本兵要地理、世界政治地理、世界经济地理等。

（六）把国语、作文、唱歌、绘画等并为文艺课程，进行文字训练（包括新文字）、书报阅读、抗战文艺的解读及讨论壁报的编辑、歌咏团、戏剧团、宣传团、通讯、演说等工作。

（七）充实军训及童子军训练，特别注意游击战之研究，从立正、稍息、行礼、绑裹腿等形式训练，提高为射击、行军、兵器使用、野外演习、战略战术、游击战、地方卫戍等研究。

在大学方面，我们认为它是训练高级干部人才的场所。

首先，各院系的学生，都必须把民族解放的政治课程作为共同的必修课程。但各院系同时又要抓住各个的特殊使命。例如，文学院应作为高级的抗战宣传干部人才训练所；外国文学系的学生，可作为国际宣传研究班；哲学、教育、中国文学系的学生，可作为民众训练研究班；戏剧、艺术等可作为抗战艺术研究班等。法商学院可作为政治、经济、财政方面的高级管理人员干部训练所；理工学院可作为高级的技术人员干部训练所；在上列各院系之外，更可增设一高级军事干部训练所。

我们反对亡国的教育，我们也反对学校解散或自动请假回家。我们坚决地要求学校立即实施抗战教育，立即改造课程。无论如何，我们要运用现有的学校，来施行我们所需要的教育；把我们在思想上武装起来，在身体上武装起来，做一个真正的斗士。

有了适当的课程、科目和教材之后，还必须有有能力的人来运用才行。否则，尽管名义上好听，说在实施抗战教育了，而内容仍旧是换汤不换药，自欺欺人。我们要防备这一点，就必须注意学生的民主化，使学生有说话的余地。现在的学生和学校当局及教师之间，是有着“师”和“生”这一种隔阂的，学生只是听师长之命，没有说话的地位。我们要实施抗战教育，必须打破这种要不得的隔阂，充分地在学校里实施民主化！

对第三次全国教育会议宣言的感想*

第三次全国教育会议，在抗战建国的革命时期举行，全国人士都对它抱着热烈的希望。现在，会议早已结束，会议结果的详细情形虽不得而知，但我们深信集全国教育学者于一堂，进行会议至九日之久，必能对民族国家有所贡献。可是，有一件不能不令人惋惜的事，在这次大会的宣言上，竟根本否认“七七”以来全国朝野所一致要求的战时教育。这虽出于一二人之手，但以代表全体会议的名义发表，影响所及，妨碍抗战建国的教育事业，至深且巨！据我所知，有许多参加这次会议的人，也对宣言表示不满。这实在有说几句话的必要。

自从“九一八”之后，国内有识之士，看到国家民族，已经十分危急，于是有非常时期教育、国难教育及国防教育等的推动。迨“七七事变”既起，大规模的民族革命战争遂揭开序幕，到了“八一三”便展开而为全面的全民族的生死战争。穷凶极恶的日本法西斯强盗不但要侵占我土地，奴役我同胞，而且肆意轰炸破坏我教育文化事业，企图毁灭我

* 选自《戴伯韬教育文选》，人民教育出版社1985年版。原载《战时教育》第4卷第3期，1939年3月，署名白桃。

几千年来的灿烂文化，非达到亡我国灭我种不止。在这一时刻，我们看到教育界的情形，大多数是悲观失望，纷乱逃走，以及大批教师，青年、儿童的失学失业，流离失所。在广大的后方，则大批青年和教师成天苦闷，彷徨无所适从。战争爆发之后，过去教育上的种种弱点都暴露出来了。于是，爆发了战时教育运动。呼声一起，全国响应。这个教育运动，正是一面要在敌人的炮火之下，继续发展我们的教育文化事业。一面则锐意改进，力求能合抗战建国的需要，以求支持抗战，充实抗战，争取最后胜利。总而言之一句话，把教育用来为国家民族服务，以求打倒暴日，建设三民主义的新国家。

当这个教育运动勃兴起来的时候，当时就有一些误解的人，起来表示异议，他们说：主张战时教育的人，是不要学校，不要书本，不要科学，不要基本知识，不要教育，根本是教学生上战场。这是捏造事实。一直到现在，我没有听到主张战时教育的人说过这些话。我们所听到的只是反对逃跑，反对关起门来死读书，不管外面环境，不管强敌压境，仍然安常习故，一些也不紧张的教育。主张战时教育的人，根本要求改革教育上的种种缺点，来配合抗战建国时期的需要和环境。因此有改革教育制度和课程内容的要求。而且盼望全国教育界紧张起来，一致过战时生活，在兴奋振作的战时生活中，提高教育效率，加速普及战时国民基本知识，提高科学技能和文化水准。想用最经济最有效的方法来一面动员民众，一面培养抗战建国干部。因此，主张战时教育的人，一面在理论上提出教育必须与抗战建国的政治目标相配合，要求和军事、政治、经济、民运等联系起来开展工作；另一面则在万分艰难的环境中，努力创造种种方法，如提出集体自我教育，如主张在实践中学习，如把各种民众活动、各种抗战建国的工作团体都当作教育机构来办，特别加强政治教育和民族意识之发扬。凡是这些，都不过针对着国家民族的需要，想用非常的方法，来达到教育的本来目的罢了。

反对战时教育的人毕竟是少数。不久，大家就都了解战时教育的重要了。等到国民党临代大会制订抗战建国纲领，规定：

> （二十九）改订教育制度及教材，推行战时教程，注重于国民道德之修养，提高科学的研究，与扩充其设备；（三十）训练各种专门技术人员，与以适当之分配，以应抗战需要；（三十一）训练青年，俾能服务于战区及农村；（三十二）训练妇女，俾能服务于社会事业，以增加抗战力量。

自此以后，全国教育界，有了一个共同努力的目标，一致努力推动战时教育。中国教育学术团体联合年会的宣言上，一致表示教育必适应整个国策，教育必针对抗战建国之需要等。中国教育界不但在思想上已趋一致，而且这种思想已见之于行动。全国各军队、各级政府以及民众团体所办的各种军政干部训练班不必说了。据我所知，为了推行和研究战时教育，教育部曾组织战时教育问题研究会，设立国立中学、国立师范学院、大学先修班、专科技术学校等。又颁布各级学校特种教育纲要，高中以上学校学生战时后方服务组织与办法大纲，中国童子军战时后方服务训练办法大纲等。在湖南省，曾颁布战时教育办法；在云南省曾颁布中等学校实施战时教育暂行通则；在浙江则决定筹设战时大学，办理流动施教团等；在山西，则除设民族革命大学，培养高级抗战建国干部而外，各行政区都设有民族革命中学，各县各乡村，都设有民族革命小学。而在广西壮族自治区，则设有地方建设干部学校和学生军团。为普及战时民众教育，山洞教育已在桂林各地展开。

这些事实都说明，战时教育发展到目前，已不是要不要的问题，而是怎样使它更进一步、更普遍地在全国各地、各游击区、各沦陷区建立起来的问题。这次全国教育会议正当中国教育走上新阶段的时期，大家都盼望它在这方面有更大的贡献与成就，虽然在会议的内容上，也许大有建树。但在皇皇的宣言上，竟否定战时教育，说："教育应循常轨，不分战时平时。"又说："若说这是教育的破产，进而不要教育，或是要别寻途径另创所谓战时教育则为大错。"不但与全国大多数人民的愿望相反，而且违背了抗战建国纲领。依照我们的教育主张，生活就是教育，战时生活就是战时教育。战时教育就是要打倒倭寇，实现三民主义新国家的革命教育。国家到了今天，再不能关起门来办教育，不问国家兴亡的事情了！也再不容我们把学校作个人吃饭的根据地，把教育当作职业，而闭门教书，过悠闲自在的生活了！要知道教师就是战士！教育就是战争！敌人有侵略教育和奴化教育，我们必须要用革命的、战斗的抗战教育或战时教育来战胜他。那些禁止学生看抗战书报，不准学生去兼办社会教育，做兵役宣传及其他抗战建国工作，甚至借口提高基本知识而加重功课来压学生，使学生连休息和自修的时间也没有，因而成天糊糊涂涂，暮气沉沉，变成失去自尊心和自信心的弱者顺民。这些人是反对战时教育最厉害的人，他们或明或暗，偷偷摸摸，一有机会就提出反对的论调来。我们对这些人，再一次劝告他们，以国家民族为重，以"抗战第一""胜利第一"为重，别再一意孤行，害人害国斫丧民族的命脉，做民族的罪人！我们深信全国大多数教育学者，都是深明大义的国家柱石，而且一向是努力于祖国解放事业的。反对战时教育的人，不过是少而又少的少数人罢了！同时，我们对全国努力战时教育的行政长官和工作同志们，以及关心战时教育的人士，致无限的敬意，并希望更努力于战时教育之研究与推行。

《小学纸扎工艺》前记*

两年以前，陶行知先生要编一套小工人丛书。因为在他的教育主张之下，认为小孩子就是小工人；小工人所要干的是一些小建设、小试验、小创造。当时他就收集这一类的稿子。我是一个大孩子，小时候很喜欢扎纸鹤之类的小玩意儿玩，大来，也还很欢喜。因此，就自告奋勇，写了这么一本书。

写在这本书里的，不仅是我过去的经验，而且还在上海很广泛地收集了一些别人的扎法。同时，又从外国介绍了好几种纸鹤子进来。

在许多玩具和游戏之中，纸鹤和走马灯这两样东西，大概每一个孩子都喜欢它吧。春风年年有，纸鹤子也年年飘飞在半天空的春风中。如今，春天又来到了。

前天，检阅存稿，偶一发现这一本书稿，读了觉得非常高兴。陶先生编的丛书，何时能出版，现在还不知道。为了使这一本书能够早点和读者相见，把它提前出版了！

---

* 载《小学纸扎工艺》，商务印书馆 1939 年版，署名白桃。

写的时候，本来是指导儿童怎样干的。所以说得非常浅显明白，而且还附了图。除说明怎样施用工具、怎样扎法之外，在后面还说明了科学原理。

这本书，小朋友可以拿去用，小学里指导工艺的教师，也可以拿去用，我觉得，与其呆板地教儿童做些泥工竹工之类的东西，他们拿去不能用；倒不如教他们做一些他们所爱好的东西，例如，纸鹤和走马灯这一类玩具，来得有教育意义。